CATHERINE CHO

Ich sah den Teufel in seinen Augen

Catherine Cho über sich und ihr Buch:

In meinem Buch geht es um meine Erfahrungen mit postnatale Psychose, aber im Kern geht es um eine Frage der Identität. Was bedeutet es, sein Bewusstsein von sich selbst zu verlieren? Wie fühlt es sich an, nicht mehr unterscheiden zu können zwischen dem, was real ist, und dem, was nicht real ist?

In meiner Psychose glaubte ich, ich sei eine Figur aus Dantes »Inferno« und meine Hölle sei eine Computersimulation. Mein Verstand baute falsche Erinnerungen auf – jedes Buch, das ich je gelesen hatte, jeder Film, den ich gesehen hatte, die Texte von Liedern, die ich kannte, bekamen eine größere Bedeutung. Ich war nicht nur ich selbst, ich war meine Mutter, meine Großmutter, mein Mann, mein Sohn. Ich fühlte mich unendlich.

Ich hatte oft von Psychosen gehört, aber ich hatte nie darüber nachgedacht, was das Wort bedeutet. Deshalb wünsche ich mir, dass dieses Buch ein Gespräch beginnt, ein Gespräch über Mutterschaft, psychische Gesundheit und Identität, aber auch ein Gespräch, das uns dazu bringt, über die Worte nachzudenken, die wir kennen.

In der Psychose gab es schreckliche Momente, aber es gab auch eine erstaunliche Klarheit, die mich bis heute verfolgt. Es war, als wäre ich in der Geschichte eines anderen – und so fühlte es sich an wie eine größere gemeinsame Erfahrung.

Ich habe Geschichten immer geliebt, und ich habe meine Kindheit damit verbracht, in andere Welten abzutauchen. Jetzt habe ich das Glück, dass ich jeden Tag mit Büchern arbeite. Ich bin in Kentucky und Virginia aufgewachsen und habe dann in New York und Hongkong gelebt. Derzeit lebe ich mit meinem Mann und meinem Sohn in London.

Sie können mich auf Twitter @catkcho und Instagram @catherinekcho finden.

Das sagen andere Autorinnen über dieses Buch:

Ein feuriges, mutiges, schillerndes Buch, das mit unerbittlicher Präzision die Verschiebung von einer Realität zur anderen beschreibt und die Familiengespenster, die uns alle – ohne dass wir es immer wüssten – tragen. Rachel Joyce, Autorin von »Die unwahrscheinliche Pilgerreise des Harold Fry« und »Mister Franks fabelhaftes Talent für Harmonie«

Das Buch ist absolut brillant: poetisch, wahrhaftig, erschreckend, klug. Atemberaubend, sowohl die Kraft der Sprache als auch die unerbittliche Ehrlichkeit der Autorin. Christie Watson, Autorin von »Die Sprache der Menschlichkeit«

Ich habe selten eine so aussagekräftige Darstellung des Wahnsinns gelesen. Ergreifend, abschreckend und am Ende hoffnungsvoll – unbedingt lesen! Lisa Jewell, Autorin von »Weil niemand sie sah«

Absolut überzeugend und wunderschön geschrieben! Dies ist eins der mutigsten und schönsten Bücher, die ich je gelesen habe. Alice Feeney, Autorin von »Manchmal lüge ich« und »Ich weiß, wer du bist«

CATHERINE CHO

Ich sah den Teufel in seinen Augen

Wie die Geburt meines Sohnes mich in eine postnatale Psychose stürzte

Aus dem Englischen von Simone Schroth

lübbe

Dieser Titel ist auch als E-Book erschienen

MIX
Papier aus verantwortungsvollen Quellen
FSC® C014496

Dieses Buch beruht auf den Erinnerungen der Autorin.
Einige Namen, Orte und Details wurden
zum Schutz der Rechte der Personen geändert.

Deutsche Erstausgabe

Für die Originalausgabe:

Titel der englischen Originalausgabe: »Inferno«
Originalverlag: Bloomsbury Circus

Für die deutschsprachige Ausgabe:

Textredaktion: Artur Senger, Köln
Titelillustration: © troshina/shutterstock; fotoliza/shutterstock
Umschlaggestaltung: Christin Wilhelm, www.grafic4u.de
Satz: hanseatenSatz-bremen, Bremen
Gesetzt aus der Adobe Garamond Pro
Druck und Verarbeitung: GGP Media GmbH, Pößneck
Printed in Germany
ISBN 978-3-404-61713-5

2 4 5 3 1

Für James und Cato, Licht meines Lebens

DER KOREANISCHEN TRADITION gemäß verlassen Mutter und Baby während der ersten einundzwanzig Tage nach der Geburt eines Kindes nicht das Haus. Lange Schnüre mit Pfefferschoten und Kohle werden in den Türrahmen gehängt, um Gäste und böse Geister fernzuhalten. Nach Ablauf der einundzwanzig Tage betet man über weißen Reiskuchen. Nach hundert Tagen gibt es ein großes Fest: Man feiert das Überleben mit Pyramiden aus Obst und gesponnenen Fäden für ein langes Leben.

Als mein Sohn zur Welt kam, wurde ich täglich von meiner Familie und meinen Schwiegereltern an diese Tradition erinnert, weil wir sämtliche Regeln brachen. Ich duschte nach der Geburt und ignorierte die Vorgabe, dass eine Woche lang kein Wasser an den Körper der Mutter gelangen sollte, und meine erste Mahlzeit bestand nicht aus der traditionellen Algensuppe, sondern aus Sushi. Wir öffneten die Türen, ließen Gäste herein, packten meinen Sohn gut ein und gingen mit ihm spazieren, während der Schnee fiel. Und dann taten wir etwas, das unser Schicksal entscheiden sollte: Wir verließen unser Zuhause.

Mein Sohn war zwei Monate alt, als wir von London aus zu einer längeren Reise quer durch die USA aufbrachen. Ich hatte mir einen Plan ausgedacht, demzufolge wir unsere geteilte Elternzeit nutzen wollten, um im ganzen Land Familie und Freunde zu besuchen und ihnen unseren Sohn vorzustellen. Für mich gab es keinen Grund, auf koreanische Traditionen Rücksicht zu nehmen – oder auf Formen des Aberglaubens, denn als das betrachtete ich sie. Als koreanische Amerikaner, in den USA geboren und aufgewachsen, hatten mein Mann und ich die Regeln nie großartig beachtet, und ich hatte immer geglaubt, bei unseren Angehörigen wäre das nicht anders. Aber dann stellte sich heraus, dass den Regeln ganz plötzlich, mit der Geburt eines Babys, doch sehr große Bedeutung zukam.

Von Kalifornien bis nach Virginia waren wir allen bösen Geistern ausgewichen, aber vielleicht waren wir auch einfach nur auf der Flucht vor ihnen gewesen, denn schließlich holten sie uns im Haus meiner Schwiegereltern in New Jersey ein. Mein Sohn sollte in acht Tagen seine Hundert-Tage-Feier erleben, als ich zum ersten Mal den Teufel in seinen Augen sah.

Mein Mann brachte mich in die Notaufnahme; als wir dort ankamen, schrie ich im Warteraum laut und riss mir die Kleider vom Leib. Ich wurde aufgenommen und durchlebte vier Tage ohne Schlaf. Die verzweifelten Ärzte verabreichten mir einen Medikamentencocktail, den mein Körper verweigerte – ich schlief immer noch nicht.

Man entschied, mich auf eine psychiatrische Abteilung zu verlegen. Ich wurde auf eine geschlossene Station in New Jersey zwangseingewiesen, und dort bin ich nun.

WO DIE GESCHICHTE einer Psychose ihren Anfang hat, lässt sich nur schwer sagen. War es der Augenblick, als ich meinem Sohn begegnete? Oder fiel die Entscheidung schon vorher, war sie tiefer in meinem Schicksal verwurzelt, seit vielen Generationen?

MEINE ERSTE ERINNERUNG an die Psychose ist das Licht.

Ein grelles Licht. Ich liege auf einem Bett. Das Zimmer ist weiß, nüchtern und einfach. Ich trage ein Krankenhaushemd; auf meiner Haut fühlt es sich an wie Papier. Ich versuche, die Arme zu heben, aber das geht nicht, denn über meinen Körper verlaufen Gurte, die sich wie Schlangen um meine Handgelenke winden. Der dunkle Stoff ist schwer, die Schlaufen schneiden mir in die Haut. Meine Hände sind verkrampft. Ich bemerke, dass sich Haarsträhnen darin befinden. Um mich herum gibt es eine Metallumgrenzung; man kann sie zusammenfalten wie ein Akkordeon.

Ich versuche, den Kopf zu heben, aber ich kann ihn nur seitwärts drehen. In einer Ecke sehe ich einen Mann stehen. Er schaut auf ein Klemmbrett. Er hat Dreadlocks und trägt eine Brille. Er schaut auf und lächelt mich sanft an.

»Hi«, sagt er. Seine Stimme klingt ruhig, bedächtig.

»Nmandi«, lese ich von seinem Schild ab.

Er wirkt überrascht. »Ja, ich bin Nmandi. Ich arbeite als Pfleger hier.« Er tippt sich auf die Brust.

»Können Sie sich erinnern, wie Sie hergekommen sind?«, fragt er.

Ich schüttele den Kopf. Ich weiß es nicht. Vage kann ich mich daran erinnern, wie ich mir im Wartezimmer eines Krankenhauses die Kleider vom Leib gerissen habe. Ich erinnere mich an maßloses Entsetzen. Ich habe immer noch die Schreie in den Ohren. Ich glaube, es waren meine eigenen.

Meine Lippen fühlen sich trocken an, und ich versuche, mich zu räuspern. Meine Stimme kommt zurück. Ich will wieder etwas Sicheres fühlen, etwas, das mir die Angst nimmt. Nmandi schaut mich freundlich an.

»Nmandi, glauben Sie an Gott?«, will ich wissen.

Er antwortet nicht sofort, und er wirkt nachdenklich.

»Fifty-fifty«, erwidert er. »Aber das ist in Ordnung für mich.«

Er kommt an mein Bett und nimmt meine Hand.

»Können Sie mich sehen?«, fragt er.

»Ja«, gebe ich zurück. Und ich sehe ihn auch, im vollkommenen Sinne des Wortes. Er ist Nmandi: der, der mit den Händen spricht. Jemand, der die Trauernden tröstet und den Ängstlichen hilft. Aber ich weiß auch, dass er der Erzengel Michael sein muss, gekommen, um uns von den Dämonen zu erlösen.

DIE REGELN DER Zeit existieren in einer psychiatrischen Abteilung nicht. Jeder von uns misst die Zeit auf andere Art und Weise. Manche zählen die Tage, andere die Wochen und Monate. Und wieder andere zählen überhaupt nicht, so lange sind sie schon hier. Diejenigen, die die Tage zählen, sind auch die, die herumtigern. Ich gehöre zu ihnen.

Ich trage Hausschuhe aus Schaumgummi, blassblaue mit Smileys darauf, von der Regierung zur Verfügung gestellt. Ich habe sie aus dem Mülleimer gefischt, und inzwischen sind sie ein kostbarer Schatz für mich.

Ich gehe am Glaskasten vorbei, vorbei am Fernsehraum, aus dem der Lärm des Vierundzwanzig-Stunden-Nachrichtenkanals schallt, vorbei am Beschäftigungsraum mit dem Konferenztisch, an den Fluren mit den Patientenzimmern, zu den fest verriegelten Türen und dann wieder zurück.

Ich weiß nicht genau, wie lange ich schon hier bin. Ein paar Tage, glaube ich. Aber ich zähle den heutigen Tag als Tag eins. Erst heute ist mir klar geworden, wo ich bin.

In der Tasche habe ich ein zusammengefaltetes Stück Papier, auf das ich mit einem lila Filzstift meine Wahrheiten geschrieben habe. An sie klammere ich mich als Realität oder wenigstens als die Realität, auf die ich hoffe. Ich habe die Sätze so oft wiederholt, dass ich sie so gut kenne wie die Worte eines Gebets.

Ich bin am Leben. *Realität.*
Ich bin mit James verheiratet. *Realität.*
James liebt mich. *Realität.*
Ich habe einen Sohn. *Realität.*
Mein Sohn ist drei Monate alt. *Realität.*
Mein Mann und mein Sohn warten auf mich. *Realität.*
Ich habe eine postnatale Psychose. *Realität.*

Ich habe eine postnatale Psychose. Früher wusste ich nicht, was es bedeutet, seinen eigenen Wirklichkeitsbegriff anzuzweifeln, der Zeit enthoben zu sein. Am ehesten kann man es mit diesen Augenblicken im Traum vergleichen, in denen man nicht weiß, ob man wach ist oder noch schläft, aber während einer Psychose wacht man einfach nicht auf, egal wie oft man es versucht.

Die Medizin definiert eine Psychose als Geisteskrankheit, während der ein Individuum Schwierigkeiten damit hat, genau zu erfassen, was Wirklichkeit ist und was nicht – es handelt sich um einen Verlust der objektiven Realität. Vor meiner eigenen Diagnose hatte ich noch nie von postnataler Psychose gehört. Mit der Schwangerschaft war eine ganze Liste von Sorgen gekommen – Episiotomie, Prolapse, Präeklampsie. Ich war so sehr mit der Vorstellung beschäftigt gewesen, meinen Körper zu verlieren, dass mir gar nicht der Gedanke gekommen war, ich könnte stattdessen meinen Verstand einbüßen.

Beim Aufwachen heute Morgen war meine Erinnerung völlig zerstückelt. Kurze Blicke auf verschiedene Versionen meines bisherigen Lebens überfluteten mich, reale und nicht reale, als hätte ich einen Abschnitt meines Lebens immer und immer wieder kopiert und eingefügt.

Als ich meinen Körper berührte, erkannte ich ihn nicht. Weil ich nicht gestillt hatte, waren meine Brüste wie ein Netzwerk aus schmerzhaften Knoten, meine Rippen stachen hervor, und ich konnte die scharfen Konturen meines Schlüsselbeins spüren. Ich trug ein Krankenhaushemd, und die Gurte hatten meine Handgelenke wund gescheuert. Mein feuchtes Haar war auf eine komische Weise zusammengebunden; das musste jemand anders gemacht haben. Ich trug keinen Ehering. War ich denn nicht verheiratet? Ich war mir sicher, verheiratet zu sein – ich erinnerte mich an ein Kleid aus Spitze, an Rosen und Efeu in meinen Händen. Ich versuchte, mich an das Lied zu erinnern, das auf unserer Hochzeit gespielt wurde. Aber auf welcher Hochzeit? Ich erinnerte mich an mehrere, und auf allen sah ich das Gesicht des Bräutigams nur verschwommen.

Während ich durch die Flure wandere, suche ich die Moleküle meiner selbst, um mich in der Gegenwart zusammenzusetzen, mich zu fassen.

Jedes Mal, wenn ich etwas von früher in der Erinnerung zu erwischen versuche, mich an etwas festhalten will, was sicher war, gerate ich in eine Schleife, in ein Gewirr aus sich wiederholenden Erinnerungen, die jedes Mal anders enden.

Ich erinnere mich an Leben und Sterben, wieder und wieder, jedes Leben für sich eine unendliche Reihe von Entscheidungen, in Möglichkeiten aufgesplittert.

Ich wende mich wieder meinen Wahrheiten zu. Ich bin Catherine. Ich bin mit James verheiratet. Ich habe einen Sohn.

Das Zählen meiner Schritte gibt mir ein Gefühl der Sicherheit. Zahlen sind etwas Definitives, sie enthalten eine lineare Logik. Ich erkenne, dass ich hier, an diesem Ort, eine Konstante bleiben werde, ganz egal, wie viele Schritte ich mache.

Ich versuche, mich zu erinnern, bekomme jedoch nur Augenblicke zusammen.

Ich erinnere mich an ein Baby. An eine kleine geballte Faust. An das Gefühl von Atemzügen an meinem Arm.

Ich erinnere mich an einen Balkon in Hongkong, daran, wie ich die Sekunden zählte und, umgeben von einem körnigorangenen Himmel, dem Mann lauschte, der drinnen auf und ab lief. Wie ich hoffte, er würde mich vergessen und sich schlafen legen.

Ich erinnere mich daran, wie ich mit meinem Bruder unter einem Ahornbaum saß, den sich herabsenkenden Wolken zusah, die Stille genoss und auf die Tornados wartete.

Ich erinnere mich an die erste Unterhaltung mit meinem Mann. An sein Lächeln. Daran, wie Bourbon in einem geschliffenen Glas einen Strudel erzeugte.

Vor allem versuche ich mich daran zu erinnern, wer ich bin.

WIR SIND FÜNFUNDZWANZIG auf der Abteilung, Männer und Frauen. Weil wir keine Schuhe haben dürfen, schlurfen wir in Socken und Pantoffeln herum. Wir verhalten uns, als wäre das Ganze zeitlich begrenzt, wie Reisende in einer Abflughalle. Leute kommen und gehen, wir winken ihnen zum Abschied nach, und wer durch die Ausgänge verschwindet, verspricht, in Kontakt zu bleiben, aber wir wissen, dass das nicht stimmt. Immer neue Reisende werden kommen und schweigend mitmachen, und so setzt sich der Kreislauf fort.

Einige wehren sich, sie schreien – aber wir ignorieren sie, es ist einfach zu viel. Ich bin bereits Teil der Routine geworden, es ist, als wäre ich schon immer hier gewesen. Ich kann mich nur mit Mühe an irgendetwas von vorher erinnern; der Rhythmus der Abteilung fühlt sich an wie angeboren.

Niemand spricht über sein Leben außerhalb dieses Ortes; wir erkennen nicht einmal an, dass es außerhalb dieses Ortes überhaupt etwas gibt. Stattdessen befinden wir uns in einem von der Realität abgetrennten Dasein und gehorchen nur den Regeln der Abteilung. Zeit gibt es für uns nicht mehr.

Wir laufen mit im Takt der vorgegebenen Zeiteinteilung, stellen uns für Medikamente an, warten auf den Einlass in den Essraum, auf das Lichtausschalten am Abend.

Ich kann mich an den Geruch der Abteilung einfach nicht gewöhnen. Er erinnert mich an die Chlorluft im Schwimmbad, dumpf und dunkel. Die Wände sind beige, mit Kacheln an den Rändern wie in einer Highschool. An einigen Stellen blättert die Farbe ab, und es gibt Flecken.

Ich betrete den Duschraum. Die Kacheln sind grün; es fühlt sich an wie in den Duschen im Fitnessstudio und riecht nach Bleiche und Schimmel. Schnell ziehe ich mich aus und lege die Kleidungsstücke auf dem Waschbecken ab, wo sie fast herunterfallen, aber einen anderen Platz gibt es nicht. Ich habe keine Badeschlappen, deswegen stelle ich mich auf zusammengefaltete kleine Handtücher. Das Duschwasser ist eiskalt. Ein paar Minuten lang gibt es morgens heißes Wasser, dann nur noch kaltes.

Ich tue mein Bestes, um mir die Knoten aus den Brüsten zu massieren, aber wegen des kalten Wassers ist das schwierig. Bald fühle ich mich wie versteinert.

Ich trockne mich rasch mit einem kleinen Handtuch ab und schlüpfe in meine Kleidung. Die Sachen habe ich im Regal neben meiner Zimmertür gefunden. Leggings und BHs für eine Frau nach der Entbindung, Pullover, die ich wiedererkenne, denn sie gehören meinem Mann. Jetzt trage ich einen seiner grauen – weich und aus Wolle, und er duftet vertraut. Ich stecke mir Watte in den BH, damit es nicht durch die Kleidung nässt. Über meinen Pullover ziehe ich eine Kapuzenjacke. Ich stecke die Hände in die Taschen, damit ich das Stück Papier mit meinen Wahrheiten festhalten kann. So spüre ich Bodenhaftung, als hätte ich einen Talisman.

Ich gehe in mein Zimmer zurück, wo ich mein Handtuch zusammenfalte und mein Bett mache. Das Bettzeug ist grau vom häufigen Waschen, und das Material fühlt sich kratzig und dünn an.

Ich halte es nicht länger als ein paar Minuten in diesem Zimmer aus, weil sich alles feucht anfühlt. Ich gehe auf den Flur und mache die Tür hinter mir zu. Dann wandere ich wieder durch die Korridore. Von der anderen Seite aus machen sich Bewohner auf den Weg zum Essraum, es ist Zeit fürs Frühstück.

Der Essraum befindet sich am anderen Ende des Hauptflures, am weitesten von den Schlafzimmern entfernt, neben den schweren doppelten Glastüren, von denen ich vermute, dass sie zu einem Ausgang führen. Frühstück gibt es jeden Morgen um acht. Wir stehen vor den Türen, bis sie aufgeschlossen werden. Drinnen in dem kleinen Saal sind sechs Klapptische aufgestellt. Vorne geben zwei Angestellte Tabletts mit warmem Essen aus. Das Frühstück besteht aus Eipulver, Pfannkuchen und Speckstreifen.

»Tee oder Kaffee, Liebes?«, fragt Ronnie. Ronnie gehört zu den beliebten Angestellten, er hat einen Kurzhaarschnitt und ein breites Lächeln. Tamyra nennt ihn ihren Kerl, und er lacht immer.

»Kaffee«, antworte ich.

Ich atme den Kaffeeduft ein. Ich schließe die Augen, und einen Augenblick lang weiß ich wieder, dass ich ein Zuhause habe, einen anderen Ort als diesen hier. Ich versuche, mir den Tisch vorzustellen, die Fenster, die Aussicht, aber ich kann nur an Kaffeeduft denken, und dann bin ich wieder zurück. Eingesperrt in dieser Station.

Im Essraum herrscht Stille; wir essen schweigend. Die Fensterscheiben sind aus Mattglas, die Tische stehen eng beieinander, und damit wir ordentlich anstehen können, müssen wir uns dazwischenquetschen. Man hört nur die Stimmen der Angestellten um uns herum. Mit vor der Brust verschränkten Armen stehen sie um die Tische und in den Türrahmen. Jedem von ihnen hängt ein Kopfhörerkabel aus dem Ohr.

Es ist nicht gern gesehen, dass man sich Zeit lässt. Wir haben dreißig Minuten zum Essen und schaufeln uns die Mahlzeit mit dünnen Plastikspateln in den Mund. Wenn wir fertig sind, verlassen wir hintereinander den Raum. Wer als Letztes geht, muss dableiben und beim Saubermachen helfen.

Dave ist normalerweise der Langsamste beim Essen, aber er

muss nicht sauber machen, weil er im Rollstuhl sitzt. Dave ist ein obdachloser Kriegsveteran über fünfzig und Vater von vier Kindern. Er ist schwarz und schmunzelt viel und gern; darum nennt er sich selbst Chuckles, »Kichererbse«. Den größten Teil seines Tages verbringt er damit, seinen Rollstuhl vor dem Glaskasten zu positionieren und darauf zu warten, dass irgendein Arzt oder Angestellter mit ihm spricht. Er erhebt sich aus seinem Stuhl, wenn ihm etwas besonders wichtig ist, und oft brüllt er, es sei »ein Skandal!«, dass man ihn immer noch hierbehalte. Manchmal fällt er aus dem Rollstuhl, und die Angestellten müssen ihm wieder hineinhelfen.

Ich bringe ihm Essen mit, weil in der Schlange nicht genug Platz für seinen Rollstuhl ist, und er sagt »Danke, Cathy«. Er schaut mir dabei nicht in die Augen.

Dave nennt mich »Rechtsanwaltsgehilfin«, weil er findet, ich sehe klug aus mit meiner Brille, und immer, wenn ich etwas in mein Notizbuch schreibe, nickt er anerkennend und sagt: »An die Arbeit, Frau Rechtsanwaltsgehilfin!« Er schreit die jungen Frauen in der Abteilung gern an, und wenn sie zusammenzucken, lacht er.

Nach dem Frühstück bleibe ich einfach zum Putzen. Das vermittelt mir ein Gefühl der Normalität. Es hält mich ein bisschen länger davon ab, durch die Gänge zu tigern. Tamyra schaut mich an, als würde sie denken, ich wollte mich einschleimen.

Jeff, ein massiger Angestellter mit Bart und Grummelstimme, gibt mir einen Lappen. Ich ziehe mir Gummihandschuhe über und sprühe die Tische mit Desinfektionsmittel ein. Dann reiche ich die Kannen mit AriZona-Diättee und Sunny-Delight-Saft die Tischreihe hinunter, und Jeff schüttet sie in die großen Behälter, damit sie nach draußen zur Medikamentenausgabe gebracht werden können. Danach gehe ich, und die Türen zum Essraum werden hinter mir abgeschlossen.

Ich mache mich auf den Weg zum Fernsehraum, wo die meisten Bewohner ihre Zeit verbringen. Viel Platz ist hier nicht, aber an den Wänden hat man drei Sofas aufgestellt, und das Fenster steht auf Kipp. Außerdem ist man so in der Nähe des Telefons, was praktisch ist, wenn man darauf wartet, dass es klingelt. In einer Ecke hängt ein kleines Fernsehgerät von der Decke. Normalerweise läuft Fox News oder eine Folge *Im Namen des Gesetzes*. Die Stationsbewohner hocken auf den Sofas; ab und zu steht jemand auf und streunt durch die Flure, und dann schlüpft jemand auf den frei gewordenen Platz. Die Sofas sind marineblau, und an den Seiten quillt die Füllung heraus. Mir fällt auf, dass das Holz an den Seiten tiefe Rillen hat, als hätte jemand die Fingernägel hineingegraben. In der Zimmerecke steht ein Stuhl, auf dem ein Angestellter sitzt.

Einer unausgesprochenen Regel zufolge bestimmt jene Gruppe über die Fernbedienung, von der gerade die meisten Vertreter anwesend sind. Ethnische Zugehörigkeit bedeutet hier auf der Abteilung alles. Unsere Schlafzimmer werden nach Hautfarbe und Geschlecht verteilt, ein Flur ist für die Hispanics, einer für die Schwarzen, einer für die Weißen. Ich muss davon ausgehen, dass dahinter eine Absicht steckt. Ich denke, auf diese Weise soll potenzielle Gewalt zwischen Gangs verhindert werden, aber es macht die Dinge auch einfacher. Wir definieren uns selbst über Hautfarbe und Alter, und die meisten der Abteilungsbewohner teilen sich selbst nach Hautfarbe und Herkunft ein. Die Weißen landen an einem Tisch, die Schwarzen an einem anderen und die Hispanics an einem dritten. Ich bin »die Asiatin«. Eigentlich fände ich diesen Titel beleidigend, doch augenfälliger kann man sich kaum beschreiben, besonders wenn man sich seiner eigenen Identität nicht sicher ist. Mich erinnert das alles an die Fernsehsendung *Orange is the New Black*, und es stimmt mich verlegen, dass ich die Situation nur durch den Vergleich mit einer Netflix-Serie verstehe.

Langsam sehe ich die Leute so, wie wir aufeinander wirken müssen. Jemand mit einer großen Brille, jemand mit einer mähnenartigen Frisur, jemand mit einem Bart, jemand mit blauen Augen, jemand mit dunkler Haut. Ich muss an das Spiel *Wer ist es?* denken, das wir als Kinder hatten. *Trägt deine Person eine komische Brille?* So sehen Kinder die Welt und die Leute darin. Die Fragen über das Äußere sind unschuldig, enthalten kein Urteil, keine Bewertung, nur »dunkle Haut«, »Bart«, »Hut«. Ich erinnere mich, wie an meinem ersten Tag in der Grundschule ein Mädchen zu mir kam, um sich vorzustellen: »Ich bin schwarz, was bist du? Ich bin das einzige schwarze Mädchen hier an der Schule.«

Ich wusste nicht, was ich war, und erst am nächsten Tag, nachdem ich meine Mutter gefragt hatte, konnte ich sagen, dass man mich als »gelb« einordnen würde.

Mir ist die Neugierde der anderen nicht entgangen. Ich bin für sie die Koreanerin, die auf einer Trage hereingebracht wurde, die sich die Kleidungsstücke vom Leib gerissen und geschrien hat, dass wir alle in der Hölle sind, dass die Dämonen kommen.

Aber hier gelten dieselben Regeln wie im Gefängnis: Man fragt niemals jemand anderen, warum er oder sie hier ist; nicht einmal die Angestellten würden das tun.

Im Fernsehen laufen die Nachrichten. Es geht um die Olympischen Winterspiele, die bald stattfinden werden.

»Peng! Peng! Peng!«, ruft einer der Bewohner während eines Werbespots für die Armee. Ein Angestellter sagt zu ihm, er solle still sein.

Ali rückt ein Stück zur Seite, damit ich mich neben ihn auf die Couch setzen kann. Ali war einer der Ersten auf der Station, mit denen ich gesprochen habe. Als Einziger hier kommt er aus dem Nahen Osten. Er ist attraktiv und schlank, tigert viel herum wie ich und läuft mit langsamen, geschmeidigen Schritten.

Auf den Fluren gingen wir immer wieder aneinander vorbei. Irgendwann blieben wir an einer Ecke stehen.

»Ich sehe dich«, meinte er. »Mit der Familie ist es kompliziert.« Er schenkte mir ein kleines Lächeln. Ich lächelte zurück. Ich fragte ihn nicht, warum er hier war, aber in diesem Augenblick nickten wir einander zu.

»Danke«, sagte ich. »Und ja, das stimmt.«

Er lächelte.

»Ich bin nicht dein Feind«, sagte er.

»Habe ich denn Feinde?«, fragte ich. Er zuckte die Schultern und lief weiter, als wäre er nur zufällig stehen geblieben.

Tamyra hockt uns im Schneidersitz gegenüber. Sie hat einen Kamm im Haar.

»Wie alt bist du?«, fragt Tamyra.

»Einunddreißig«, antworte ich.

Sie pfeift durch die Zähne. »Einunddreißig? Wir dachten, du bist Studentin.« Ihrem Ton entnehme ich, dass ich es in meinem Alter besser wissen sollte.

Der Angestellte in der Ecke schaut auf. Zwei von ihnen sitzen im Raum, beide über ihre Handys gebeugt. Sie tauschen Textnachrichten über uns aus, dafür haben sie eine Chat-Gruppe. Das habe ich herausgefunden, indem ich sie beobachtet habe. Sie achten darauf, ihre Handys mit den Händen und mit ihren Notizbüchern zu bedecken. Manchmal lachen sie, und sie sprechen in ihre Kopfhörer, als könnten wir nicht hören, was sie sagen.

Es ist Viertel vor neun abends, Medikamentenausgabe. Das wird nicht angekündigt, aber irgendwie scheinen alle zu wissen, wann es Zeit ist, sich in die Schlange zu stellen. Jemand von uns steht leise auf, und die anderen folgen ihm oder ihr. Die Rückkehrer – also jene, die schon einmal hier waren – sind hilfsbereit und nennen ihre Medikamente, damit das Ganze schneller geht: »Lithium, Risperdal, Seroquel.« Ich kenne die Namen meiner

Medikamente nicht; ich glaube, da bin ich die Einzige. Die Frau scannt das Armband an meinem Handgelenk. Dann reicht sie mir zwei kleine Plastikbecher, die mich an die zum Probieren von Frozen Yoghurt erinnern. Gehorsam schlucke ich meine Arznei, eine bittere Flüssigkeit und zwei kleine runde Tabletten.

Davon wird mein Mund trocken, als wäre die ganze Zeit Staub darin.

In der Abteilung fühlt man sich wie auf einer einsamen Insel. Es gibt keine Bücher, keine Kugelschreiber, kein Papier, nur die Blätter mit Ausmalmotiven von Fabelwesen, Zentauren und Leoparden und Greifen.

Ich habe in meinem Zimmer ein Notizbuch. Ich erkenne es wieder, es ist eines der Lieblingsnotizbücher meines Mannes, ein graues mit cremefarbenen Seiten. Dass wir immer noch das Jahr 2018 haben, weiß ich aus diesem Notizbuch. »9. Februar 2018«, steht da in James' sorgfältiger Handschrift, und das Jahr hat er zweimal unterstrichen.

Als ich das Notizbuch fand, bat ich eine der Angestellten um einen Kugelschreiber. Sie schaute mich ohne jede Reaktion an.

»Kann ich einen Kugelschreiber haben?« Ich imitierte das Schreiben in mein Notizbuch. »Ich möchte etwas aufschreiben.« Ich weiß nicht, warum ich das erklärte, aber es fühlte sich richtig an.

Ich blieb unsicher neben ihrem Stuhl stehen, und nach ein paar Minuten erhob sie sich seufzend und ging zum Glaskasten. Dort sah ich sie mit einem der anderen Angestellten sprechen; beide schauten zu mir herüber. Dann zogen sie einen dunklen Ordner zurate. Ich versuchte, ruhig zu wirken, normal, wie jemand, der einen Kugelschreiber verdient.

Die Frau kam mit einem schwarzen Kugelschreiber zurück.

»Hier«, sagte sie widerwillig. »Der Doktor sagt, Sie können ihn haben. Aber seien Sie vorsichtig.«

Mit einem Kugelschreiber in der Hand fühle ich mich ein bisschen weniger, als müsste ich ersticken – als hätte jemand ein Fenster aufgemacht. Ich schreibe in mein Notizbuch, wann immer es geht. Die Dinge, an die ich mich erinnere, die Dinge, von denen ich weiß, dass sie wahr sind.

Die Erinnerungen kommen langsam, stapeln sich übereinander, und langsam gewinnt das Bild an Schärfe. Es fühlt sich an, als würde ich mich aus meinen Erinnerungen wieder zusammensetzen. Ich folge einem Faden aus der Vergangenheit in die Gegenwart, und dann werde ich es wissen, denke ich. Ich werde wissen, wie ich hergekommen bin. Ich werde wissen, wer ich bin. Und dann werde ich vielleicht einen Weg finden, diesen Ort zu verlassen.

ICH SITZE IM Beschäftigungsraum und schreibe in mein Notizbuch. Der Beschäftigungsraum ist mein Lieblingsort auf der Station. Blassgelbe Wände hat er, und hier gibt es das meiste Licht; die Fensterscheiben sind aus Mattglas, doch von draußen dringt ein weiches Leuchten herein. Der Raum ist gewölbt, mit einer großen gerahmten Glaswand zum Glaskasten hin. Normalerweise herrscht hier Stille, aber hin und wieder haben wir eine Musikstunde, und dann schallt Popmusik aus den Lautsprechern. In der Mitte des Raumes steht ein runder Tisch, mit lauter Spuren von Textmarkern, Filzstiften, stapelweise zerrissenem Tonpapier und halb ausgemalten Blättern mit Fabelwesen.

Heute Morgen ist eine Neue auf die Abteilung gekommen. Als sie gebracht wurde, konnten wir sie schreien hören. Sie heißt Emma. Zögernd steht sie in der Tür, mit vor der Brust verschränkten Armen. Sie ist Italoamerikanerin und Anfang zwanzig. Sie trägt immer noch den Schlafanzug, den sie anhatte, als man sie von ihrem Studentenwohnheim hierherbrachte. Auf der Rückseite steht in Großbuchstaben das Wort PINK. Sie erinnert mich an die Mädchen, mit denen ich zur Schule gegangen bin: hochgewachsen, dünn, und sie hat die Angewohnheit, das Haar zwischen den Fingern zu zwirbeln.

»Was ist denn los hier, was ist denn los? Ich setze mich mal hin. Ich setze mich neben die Frau da, die sieht nett aus.« Sie setzt sich neben mich und redet immer weiter, so schnell, dass sie über die eigenen Worte stolpert. Sie hält einen Monolog, ohne ein einziges Mal Luft zu holen.

Ihr Freund und ihre beste Freundin haben sie hergebracht. Gerade läuft die Prüfungswoche.

»Ich hoffe, die beiden vögeln miteinander, ich schwöre, das hoffe ich, sonst verzeihe ich ihnen das nie. Ich meine, ich hoffe wirklich, sie vögeln miteinander, denn ich kann gar nicht glauben, dass sie mir das angetan haben, weißt du. Hoffentlich vögeln die beiden miteinander, dann kann ich ihnen vielleicht verzeihen, weißt du. Weißt du. Weißt du«, stammelt sie.

»Ich muss hier raus. Weißt du, wie wir hier rauskommen? Himmel. So ein Chaos. Wie lange bist du denn schon hier? Weißt du, wie lange wir hierbleiben müssen?« Sie wartet meine Antwort nicht ab. Wie lange bin ich denn schon hier? Ich weiß es nicht. Und ein Schreck durchfährt mich, als ich begreife, dass ich keine Ahnung habe, wie lange ich werde hierbleiben müssen.

»Du liebe Zeit, manche von den Leuten hier riechen, als hätten sie wochenlang nicht geduscht. Himmel.« Sie bricht sämtliche Regeln, und manche der Abteilungsbewohner mustern sie mit kühlen Blicken.

Ich spüre, wie ich mich ärgere, und plötzlich wird mir klar, dass ich mich selbst als eine von »den Leuten hier« betrachte.

»Emma«, sagt Will. Er schaut von seinem Malpapier auf. »Entspann dich, Mensch.« Er sagt das in sanftem Ton. Will war schon oft hier. Für ihn war es seit seinem fünften Lebensjahr ein einziges Rein-und-wieder-hier-raus. Diesmal ist er schon Monate auf der Abteilung, aber in ein paar Tagen wird man ihn rauswerfen. Er trägt ein Hipster-Bärtchen und Karohemden. Er würde in jedes beliebige Café in Brooklyn passen. Freundlich ist er, aber er hat ein zynisches Lachen, und er nimmt an keiner einzigen Gruppensitzung teil, sondern bleibt meistens in seinem Zimmer.

»Am schnellsten kommst du hier raus, wenn du so tust, als würdest du gar nicht wegwollen.« Er lacht. »Dann entlassen sie dich so schnell wie möglich.«

»Das wird schon alles gut«, sage ich.

»Das kannst du doch gar nicht wissen«, herrscht mich Will an, und sofort schäme ich mich. Es stimmt, ich weiß es nicht. Wie soll er von hier wegkommen? Er hat weder ein Auto noch einen Job, wo soll er hin? Ich höre, wie er mit einigen anderen Bewohnern spricht, wie er versucht, sich Geld für ein Taxi zu leihen, das ihn nach der Entlassung abholt, sonst wird er laufen müssen. Wohin laufen? Das weiß er nicht, irgendwohin. Den Angestellten tut Will leid, das kann ich sehen. Sie lächeln ihn immer sehr freundlich an, und niemand sagt etwas, wenn er sich einen Apfel in die Tasche steckt oder zweimal vom Nachtisch nimmt.

Neben mir zwirbelt Emma an ihrem Haar herum. »Ich gehe mal nachschauen, ob sie es geschafft haben, mit meinem *avvocato* Kontakt aufzunehmen. Meinem Avocado. Meiner Avocado.« Sie marschiert zum Glaskasten. Will schüttelt den Kopf.

»Am schnellsten kommst du hier raus, wenn du so tust, als würdest du gar nicht wegwollen.« Ich denke über Wills Bemerkung nach. Wie werde ich hier rauskommen? Ich habe gewartet, und plötzlich fällt mir auf, dass mir niemand gesagt hat, ob ich hier rauskomme oder wann das sein wird. Ich schaue zum Glaskasten hinüber, zu den Leuten darin, die an ihren Computern sitzen und tippen und Ordner durchblättern. Niemand hat offiziell mit mir gesprochen. Ich habe keinen Arzt oder Sozialarbeiter gesehen. Wie lange werde ich hier sein? Plötzlich fühle ich mich, als bekäme ich nicht genug Luft. Ich bin unter Wasser gefangen, und ich kann gerade so die Oberfläche sehen, aber nichts darüber.

Ich versuche, an meinen Sohn zu denken. Ich vermisse ihn nicht, aber seine Abwesenheit fühlt sich seltsam an, als wüsste mein Körper, dass wir nicht getrennt sein sollten. Immer wieder strecke ich die Hände nach ihm aus. Ich muss daran denken, wie er immer in meinen Armen schlief, zusammengerollt, mit der Wange an meiner Brust. Ich erinnere mich daran, dass ich ihn stundenlang im Arm gehalten, in sein Gesicht gestarrt und versucht habe, es mir einzuprägen. Ich hätte mich mehr anstrengen sollen, denn jetzt kann ich mich nicht daran erinnern.

GLEICH BEGINNT EINE Gruppensitzung. Nicht alle machen mit. Ich weiß nicht genau, was jetzt kommt, aber ich folge Tamyra und den anderen zur Tür des Essraums. Die Tische sind zusammengeklappt, nur einer steht noch offen da. Wir ziehen Stühle heran und stellen sie um den verbliebenen kleinen Tisch. Ich lande neben Ali. Dave stellt seinen Rollstuhl neben mir ab. Man sagt uns, dass wir heute unsere Autobiografien teilen werden. Wie wir hergekommen sind.

Der Gesprächsleiter ist jung und hat eine sanfte Stimme. Geduldig lässt er alle der Reihe nach zu Wort kommen, ohne jemanden zu unterbrechen. Er gehört zu den wenigen Leuten, die einem wirklich zuhören, und das fühlt sich an wie frische Luft. »Okay, Leute, vielleicht wisst ihr das noch nicht, aber wenn ihr von ›zwangseingewiesen‹ zu ›freiwillig‹ wechseln wollt, braucht ihr einen Autobiografietext.« Er zeigt uns ein Formular. Das Papier erinnert mich an die Arbeitsblätter aus der Grundschule, mit vorgegebenen Linien. »Dann kommt der Autobiografietext in euren Ordner, damit der Arzt ihn lesen kann. Sobald ihr eure Autobiografie vorlesen dürft, bekommt ihr Punkte und kommt auf Level 2. Wenn ihr auf Level 2 kommt, gibt es zusätzliche Privilegien.«

Die Rückkehrer rutschen unruhig auf ihren Stühlen herum; sie kennen die Spielregeln schon.

Sie laufen herum und lesen ihre Autobiografietexte laut vor. Währenddessen starren wir anderen auf den Boden. Es ist seltsam, an den Leuten jetzt eine Dimension wahrzunehmen, die über die Einteilung nach Hautfarbe, Alter und Geschlecht hinausgeht.

Tamyra liest ihren Text ohne jede Emotion vor. Eine von Vernachlässigung bestimmte Kindheit. »Ich bin Mutter«, sagt sie. Das fällt ihr leicht, und ich beneide sie. Sie ist bereits ihr ganzes Leben Teil des Systems. Sie will ihr Temperament beherrschen lernen und ihren Kindern eine gute Mutter sein. Sie hat schon zwei Jungen, deswegen freut sie sich sehr, dass sie jetzt eine Tochter bekommt.

Dann kommt Mick dran, ein weißer Kriegsveteran, der einmal in Westdeutschland stationiert war. Er hat sich im Haus seiner Schwester die Pulsadern aufgeschnitten. Sie ließ ihn einweisen, weil sie sich nicht um »seine Scheiße« kümmern wollte, und das findet er auch in Ordnung. Er beschreibt sich selbst als sarkastisch, aber mit einem guten Herzen. Man hat ihm keinen Kugelschreiber erlaubt, deswegen kann er seinen Text nicht aufschreiben. »Ist es auch in Ordnung, wenn ich meine Autobiografie erzähle?«, erkundigt er sich. »Niemand von euch will mir einen Kugelschreiber geben – bedeutet das, dass mein Text nicht gilt?«

Neben mir spielt Dave mit einem Bleistift herum. Seine Handschrift sieht aus wie die eines Kindes. Ich frage ihn, ob ich für ihn aufschreiben soll, was er mir diktiert. Er schaut mich kurz an, und dann sagt er: »Nein, danke, Cathy. Konzentriere du dich lieber darauf, uns hier rauszukriegen.«

Ich denke über meinen Autobiografietext nach. Wie bin ich hergekommen?

Wo soll ich anfangen?

Vielleicht muss ich mit der Liebe anfangen.

ALS ICH FÜNFZEHN war, küsste mich meine Großmutter auf die Wange und flüsterte mir ins Ohr: »Ich wünsche dir, dass du nie die Liebe findest.« Ein Abschiedsgeschenk wie das Jakobs an seine Söhne. Sie wollte mich beschützen.

Die Koreaner glauben, dass Glücklichsein die Schicksalsmächte in Versuchung führen muss und man sich dieses Gefühl durch Kummer zu erkaufen hat. Was die Liebe angeht, so gilt sie als unglückliche Leidenschaft, als irrational und zerstörerisch.

Vielleicht glaubten die Leute das auch aus der Notwendigkeit heraus, um in einem von Krieg und Tragödie zerrissenen Land die Stabilität zu erhalten. Am besten konnte man die Liebe mit dem Hibiskus in unserem Hinterhof in Kentucky vergleichen. Koreanischer Hibiskus: Setzlinge in den brennenden Farben eines tropischen Sonnenuntergangs. Sie krochen wie ein Feuerhauch über den Zaun. Die Blüten waren empfindlich und fast durchscheinend. Die Stängel so dick, dass sie unter der Klinge rissen und zerfaserten, und dann bebte der ganze Zaun. Der Versuch, Blüten für den Küchentisch zu schneiden, erwies sich als unmöglich. Sie blieben, wo sie waren, bewegungslos, selbst im sengenden Sonnenlicht. Gerade diese Widerstandsfähigkeit, die die Blüten nach einem Winter des Krieges und der Hungersnot zwischen ausgemergelten Körpern leuchtend erstrahlen ließ, bedeutete ihren Untergang. Stärke als Schwäche.

Meine Mutter hatte die Schwäche aus ihrer Welt verbannt. Als meine Großmutter mit meiner Mutter schwanger war, hatte sie eine Abtreibung in Erwägung gezogen, aber von einem Wahrsager erfahren, das Baby würde ein Junge werden. Die Enttäuschung über die vierte Tochter hintereinander führte dazu, dass man meine Mutter Khet-nam oder »das Ende« nannte, das harsch klingende K wie ein Messerschnitt. Weil sie jedoch am Ende geboren war, konnte meine Mutter nur nach vorne streben.

Ich war zu schwach; ich besaß ihre Eigenschaften, aber in abgemilderter Form. Die Warnung meiner Großmutter kam zu spät. Ich war bereits von der Liebe und von Liebesgeschichten fasziniert. Mir schien die romantische Liebe unverzichtbar. Ich verstand nicht, was daran zerstörerisch sein sollte, und tat die Warnungen als Zeichen einer gehemmten Kultur ab. Ich zog den westlichen Glauben an ein Happy End vor.

Meine Mutter versuchte, meine Fantasie mit Geschichten aus der koreanischen Mythologie und mit warnenden Erzählungen zu mäßigen. Die Heldinnen waren immer stark, voller Frömmigkeit und Opferbereitschaft. Zum Beispiel Shim Chung, die sich als Menschenopfer verkaufte, um ihren blinden Vater zu retten, und ihre Belohnung bestand aus ihrer Wiedergeburt in einer riesigen Meeresmuschel. Oder Nong Gae, eine schöne Kurtisane, die durch ihren Tanz einen japanischen General einen Felsen hinunterstürzte, als er das Land erobern wollte. Sie trug Silberringe an allen Fingern und verschränkte ihre Hände in seinem Nacken, um ihn dicht an sich ziehen zu können und sicherzustellen, dass er mit ihr in den Abgrund fiel. Als sie vom Felsen tanzte, lachte sie, und die Bäume waren ihre Zeugen.

Romantische Liebe kam in diesen Geschichten nicht vor; sie galt als Nebensächlichkeit oder als Defizit. Stattdessen war die Liebe ein Opfer; sie bedeutete Verlust, bedeutete Kummer. Sich zu opfern, sich selbst völlig aufzugeben, das wurde erwartet.

Und als Koreanerin musste ich mit Leid rechnen.

Meine Großeltern flohen am Beginn des Koreakrieges aus Nordkorea, und sie ließen geliebte Menschen zurück, nach denen sie sich für den Rest ihres Lebens sehnten. Diese Geschichte ist weit verbreitet: Menschen flohen, ohne Eltern und Kinder; man gelobte sich das Wiedersehen, wusste jedoch nicht, dass mit der Schließung der Grenzen jegliche Art der Kommunikation unmöglich werden würde. So blieb den Menschen nichts als Sehnsucht, Warten und Hoffen. Ein Festsitzen in der Warteschleife. Eine Grenze – der achtunddreißigste Breitengrad. Alle Koreaner kennen diese Linie in der Hemisphäre, und als Kind habe ich sie immer wieder auf dem Globus mit dem Finger nachgezeichnet. So eine einfache Linie, dachte ich dann, und sie hatte so viele Leben verletzt und zerschnitten, eine so weitreichende Trennung verursacht.

Deswegen bedeutet Lieben für Koreaner, zu trauern und den Verlust zu kennen. Die Süße der Liebe wird von dem Bewusstsein überlagert, dass das Leben einem irgendwann Bitterkeit bringen wird, damit die Geschichte ins Gleichgewicht kommt.

Trotz all ihrer Zerstörungswut und Rachsucht war meine Psychose eine Liebesgeschichte. Die Geschichte eines Opfers; eine besessene Suche nach meinem Mann. Ich sah mich als Beatrice, die Frau, der es bestimmt war, meinen Mann durch die Hölle zu führen, und glaubte, mein Leben stelle ein Opfer für seines dar.

ALS KINDER ZÄHLTEN mein Bruder und ich Gewitter. Wenn wir den Blitzstrahl sahen, fingen wir langsam an zu zählen, bis wir das weit entfernte Donnergrollen hörten. Wir spürten, wie sich das Unwetter näherte, zählten es herbei, wussten, wie viele Meilen entfernt es noch war, wie lange es dauern würde, bis der Sturm über uns hereinbrach und Haus und Bäume in einem Chaos aus Licht und Lärm erbebten.

Ich kehre immer dann zu diesen Atemzügen zurück, zu diesem Zählen, wenn ich spüre, dass sich etwas nähert. Vielleicht macht das die Erwartung, die Furcht erträglicher, vielleicht erinnert es mich auch einfach daran, wie es war, ein Kind zu sein.

ICH WEISS NOCH, dass ich die in Wellen kommenden Wehen wie Gewitter herbeizählte. Man sagte mir, ich solle herumlaufen, um sie zu verstärken. Schon zwölf Stunden zuvor hatten die Ärzte die Geburt eingeleitet, und es »gab keinen Fortschritt«. Draußen begann es langsam hell zu werden. Mein Mann und ich gingen den langen Flur entlang; er ragte über uns in die Höhe wie eine Flugzeughalle. Ich zählte ständig meine Schritte, bis mich eine Welle traf; dann blieb ich stehen, beugte mich vor und ließ sie über mich hereinbrechen. Es fühlte sich an, als wäre mein Körper eine geballte Faust, und jede Wehe rollte heran wie eine Welle, die ich akzeptieren musste, bis sie verebbte. Ich konnte den Beginn der folgenden erahnen, als sähe ich sie am Horizont. Ich versuchte jeder Welle ohne Angst entgegenzutreten, bewusst die Kontrolle abzugeben.

Ich konnte spüren, dass alles weit über das hinausging, was ich meinem Körper zugetraut hatte. Ich fühlte mich wie ein Instrument, das auf jenen kräftigen Atemstoß wartet, mit dem der erste Akkord einer Symphonie erklingt. Ich würde Mutter sein, dachte ich. Ich würde ein neues Leben zur Welt bringen. Ich begriff es nicht einmal ansatzweise.

EMMA TANZT. SIE glaubt, wir sind auf einer Party. »Hach, ich will einfach nur *baila, baila*«, sagt sie. Gerade muss Musikstunde sein, die Angestellten spielen wieder Hip-Hop über die Lautsprecher ab. Dave klatscht in die Hände und lässt seinen Rollstuhl herumwirbeln, während Emma tanzt.

»Ich mag deinen Vibe«, erklärt mir Emma, nachdem ein Angestellter zu ihr gesagt hat, sie solle sich hinsetzen. Sie holt sich Stifte, um neben mir ein Bild auszumalen, während ich schreibe. Ihr Mund bewegt sich, als würde sie Kaugummi kauen. »Wir Mädchen müssen zusammenhalten.«

Tamyra schaut zu uns herüber, und ich weiß, dass Emma damit keine Mädchen wie sie meint.

»Einfach unglaublich, der Laden hier, die sind doch alle absolut krass drauf.« Emma senkt die Stimme zu einem Flüstern. »Einer von den schwarzen Typen hat mich angesprungen!«

Damit meint sie Darren, einen jungen Schwarzen, der bei seiner Aufnahme aussah wie ein wildes Tier. Seine erste Nacht verbrachte er schreiend in einem der Räume mit Rund-um-die-Uhr-Überwachung. Er tigert auch immer durch die Gegend. Bei den Mahlzeiten im Essraum sitzt er neben mir. Er hat eine leise Stimme und nennt mich »Ma'am«.

Emma löst in mir einen Beschützerinstinkt aus. Hinter ihren Worten steckt eine blinde Naivität, die manchmal unangenehme Wahrheiten über die Abteilung enthüllt, sei es über die mangelnde Fairness der Angestellten oder darüber, dass uns niemand ernst nimmt. Ich frage mich, ob sie eigentlich merkt, wie unbehaglich die anderen sich deswegen fühlen.

Es ist Emma, durch die ich mir über unseren Status hier klar werde. Nachdem sie immer wieder gegen den Glaskasten geklopft und unermüdlich »Ich rufe meine Avocado an« gerufen hat, bekommt sie von einem der Angestellten einen Stapel Papier.

Zusammen gehen wir ihn durch. Dave ist uns in seinem Rollstuhl gefolgt und hört zu, während ich Emma alles vorlese. Wir können beide nicht richtig sehen – ich denke, das liegt an den Medikamenten –, deswegen geht es langsam.

»Ich verstehe das nicht«, meint Emma.

Aber ich glaube, mir wird langsam einiges klar. Ich begreife, dass wir als Patienten gelten, die nicht freiwillig hier sind, und dass die Verantwortung für uns beim Staat liegt.

»Bin ich unfreiwillig hier?«, will sie wissen.

»Ja«, gebe ich zurück. »Ich glaube, das gilt für uns beide.«

Ich finde heraus, dass wir mehrere Level absolvieren müssen, um aus dem unfreiwilligen in den freiwilligen Status zu kommen; wir müssen beweisen, dass wir entlassen werden können. Dann wird mir klar, warum sich die Rückkehrer bemühen, auf der Station immer höflich zu bleiben: Für freundliches Betragen gibt es Punkte, und über diese Punkte kann man sich Privilegien verdienen, zum Beispiel das Recht, die Abteilung für Freizeitaktivitäten zu verlassen. Da steht nicht viel darüber, wie wir hier rauskommen; lediglich, dass es nur passiert, wenn die Ärzte ein entsprechendes Formular unterschreiben.

»Na gut«, sagt Emma, als sie die Papiere zusammensucht. »Ich will jedenfalls hier raus. Vielleicht brauche ich ja gar nicht auf meine Avocado zu warten.«

»Der Ansatz gefällt mir«, verkündet Dave. Er nickt mir zu. »Du hast's drauf, Rechtsanwaltsgehilfin.«

Bis die Ärzte »ein entsprechendes Formular unterschreiben«? Ich frage mich, was das bedeutet.

Ich schaue zu Emma hinüber, aber die tanzt inzwischen wieder – sie wirbelt um Daves Rollstuhl herum.

ICH ZEICHNE EINEN Stammbaum meiner Familie in das Notizbuch, das mir mein Mann dagelassen hat. Dafür brauche ich einige Anläufe, aber es gelingt mir. Mich selbst setze ich in die Mitte. Catherine. Und dann eine wacklige Linie zu James. Ich zeichne einen Rahmen um unsere Namen und schreibe »London« darüber. Wir leben in London.

Ich setze neben James' Namen an und zögere. Ich weiß, dass er eine Mutter und einen Vater hat. Ich ziehe Linien zu seinen beiden Brüdern, kann mich aber nicht an ihre Gesichter erinnern.

Meine Seite der Familie fällt mir leichter; ich erinnere mich an die Menschen aus meiner Kindheit. An meine Mutter, die schönste Frau, die ich je gesehen habe. An meinen Vater, streng, distanziert, mit breiten Schultern und Brillengläsern, die seine immer schwächer werdenden Augen verdecken. An meinen Bruder Teddy, einen Jungen mit Grübchen, der oft lächelt.

Und dann schreibe ich in Großbuchstaben »Cato« unter die Namen von James und mir. Baby. Sohn. Mein Sohn.

Wir entschieden uns für den Namen Cato, weil er »Weisheit« bedeutet. Cato. Er kam im November zur Welt, das weiß ich. Cato hat auch einen koreanischen Namen: Ji-hoon, zwei Silben, wie alle koreanischen Namen. Die erste Silbe hat James' Familie ausgesucht. Ji bedeutet »Weisheit«. Hoon hatten meine Eltern vorgeschlagen: »Beitrag zur Gemeinschaft«. Dieser Wunsch stammte von beiden Seiten der Familie.

Ich schreibe die Bezeichnungen auf, die auf mich zutreffen: Ich bin eine Tochter. Eine Schwester. Eine Ehefrau. Auf diese Wörter komme ich leicht. Ich erinnere mich an sie.

Ich starre auf das Blatt hinunter. Und dann schreibe ich »Mutter«. Neben den anderen wirkt das Wort seltsam, es steht abseits. All diese Wörter fühlen sich unzureichend an. Wie können sie eine Person erfassen? Wer ist das, »ich«? Wer bin »ich«?

Es fühlt sich an, als würden meine Erinnerungen um mich herumschwimmen, mich von der Gegenwart ablenken. Ich versuche immer noch, mich zu fassen, mich in diesen Augenblick zurückzubringen, in diesen Raum, auf dieses Blatt. Ich will sicher sein, dass ich mich nicht selbst verloren habe, denn wenn das so ist, kann ich vielleicht den Rückweg nicht finden.

MEIN VATER WAR Mathematikprofessor. Meine Mutter sagte, sie habe sich für ihn entschieden, weil er als einziger Mann in der Lage war, ihrem Blick zu begegnen. Wegen seiner schlechten Augen, so sagte sie immer mit einem Lachen, war er nicht von ihrer Schönheit überwältigt. Er stammelte und stotterte nicht herum wie die anderen, denen die Schönheit meiner Mutter zu strahlend erschien. Meine Mutter hat immer gewusst, dass sie schön war. Sie zeigte es sorglos aller Welt. Sie ließ nicht zu, dass es zu einer Schwäche oder eine Eitelkeit wurde, es war ganz einfach eine Tatsache. Ihre Schönheit, lebendig und feucht, atmete förmlich – wenn man sie ansah, wurde man an die eigene Sterblichkeit erinnert.

Sie bestand nur aus scharfen Ecken und Kanten; eine von Unterernährung bestimmte Kindheit hatte ihr Wachstum gehemmt, und ihre gesamte Energie war in einen zu kleinen Körper gepresst. Sie wirkte immer wie kurz vor der Explosion. Ihre Augen, braun mit einem grauen Schimmer, schauten unter schweren Lidern hervor.

Mein Vater hatte also den Blick meiner Mutter gesucht und sie überredet, mit ihm über den Pazifik zu gehen, und im Gegenzug hatte er ihr Treue und ein Lächeln mit geraden Zähnen versprochen. Sie bemerkte seinen starken Kiefer und hielt seine ruhige Art für Stärke. Während er in den Vereinigten Staaten seine Doktorarbeit fertigstellte, schrieb er ihr jeden Tag. Lange Briefe der respektvollen Liebe in Kombination mit seinen Ansichten über die Welt. Aus ihrer anfänglichen Wertschätzung seiner Ergebenheit wurde eine Bewunderung für seine Überzeugungen. Und weil er Mathematiker war, wusste sie, dass alles immer klar, beständig und bewiesen sein würde. In ihren Vierzigern würde sie an die Universität zurückkehren, um Statistik zu studieren.

In New Jersey zogen sie zusammen – damit sie vom Doktorandengehalt meines Vaters leben konnten, mussten sie sehr gut haushalten. Mein Vater fotografierte meine Mutter damals sehr oft: Sie steht in den Polaroidrahmen, gefangen in einem Augenblick, das Haar im Wind, und sieht aus, als würde sie gleich nach vorne springen. Sie gingen ins Unikino und aßen gekochte Erdnüsse. Sie nahmen den Bus nach New York City, teilten sich in Little Italy ein Stück Käsekuchen und spazierten danach am Fluss entlang. Hand in Hand träumten sie dabei von der Zukunft. Meine Mutter wünschte sich Kinder, mein Vater war sich nicht ganz so sicher.

Fünf Jahre sollten vergehen, bevor sie sich entschieden, mich zu bekommen. Inzwischen hatte mein Vater eine Stelle als Mathematikprofessor an einer kleinen Universität in Kentucky gefunden. Ihm gefiel die Landschaft dort, die weiten Hügel und die Kalksteinfelsen, und das Land und die Manieren der Südstaatler sprachen ihn an. Auch meine Mutter lebte sich ein; sie verbrachte ihre Zeit mit britischen Literaturverfilmungen und konnte irgendwann die Walmart-Kassiererinnen in perfektem BBC-Englisch ansprechen, wenn sie zu lange ungläubig angestarrt worden war.

Mein Bruder Teddy kam drei Jahre nach mir zur Welt. Meine Mutter behauptete, sie habe es so geplant, aber wir wussten nie genau, was sie damit meinte. Als meine Mutter beschloss, an die Universität zurückzugehen, blieb Teddy meistens in meiner Obhut. Er war mir immer im Weg, aber das gefiel mir so an ihm. Teddy war laut und wild, und ich weiß noch, dass ich als Einzige sein ständiges Bedürfnis nach Aufmerksamkeit akzeptierte. Ich war seine Noona, seine ältere Schwester, wie er ständig auf Koreanisch vor sich hin brabbelte, »Noona, Noona«, während er mir überallhin folgte.

Wir spielten draußen unter dem Himmel von Kentucky. Im Winter bauten wir ganze Familien von Schneemännern und Schneefrauen, und im Sommer rannten wir mit Glühwürmchenlaternen in der Dämmerung herum. Wir backten Sandkuchen und hantierten unter den Bäumen mit Kinderwerkzeugen, bis die Schatten länger wurden und uns wegschubsten. Nachts bauten wir Lagerfeuer und spielten mit den Stöcken aus der Glut, zogen geschwungene Rauchbuchstaben durch die Dunkelheit.

Weil er ein sehr sensibles Kind war, weinte Teddy leicht, über alles, so schien es mir: wenn es donnerte, wenn ihm Ameisen in die Socken krabbelten, wenn das Lagerfeuer zu schnell niederbrannte, wenn er nicht genauso viel Wassermelone bekam wie ich. Nachts schlich er sich oft nach einem Albtraum zu mir ins Zimmer und verlangte, dass ich ihm Geschichten erzählte.

Ich weiß noch, dass wir am allerliebsten einen großen Drachen steigen ließen, für den wir Tiefkühlpizza-Coupons ausgeschnitten und eingeschickt hatten. Wir legten uns auf den relativ flachen Hügel im Vorgarten, ich ließ Teddy die Schnur an seinem dünnen Handgelenk festmachen, und dann knotete ich das Ende noch einmal sicherer um mein eigenes. Der Drache zischte hoch in den Himmel hinauf, und für uns sah es aus, als würde er in den Wolken verschwinden. Bis heute habe ich keinen anderen Drachen so fliegen sehen. Ich sagte zu Teddy, der Drache würde bestimmt am Himmel entlangkratzen, und dann bekämen wir den Mond zu sehen, er solle nur immer weiter schauen. Während ich eindöste, schaute Teddy geduldig hin, und dabei versuchte er nicht zu blinzeln, weil ich ihm versprochen hatte, was er zu sehen bekäme.

Irgendwann schlief er dann immer ein oder glaubte, er hätte zu viel geblinzelt und den Mond verpasst. Er zweifelte nie an meinem Versprechen; vielleicht lag das daran, dass ich genau wusste, was ich versprechen durfte und was nicht. Ich versprach ihm nie Sicherheit vor den Launen meines Vaters.

Ab und zu, ohne besonderen Grund, an einem ganz gewöhnlichen Tag, ergriffen diese Launen meines Vaters Besitz von ihm. Sie waren Markierungspunkte unserer Kindheit, ein Weg, etwas im Gedächtnis zu verankern. Ohne diese Ausbrüche blieb mein Vater eine schwach umrissene Figur, ein Regelwerk. Erst als ich die Grundschule besuchte, fanden wir heraus, dass die Regeln unserer ersten Lebensjahre ungewöhnlich waren. Wir wussten, dass Fernsehen oder Radio bei uns zu den verbotenen Dingen gehörten: »Ich mag das nicht«, sagte er. Zeitungsartikel wurden »von Lügnern verfasst«, und wir durften nur Bücher von Autoren lesen, die seit mindestens fünfzig Jahren tot waren. »So lange dauert es, bis Müll verrottet«, erklärte er. Also begann ich, mit einem dicken Charles-Dickens-Band im Schoß darin versteckte Fantasyromane oder einen Band *Anne auf Green Gables* zu lesen – diese Buchreihe lehnte er trotz ihres Alters ab, weil er sie für »oberflächlich« befand.

Meine Mutter hielt diese Regeln für einen Beweis seiner Einzigartigkeit. »Seht ihr, er geht seinen ganz eigenen Weg«, sagte sie, und dann: »Wisst ihr, ihr beide habt so großes Glück. Er ist der klügste Mensch, dem ich je begegnet bin. Wir sollten auf ihn hören.« Trotzdem schaute sie weiter ihre BBC-Literaturverfilmungen, und wenn mein Vater abends unterrichtete, spielte sie Kassetten mit koreanischer Popmusik ab, die sie vor Jahren aus Korea mitgebracht hatte. Wenn die Musik bei der Rückkehr meines Vaters immer noch lief, schimpfte er. Dann zwinkerte sie ihm zu und sang ein paar Töne, bevor sie die Musik schnell wieder ausstellte.

Mein Vater hielt sich von der Gesellschaft anderer fern; er hatte eine ganze Haushälfte für sich, die Teddy und ich nie betreten durften. Ich bin nicht sicher, ob wir uns diese Regel selbst auferlegt hatten oder nicht, aber wir hielten diese Haushälfte genauso für verbotenes Terrain wie Blaubarts Kammer oder den Westflügel aus *Die Schöne und das Biest.* Dort herrschte immer tiefe Stille, weil er las oder arbeitete. Nie griff er zu belletristischen Werken, auch wenn das laut meiner Mutter früher anders gewesen war, was stimmen musste, weil er alles mit dem entsprechenden Wissen kritisierte. Er las nur dicke Bücher mit seltsamen Bildern und ab und zu griechische Texte. Manchmal drosch er auf das Klavier ein, mit stürmischen Versionen von Beethovens *Mondscheinsonate.* Als Student hatte er sich selbst unter großen Qualen das Klavierspielen beigebracht, doch die wenigen Stücke in seinem Repertoire beherrschte er fehlerlos.

Er machte viel Gymnastik, Liegestütze mit nur einer Hand und Hampelmann-Sprünge, und dabei atmete er sehr schwer. Meine Mutter erzählte uns, er sei als jüngerer Mann ein bisschen schwach und zu wohlgenährt gewesen, zu sehr ein Bücherwurm – eine verwöhnte Familie, sagte sie dann abschätzig. Aber wir konnten uns nicht vorstellen, dass er jemals schwach gewesen sein sollte. Wenn mein Vater seine Haushälfte verließ, saß er üblicherweise bei meiner Mutter in der Küche, während sie für die Uni arbeitete. Er fragte sie ab, brachte sie zum Lachen, erzählte ihr Witze. Wenn wir ihn so erlebten, wirkte er sehr schüchtern, unterwürfig um ihre Aufmerksamkeit bemüht. Doch gleichzeitig sah er stolz aus, weil er sich diese Aufmerksamkeit verdient hatte.

Auf uns wirkte er sehr imposant. Wenn er sprach, klang das wie ein Bellen. Ich habe den Ausdruck »blinde Wut« gehört, und so würde ich die Irrationalität seiner Launen beschreiben, die Art, wie er wild um sich schlug. Doch trotz dieser Rohheit war die Wut meines Vaters konzentriert und kalkuliert. Nie gab es Vorfälle in Anwesenheit meiner Mutter, und meistens richtete sich die Wut gegen Teddy.

Zweimal in der Woche fuhr meine Mutter zum Unterricht

nach Lexington. Dann holte uns mein Vater von der Schule ab. Wir wussten nie genau, an welchen Tagen wir mit ihm rechnen mussten, denn der Stundenplan meiner Mutter änderte sich ab und zu. Dann hockten wir ruhig auf dem Rücksitz und flüsterten miteinander, während er Bach-Kassetten abspielte. Manchmal befahl er uns, mit ihm zu reden, und wollte wissen, welche »Lügen« unsere Lehrer uns an diesem Tag erzählt hatten. Ich denke, er erkannte, dass wir von der Breite seines Wissens beeindruckt waren, und am Abendbrottisch ließ er uns diese Unterhaltungen für meine Mutter wiederholen, damit er demonstrieren konnte, wie er unser Denken korrigiert hatte.

Wir holten Teddy vom Kindergarten ab. Er stand an der Ecke und wartete vorbildlich. Im Mund hatte er einen Erdbeerlolli. Mund und Zunge waren bereits gefleckt, und seine Lippen zierte ein roter Ring. Mein Vater forderte Teddys Lunchbox zur Inspektion. Er hatte gehört, wie meine Mutter Teddy ermahnt hatte, die kleinen Plastiktüten aufzuheben, damit wir sie wiederverwenden konnten, doch Teddy vergaß das oft. Wie ich wusste, hatte er die heimliche Angewohnheit, sein Brot wegzuwerfen und nur ein wenig vom Belag zu essen, weil ihm unser billiges selbstgebackenes Brot zu schwammig war. Diesmal hatte Teddy daran gedacht, die Plastiktüten aufzubewahren, aber er hatte zwei Scheiben dringelassen. Besorgt schaute mich Teddy an, und ich lächelte angespannt zurück. Mein Vater berührte das sich wellende Brot mit einem Finger. Lachend verkündete er: »Das würde eurer Mutter aber nicht gefallen.«

Wir lachten auch, erleichtert. Teddy kaute auf seinem Lolli herum, machte ein Schmatzgeräusch mit seinen gefärbten Lippen, und wir kicherten, weil es so knackte.

»Schluss mit dem Krach!«, brüllte mein Vater plötzlich. »Iss das auf.«

Teddy versuchte, dabei leise zu sein, aber der Lutscher war zu groß zum Hinunterschlucken. Hilflos kaute er darauf herum.

»Du lässt das verkommen? Du verschwendest dein Mittagessen, aber Süßigkeiten isst du?«

Ich wünschte mir einfach nur, das Lolligeräusch würde weggehen.

»Warum höre ich da immer noch etwas? Aaaach!« Mein Vater schrie. Fluchte auf Englisch. Er griff nach hinten, erwischte das Haar meines Bruders und zog so fest daran, wie er nur konnte. Der Honda raste nun über den Seitenstreifen, wir saßen still da und wagten kaum zu atmen. Ich hielt meinem Bruder ein Papiertaschentuch hin, damit er den Lutscher ausspucken konnte. Das tat er leise; in meinem Handteller sahen die Teile aus wie rote Splitter.

Schweigen und dann wieder: »Was?! Was?« Mein Vater nahm die rechte Hand vom Steuer und fuhr damit hinter sich durch die Luft. Weil er wusste, was jetzt kam, bewegte mein Bruder seine Beine, damit mein Vater sie leicht erreichen konnte, denn so würde wenigstens das Auto nicht aus der Bahn geraten, aber er war ein bisschen spät dran. »Versuchst du mir etwa auszuweichen? Na? Naaaa?«

Nein, nein, die sind doch nah bei dir, dachten wir. Teddy bot ihm seine zerkratzten Beine direkt dar. Hektisch blinzelnd schaute er mich aus großen Augen an. Seine Kopfhaut hatte sich durch die Attacke meines Vaters gerötet. Ich saß auf meinen Beinen, damit sie nicht im Weg waren. Als wir zu Hause ankamen, kochte mein Vater noch immer. Er schloss die Autotür, ohne uns anzusehen, und stapfte Türen schlagend ins Haus.

Was folgte, war Routine. Teddy kam zu mir ins Zimmer, und wir versuchten, leise zu sein. Mein Vater saß in seinem Westflügel, und wir warteten einfach ab. Das hasste ich am meisten, die Stille. Manchmal rief er Teddy zu sich. Dann hörte ich das Zerren und Kratzen, die Fausthiebe, die Schläge mit der flachen Hand. Dazu gab es kein Geschrei mehr. Unser Vater ging ruhig vor, konzentriert und sehr gründlich. Er war Mathematiker, deswegen klang es immer sehr rhythmisch. Manchmal glaubte ich, bestimmte Abfolgen zu hören.

Beim Abendessen gab sich mein Vater dann beinahe jovial. Er kümmerte sich um den Nachschlag für uns, damit meine Mutter nicht aufstehen und sich wieder hinsetzen musste. Er machte Witze und lachte hysterisch, und dabei wuschelte er Teddy durchs Haar. Meine Mutter strahlte vor Freude. Aber wir wussten Bescheid. Aus großen Augen starrten wir unsere Teller an.

Wir erzählten unserer Mutter nie davon. Ich glaube, das lag daran, dass wir noch mehr Angst hatten, wenn sie mit ihm stritt. Und das geschah sowieso schon oft. Meist war sie diejenige, die anfing, weil sie »sein Schweigen und sein Schmollen einfach nicht mehr ertrug«. Sie schrie und benutzte koreanische Ausdrücke, die wir nicht kannten, und englische, von denen wir nicht einmal geahnt hatten, dass *sie* sie kannte. Ihr Zorn war sehr dramatisch. Sie schrie und warf mit Dingen, und mein Vater stand still da und ließ alles über sich ergehen. Als er einmal im Dunkeln das Haus verließ, sah er aus, als würde er gleich losschluchzen. Das war noch schlimmer, dachten wir. Nicht, dass er ging, sondern das erschöpfte Aussehen und die anschließende Kälte meiner Mutter. Dann hielt sie uns einen Vortrag darüber, wie glücklich wir uns schätzen konnten, ihn zu haben. »Euer Vater gibt so viel für euch auf«, sagte sie gern. Und wir wussten nicht genau, ob sie das als Erinnerung für sich selbst meinte, aber sie schaute uns ärgerlich an, bis wir uns undankbar fühlten, als hätten wir nicht verdient, was wir bekamen.

Diese Auseinandersetzungen fanden immer ein gutes Ende; nach einiger Zeit kam mein Vater zurück und versuchte sich zu entschuldigen. Meine Mutter ignorierte ihn dann einfach oder bedachte ihn für einige weitere Stunden mit indirekt an ihn gerichteten Flüchen, während er ergeben abwartete. Doch irgendwann ließ sie zu, dass er sich an sie lehnte.

Ich habe nie begriffen, warum mein Vater seine Wut gegen Teddy richtete. Ein Teil von mir fragte sich, ob dahinter Eifersucht stand. Vielleicht hatte er bestimmte Erwartungen an Teddy als Sohn, oder vielleicht lag es daran, dass Teddy mit seinen mondförmigen Augen und seinen hohen Wangenknochen so eindeutig der Sohn unserer Mutter war. Da gab es etwas, einen Schatten, ein Echo, das ich nicht einordnen konnte.

Es hatte nicht in der Absicht meines Vaters gelegen, dass mich Literatur und Wörter so faszinierten. Ich denke, er hatte gehofft, ich würde mich den Zahlen zuwenden, dem sicher Definierten, aber ich liebte Geschichten. Und so wuchs ich auf und las Texte der griechischen Mythologie und viele Klassiker, für die ich zu jung war und denen ich nicht wirklich folgen konnte.

Mein Vater wollte, dass seine Kinder saubere Denker würden, nicht vergiftet durch kommerzielle Einflüsse. Seine Vision bestand darin, uns abseits der Welt großzuziehen, außerhalb der gültigen Muster, fern von allen vorgegebenen Regeln außer seinen eigenen.

Wir lernten, nie über die Schule oder über irgendwelchen Popkultur-Blödsinn zu sprechen. Das fühlte sich erdrückend an, aber wir akzeptierten es, weil es keine Alternative gab. Ich lag in der Hängematte unter der Eiche und träumte. Träumte vom Himmel, träumte von Flucht, träumte von Luft.

Der Verlust des Augenlichts setzte bei meinem Vater ein, als wir noch Kinder waren. Für ihn als Gelehrten war das sehr schlimm. Wir versuchten Mitgefühl aufzubringen, weniger Angst zu haben, aber das war, als wollte man lernen, keine Furcht vor einem Wolf zu verspüren, von dem einem gesagt wurde, er habe keine Zähne. Teddy und ich führten ein schweigendes Leben, ein Leben in der Stille, um meinen Vater nicht zu stören. Wir lernten, uns zu bewegen wie in einer Bibliothek, ihm aus dem Weg zu gehen; wir sprachen leise, im Flüsterton, und jedes geäußerte Wort wurde sorgfältig abgewogen. Teddy und ich konnten über ein winziges Kopfnicken kommunizieren, über eine Geste.

Die Leute nannten Teddy und mich die Fuchsbaukinder, und diese Beschreibung trifft es gut. Es gab nur uns beide.

Als Teddy nach der Universität seine Stelle kündigte und einen Rucksack samt Zelt zusammenpackte, um auf Weltreise zu gehen, verstand ich ihn. »Ich kann es nicht erklären«, sagte er zu mir. »Es hat sich einfach angefühlt, als bekäme ich keine Luft.« Ich wusste, was er meinte. Ich hatte dieses Gefühl des Erstickens auch schon empfunden, das dringende Bedürfnis, zu laufen. Oft hatte es mich auch überkommen, wenn ich in den Himmel emporstarrte und mich fragte, was wohl dahinterlag. Aus diesem Grund hatte ich mich für ein Studium in New York entschieden. Ich wollte irgendwohin, wo man anonym leben konnte, an einen Ort ohne Grenzen, an dem ich mich nicht eingeschlossen fühlen würde. Und manchmal spürte ich diesen Ruf, vor allem im Sommer, wenn der Wind durch die Fenster hereinwehte und die Sonne im Silber der Gebäude unterging. Dann lief ich los, immer weiter, bis die Sonne verblasste und es Nacht wurde, und ich heulte gegen den Wind an.

Jetzt, beim Laufen durch die Station, erinnere ich mich an dieses Gefühl, und ich versuche, bewusst über den Linoleumboden zu schlurfen.

TEDDY IST DER Erste, den ich von der Abteilung aus anrufe. Auf dem Flur gibt es ein Münztelefon, ich nehme den Hörer ab, aber da kommt kein Wählton. Unsicher stehe ich da.

»Du musst ihnen sagen, sie sollen es anstellen«, erklärt mir Randy. Randy ist in der Entwicklung zurückgeblieben; er gehört zu den Bewohnern, denen egal ist, wie viel Zeit sie hier verbringen. Beim Gehen fährt er mit den Händen an den Wänden entlang, manchmal kichert er in sich hinein, und hin und wieder kommt er in den Beschäftigungsraum und schreit los.

Ich stehe an der Glasscheibe. Randy klopft hilfsbereit dagegen. »Das Telefon ist nicht an«, ruft er. »Dabei sollte es jetzt an sein. Seit ungefähr zehn Minuten.« Niemand reagiert, aber Randy sagt, ich solle es noch mal versuchen, und jetzt gibt es ein Freizeichen.

Ich habe keine Vierteldollars bei mir, deswegen lasse ich mich anrufen. Ich brauche mehrere Versuche, um alles richtig zu machen. Diese Nummer ist die erste, an die ich mich erinnern kann.

»Catherine«, sage ich zu der Person in der Zentrale. Und dann warte ich.

»Hallo?« Die Stimme meines Bruders klingt ruhig, ermutigend, vertraut. »Noona?«

Ich hole tief Luft. »Hi«, sage ich und halte inne. Ich weiß nicht, wo ich anfangen soll.

»Wie schön, dass du anrufst. Mir war nicht klar, dass das von da aus geht.« Keiner von uns beiden spricht aus, von wo ich anrufe. Ich kann mich vage an das letzte Mal erinnern, als ich mit ihm gesprochen habe. Ich habe ihn angefleht, ihn gebeten, die Simulation abzustellen. Und er hat zu mir gesagt, ich solle ruhig bleiben, auf James hören.

»Ja, hier gibt es ein Münztelefon.«

»Wie geht es dir?« Er scheint zu zögern.

»Ganz okay«, sage ich.

»Hast du schon mit James gesprochen?« James, ja, mein Ehemann.

»Nein«, antwortete ich.

»Moment, gib mir deine Nummer, dann sage ich James, er soll dich anrufen.« Er legt schnell auf und lässt mich mit dem Wählton zurück. Ich fühle mich einen Augenblick lang verloren und weiß nicht, was ich tun soll, darum hänge ich auf. Ein Gefühl des Alleinseins überfällt mich, aber ich schiebe es zur Seite.

Es kommt kein Anruf von James. Und bald finde ich heraus, dass das Telefon fast nonstop benutzt wird, wenn es einmal angestellt ist. Wir sitzen im Fernsehraum, warten hoffnungsvoll darauf, dass das Telefon klingelt, und wenn es geschieht, rennt einer von uns in seinen dicken Socken los, um das Gespräch entgegenzunehmen. »Telefon!«, schreien sie.

Ich warte darauf, dass jemand meinen Namen ruft.

NACHDEM MEINE MUTTER ihren Abschluss gemacht hatte, zogen wir in einen Vorort von Washington, D. C., in Virginia, ohne dass uns das jemand erklärt oder uns vorher Bescheid gegeben hätte. Ich stand kurz vor dem Beginn der Oberstufe. Teddy war gerade mit der fünften Klasse fertig. Meine Mutter hatte eine Stelle bei der US-Bundesregierung gefunden, in einem großen Marmorgebäude mit Blick aufs Kapitol. Mein Vater sollte in Kentucky bleiben. Mit Bedauern warf meine Mutter einen letzten Blick auf den Garten hinter unserem Haus, und Teddy trauerte um seine Sammlung von Kalksteinfossilien.

Wir luden unsere Habseligkeiten in ein Auto und fuhren los. Am Ziel zogen wir in das möblierte Apartment einer russischen Dame ein, die ihr Haus mit Porzellanschränken und orangefarbenen Teppichen gefüllt hatte. Meine Mutter hielt die Hand meines Vaters, als sie uns nach Virginia fuhr; es wurde nicht viel darüber gesprochen, was sie jetzt tun würden. Er besuchte uns jeden Monat, manchmal sogar jedes zweite Wochenende. Die Wohnung war nicht groß genug, als dass er sein eigenes Reich gehabt hätte, deswegen saß er stumm auf dem Sofa, und wir blieben in unseren Zimmern.

Als ich anfing zu studieren, hatte sich die Sehkraft meines Vaters stabilisiert. Er konnte genug ausmachen, um herumzulaufen, aber Gesichter vermochte er nicht zu erkennen, und allein reisen ging auch nicht. Meiner Erinnerung nach benutzte er keinen Stock, sondern lief vorsichtig an der Hand meiner Mutter herum. Er spielte Klavier und lernte jedes Stück Note für Note; immer wieder hielt er inne und führte das Blatt näher an sein Gesicht, um die Noten lesen zu können.

Ich ging in New York zur Universität. Bei dem Gedanken, Teddy zurückzulassen, fühlte ich mich seltsam. Meine Familie begleitete mich in mein Wohnheim. Teddy, der viel größer war als ich, trug die Kisten mit meinen Sachen. Er war nicht mehr länger der sensible Junge, der weinte, weil er weniger Wassermelone bekommen hatte als ich. Stattdessen war ich diejenige, die weinte, und er stand steif dabei und wirkte unsicher. Als er sich zum Gehen wandte, sah ich in seinem Gesicht, das immer das meiner Mutter gewesen war, den Umriss und Schatten vom Kiefer meines Vaters.

Manchmal kam Teddy im Sommer und verbrachte ganze Wochen bei mir in New York. Dann erschien er mit einem großen Koffer und ließ sich in meinem Apartment nieder. Er schlief auf einer Luftmatratze am Fußende meines Bettes. Während der Vorlesungszeit rief ich ihn jeden Tag an, und wir sprachen darüber, was er gemacht hatte, was in der Schule passierte. Mein Vater verbrachte inzwischen mehr Zeit in Virginia, aber mein Bruder sprach nie über ihn.

Teddy plante ein Studium in Chicago. Und irgendwie war ich nicht überrascht, als er mir sagte, er habe sich für Mathematik entschieden.

Als Teddy beschloss, seine Stelle aufzugeben und auf Reisen zu gehen, blieb er beinahe zwei Jahre weg. Er verkaufte seine ganzen Sachen und fing an zu wandern. Er durchquerte Asien, Europa, Teile von Afrika, Südamerika. Er wanderte durch Berge und Wüsten, über entlegene Pfade. Er rief mich an, wann immer er zu einem Telefon kam, und jedes Mal klang er ganz atemlos vor Aufregung und Erstaunen.

Er machte Videos von seinen Reisen um die Welt. Ich schaute sie mir an und fand, dass etwas Zurückhaltendes in Teddys Bewegungen lag, aber manchmal meinte ich auch, ganz entfernt den jüngeren Bruder zu entdecken, den ich kannte. Einen kleinen Jungen mit Grübchen, der gern lachte.

Beim Gedanken an Teddy fällt mir ein, wie wir in der Gewitterjahreszeit in den Bäumen gespielt haben, in der Stille kurz vor dem Losbrechen des Sturms. Mitten in der Eiche, der mit dem wackligen dritten Ast. Teddy sitzt da, wo die Verzweigung beginnt, im Herzen des Baumes. Er trägt eine grüne Cordhose, die Hose, die ich so geliebt und nur widerwillig an ihn weitergereicht habe. Ich warte auf dem untersten Ast, weil ich weiß, ich werde ihm herunterhelfen müssen. Die Luft in Kentucky riecht nach Bourbon, und wir können den Sturm und den Donner hören, die gleich über uns hereinbrechen werden. »Bitte weine diesmal nicht«, sage ich, und er tut so, als würde er mich nicht hören, aber er nickt. Wir halten aus, so lange wie wir können, zitternd vor gespannter Erwartung, als sich der Himmel verändert und die Bäume um uns herum grau werden. Unsere Mutter ruft uns ins Haus, und ich helfe Teddy nach unten, damit wir durch den Garten rennen können, bevor es anfängt zu schütten.

ICH HÖRE EINE der Angestellten sagen, dass es geregnet hat, und in ihrem Haar hängen Wassertropfen. Vom Wetter bekommen wir hier drinnen nichts mit. Die Vorhänge sind immer zugezogen und die Fenster klein und aus Mattglas. Im Fernsehraum hat jemand das normalerweise gekippte Fenster geschlossen. Ich versuche mich daran zu erinnern, wie es sich anfühlt, im Regen zu stehen. Etwas anderes auf dem Körper zu spüren als Neonlicht.

Im Fernsehen laufen die ganze Zeit die Olympischen Spiele. Die finden in Pyeongchang statt, in Südkorea, und es ist eine Demonstration symbolischer Einheit. »Zum ersten Mal richtet das vereinigte Korea die Wettkämpfe aus.« »Koooreeeaaaa«, flüstert Tamyra lang gezogen. Sie verleiht dem Wort einen bedeutungsvollen Klang und schaut mich an, als wäre ich Olympia-Botschafterin. Ich frage mich, ob ich wohl unter Verfolgungswahn leide, aber mir ist nicht klar, was sie mir damit sagen will. Vielleicht weiß sie, dass es sich für mich so anfühlt, als würde der Fernseher zu mir sprechen. Gut, das rede ich mir sicher nur ein, aber die Reklame ist einfach zu präzise und die Berichterstattung über die Spiele in Korea auch. Ich versuche, bei Tamyras Worten ganz neutral dreinzuschauen.

»Musst du wieder in dein Zimmer?«, fragt sie mit einem verschlagenen Lächeln. Ich glaube, Tamyra hat erraten, dass ich dort hingehe, um Milch abzupumpen. »Mama, Mama«, sagt sie lachend.

Ich verziehe keine Miene und lächle sie an, als ich den Fernsehraum verlasse. Hinter mir höre ich ein Flüstern. Was sagen die anderen da? Sprechen sie über mich?

Ich versuche Luft zu holen. Ich bin im Jahr des Tigers geboren; ich muss überleben. Ich denke an meine Großmutter, die im Jahr des Tigers geboren ist, wie ich. Sechzig Jahre liegen zwischen uns. Den Koreanern zufolge durchlebt man in sechzig Jahren einen ganzen Zyklus. Tiger sind in der koreanischen Folklore Wächter, ein Symbol des Mutes und der Stärke. Ich schaffe das schon, denke ich. Ich gehe erhobenen Hauptes davon und schaue mich sorgfältig um, bevor ich mein Zimmer betrete.

Die Tür fällt schwer hinter mir zu. Ich sehe mich um, damit ich sicher sein kann, dass niemand hier ist, und trete dann hinter den Vorhang, der das Zimmer vom Bad trennt. So schnell wie möglich versuche ich, Milch abzupumpen. Meine Brüste schmerzen, als ich sie berühre; sie sind rot und geschwollen. Die durchweichten Baumwollstreifen in meinem Shirt werfe ich weg und ersetze sie durch neue. Ich beeile mich und frage mich, was ich wohl tun würde, wenn jetzt jemand hereinkäme. Ich weiß nicht, warum, aber bei der Vorstellung wird mir ganz übel. Ich glaube, nur Tamyra hat erraten, dass ich ein Baby habe, dass ich Mutter bin, und so soll es auch bleiben. Bevor ich wieder nach draußen gehe, ordne ich meine Kleidung und kontrolliere, dass auch keine Flecken drauf sind.

Ich kann spüren, dass Anspannung in der Luft liegt. Emma spürt es auch. »Du liebe Güte, die sind alle so feindselig hier«, sagt sie. Die Hispanics und die Weißen haben den Fernsehraum übernommen, die schwarzen Bewohner laufen draußen herum, schauen in den Raum und sprechen leise miteinander.

»Schluss damit«, fordern die Angestellten. Sie bekommen ganz hohe Stimmen, wenn sie nervös werden. Das fällt mir auf. Ali wirft mir einen Blick zu.

Ich schaue weiter auf mein Notizbuch. Ich drücke den Stift so fest auf das Papier, dass es zerreißt. Das Jahr des Tigers, denke ich.

WIR BESUCHTEN MEINE Großmutter jeden Sommer. Jedes Jahr fuhren wir nach Korea, in die Missionarssiedlung meines Großvaters. Er war der Vater meines Vaters, ein Geistlicher, und er hatte auf einem Hügel eine Kirche und ein Haus für die Missionare gebaut. Die Tage waren lang und heiß, ab und zu ging ein Platzregen nieder. Donner und Blitz gab es allerdings nie, nur Sturm und Regen. Eine Woche verbrachten wir immer bei der Mutter meiner Mutter, und dafür nahmen wir den Zug von Seoul nach Busan.

Ihre Wohnung befand sich in der Nähe der zentralen Märkte, neben dem Fischmarkt und den kleinen Geschäften im Schatten eines großen Berges. Ständig hörte man den Lärm des Marktplatzes, die Stimmen von der Straße, und man sah Neonlicht flackern.

Die Wohnung meiner Großmutter war klein, mit Bambusmöbeln und Perlmuttschränken, auf denen filigrane Kraniche und Kirschblüten abgebildet waren.

Sie hatte ein Aquarium voller winziger Fische. Guppys und Goldfische gab es und solche, die silbern glänzten. »Die bringen Glück«, sagte sie. »Ich gehöre einfach ans Wasser.«

Meine Großmutter war auf einer Insel aufgewachsen, auf »Dog Island«, an deren Ufer sich die Wellen kraftvoll brachen; die See hatte sie im Aufwachsen geformt. Die Bedrohung durch japanische Soldaten hatte meine Großmutter zum Heiraten veranlasst. Die unverheirateten Mädchen waren die Unglücklichen: Sie mussten sich den Japanern zur Verfügung stellen, und man holte sie gegen ihren Willen von zu Hause weg. Meine Großmutter hatte einen Mann vom Festland geheiratet. Mein Großvater war gut aussehend, älter als sie, mit dunklem Haar und hohen Wangenknochen. Er arbeitete als Schneider. Tagsüber nähte er hochwertige Maßanzüge, nachts trank er viel Reiswein und rauchte mit seinen Freunden Zigaretten.

Sie hatten sich in Busan niedergelassen, einer Küstenstadt. Meine Großmutter hielt Fische und pflanzte Blumen, sie schaute zum Horizont und dachte an ihre Heimatinsel.

Bei jedem Besuch gingen wir zum Grab meines Großvaters, immer an einem Tag ohne Regen, sodass die Straßen frei von Schlamm waren. Meine Großmutter begleitete uns, still hielt sie eine Flasche Reiswein in der Hand.

Das Grab meines Großvaters befand sich auf einem Hügel; man hatte Gräber in den Hängen des Berges angelegt, der die Stadt überblickte. Mein Onkel goss den Reiswein über den Grabstein. Wir breiteten Früchte auf einem Tuch aus. Ich erinnere mich an die Farben der Äpfel und Birnen, die auf den Boden rollten. Wir zogen die Schuhe aus und verneigten uns, pressten die Stirn an den Boden.

Meine Mutter war gegen Aberglauben, und sie erlaubte uns nicht, bei öffentlichen Opferveranstaltungen Geldscheine oder Weihrauch zu verbrennen, aber als mein Onkel zu uns sagte, wir sollten unsere Taschen ausleeren, damit uns die Toten nicht folgten, blieb sie still.

Nach unserem Opfer gingen wir zum Auto und schüttelten uns den Sand von den Schuhen. Über uns ragten die Gräber empor. Wir fuhren zu einer Bäckerei, wo wir Eissplitter aus roten Bohnen aßen. In der süßen Kondensmilch schwammen Papierschirmchen. Meine Mutter schnitt das Obst vom Grab, lange Girlanden aus Apfel- und Birnenschalen fielen von ihrem Messer, und wir lauschten dem Geräusch des Ozeans.

EMMA HAT AUS einem Blatt Papier ein Himmel-und-Hölle-Spiel gefaltet, mit dem man die Zukunft voraussagen kann wie damals in der Schule, als kleine Schicksalsgeschichten darinstanden. Dave klatscht in die Hände. »Jetzt ich, jetzt ich!«, ruft er, während sich Emma zu erinnern versucht, wie sie die Hände bewegen muss. Ich sehe, dass sie die Schicksale nicht reingeschrieben hat, nur die Farbenflächen ausgemalt. »Such dir eine Farbe aus«, fordert sie mich auf.

»Blau«, antworte ich.

»Blau, okay.« Sie hält inne. »B-L-A-U.«

Sie öffnet den blau bemalten Teil.

Dann sagt sie zu mir, dass ich heiraten und viele Kinder haben werde.

»Sie *ist* doch schon verheiratet«, meint Tamyra.

»Ach«, sagt Emma.

Ich schaue auf meine Hände hinunter. Da ist kein Ehering.

ICH WAR ZWEIUNDZWANZIG, als ich mich in den falschen Mann verliebte. Das geschah im Sommer nach meinem Universitätsabschluss. Ich fand eine Stelle in einer Wirtschaftskanzlei in New York mit einem Marmorboden in der Lobby und einem Büro, das sich in schwindelerregende Höhen erhob und vom Boden bis zur Decke mit Glas ausgekleidet war. Ich war gerade in eine neue Wohnung gezogen, zahlte meine Unischulden ab und lebte in einer Stadt, die ich liebte. Ich weiß, ich hätte mich glücklich fühlen sollen oder wenigstens zufrieden, aber ich konnte nicht anders, ich kam mir vor wie eine Hochstaplerin.

Der Finanzsektor war im Zusammenbruch begriffen, Bankhäuser meldeten Konkurs an, und in dieser Atmosphäre der allgemeinen Hysterie prasselte die Verwaltungsarbeit über uns herein. Ich arbeitete täglich bis zur Morgendämmerung, und während mich die bezahlten Überstunden freuten, verbrachte ich die meiste Zeit am Kopierer, und es fühlte sich an, als wäre ich in einer nie zum Stehen kommenden Maschine gefangen.

Wir sollten Arbeitsberichte schreiben, die jede einzelne Stunde erfassten, um Rechnungen für die Kunden zu erstellen. Wochenlang hatte man uns beigebracht, die Kunst des »zusammenfassenden und zugleich illustrativen Schreibens« zu perfektionieren. Ich habe nie herausgefunden, wie man »fünf Stunden am Kopierer« lebendig genug wiedergibt, und bekam immer wieder E-Mails mit der Aufforderung, meine Berichte umzuschreiben. Protokoll über jede Stunde zu führen machte mich nervös, denn auf diese Weise wurde mein gesamter Tag zu klaren Katalogen des Fotokopierens, Kollationierens und Bearbeitens kondensiert. Ich musste an die Grabsteine der Saint John's Cathedral denken, auf einem Friedhof, den ich jeden Morgen auf dem Weg zur Arbeit durchquerte: Leben, zusammengefasst in ganzen drei gemeißelten Zeilen.

Drew verkörperte Möglichkeiten. Eine Herausforderung an das, was sicher war. Er kam aus Hongkong zu Besuch nach New York. Bevor wir uns begegneten, hatte er lange eine Freundin gehabt. Es hieß, er sei ein großzügiger Freund und ein Gentleman. Alles in allem ein sehr »anständiger Kerl«. Drew war der Freund eines Freundes. Wir lernten uns auf einer Party kennen.

Mir war nie richtig klar gewesen, was es bedeutete, ein »anständiger Kerl« zu sein; meiner Erfahrung nach waren die »anständigen Kerle« diejenigen, bei denen man am meisten aufpassen musste, aber Drew achtete sorgfältig darauf, seinem Ruf gerecht zu werden. Seinen eigenen Worten nach war er ein Familienmensch, der seine Eltern mehr verehrte als alle anderen Menschen auf der Welt. Sehr treu sei er, versicherte mir Drew. »Ein Mann für eine einzige Frau«, fügte er schulterzuckend hinzu. Vor Kurzem hatte er sich von seiner Highschool-Freundin getrennt, weil er fand, sie mache sich zu sehr von ihm abhängig. Drew spielte seine Rolle als Gentleman sehr überzeugend. Er gab sich charmant, gefühlvoll und sensibel.

Man kam gut mit ihm aus, und immer folgte uns ein ganzer Tross von Freunden.

Allen wollte er mich vorstellen; wir rannten förmlich von einer Party zur nächsten, und ich traf ständig neue Leute. »Das hier ist die Frau, die mein Leben für immer verändert hat«, verkündete er dann.

Alle lächelten mich an und meinten: »Drew ist ein ganz fantastischer Typ. Ein wirklich anständiger Kerl, ein großartiger Freund. Und absolut ehrlich, so jemanden findet man heutzutage selten. Ein wirklich anständiger Kerl.« Und dann nickte ich und lächelte zufrieden, froh darüber, wie viel Glück ich doch hatte, einem so ehrlichen Menschen begegnet zu sein. Ich fragte mich nie, warum so viele Leute das Bedürfnis verspürten, mir mitzuteilen, dass Drew ein wirklich anständiger Kerl war – hätte ich aufgepasst, hätte mir bewusst werden müssen, dass darin eine Warnung lag.

Wir verbrachten einige Monate miteinander, und als Drew abreiste, war ich überzeugt davon, jemanden gefunden zu haben, der mich wirklich liebte.

Selbst in unserer Fernbeziehung gab er alles, rief an und besuchte mich – und jedes Mal flehte er mich an, ich solle doch nach Hongkong ziehen. Er brauche mich, sagte er, und ich würde dort sicher eine Stelle finden. »Dann kann ich für dich sorgen«, erklärte er. Dieser Gedanke schien ihm zu gefallen. »Ich will, dass du mich mehr brauchst.« Ein seltsamer Wunsch. Dann brachte er seine Mutter dazu, ihn zu unterstützen. Seine Mutter, eine mürrische Frau namens Leah, war ihm treu ergeben.

»Mein Sohn liebt dich so sehr«, sagte sie. »Er braucht dich hier.«

Hongkong war ein geheimnisvoller Ort und bot mir in immer größerem Maße Freiheit von den Fallen in New York. Ich kündigte meine Stelle und beschloss, den Sprung zu wagen.

Ich traf am Tag vor Silvester in Hongkong ein. Das erschien mir bedeutsam. Die ganze Stadt war in buntes Papier und Lametta gehüllt, Lichter hingen von den Gebäuden, Schneemannfiguren und leuchtende Silhouetten tanzender Zuckerstangen, mehrere Stockwerke hoch, ein blinkender Schwarm aus Rot und Grün.

Ein Jahr später wurde ich auf dem Balkon unserer Wohnung ausgesperrt. Die Luft war feucht vom nahe gelegenen Meer und die Kälte von der Sorte, die einem in die Knochen kroch. Ich saß auf dem Balkonboden und trug nichts als Socken – mit Comictieren darauf, und sie passten nicht zusammen. Aus irgendeinem

Grund hatte Drew vergessen, sie mir herunterzureißen, bevor er mich nach draußen stieß. Ich zitterte, umfasste meine Beine und presste den Rücken gegen die Glastür. Meine Haut klebte an der Scheibe, am bloßen Granitboden, sogar an der Nachtluft.

Bis zu diesem Silvester hatte ich endlich die Wahrheit herausgefunden. Es hatte viele »Vorfälle« gegeben, bevor mir Leah erzählte, dass sich Drew schon einmal so verhalten hatte. Mein Gesicht wirkte unberührt, es gab keine Spuren darauf, aber da war ein Kratzer an meinem Hals, an der Stelle, an die er das stumpfe Messer gehalten hatte, das Messer, mit dem ich Äpfel schälte, wie meine Mutter es tat, in einer langen, sauberen Schalengirlande. Er hatte einen Gürtel benutzt, mittendrin innegehalten und sich einen dickeren gesucht, der beim Aufkommen befriedigender klang, und auf meinem Arm erstreckte sich ein blauer Fleck von der Schulter bis zum Ellbogen, mein Unterleib war mit bösen Striemen übersät.

Es fing nie gleich an. Anders als die Wut meines Vaters war Drews nicht vorhersagbar; sie konnte von allem Erdenklichen ausgelöst werden oder von gar nichts. Seine Wut war oberflächlich, beliebig. Jemand hatte mich zu lange angeschaut, und mir gefiel es. Sein Chef gab ihm keine Gehaltserhöhung, und ich zeigte nicht genug Mitgefühl. Ich quengelte zu viel. Ich verstand ihn einfach nicht. Ich war zu sehr auf Konfrontation aus. Und dann, nach einer Weile, gab er gar keine Erklärungen mehr ab. Ihm musste klar geworden sein, dass er das nicht zu tun brauchte.

Ich empfand Wut. Ich hätte nie geglaubt, einmal zu den »geschlagenen Frauen« zu gehören, und ich schätzte mich auch selbst nicht so ein. Ich hielt unsere Beziehung für kompliziert. Drew liebte mich, er liebte mich so sehr, und ich war schwierig. Ich wusste nicht, wie ich das Ganze hätte stoppen können. Egal, was ich tat; ob ich Streit anfing, ob ich nicht widersprach, ob ich mich wehrte, ob ich alles zuließ – nichts schien einen Unterschied zu machen. Und so blieb ich bei ihm und hoffte, er würde sich ändern, wie er es mir jedes Mal versprach. Dass er ein besserer Mann werden würde.

Ich begann ein Jurastudium und besuchte Vorlesungen an der Universität auf dem Hügel. Nach dem Unterricht nahm ich einen der Minibusse, die an den Berghängen entlangsausten, um Kindern von Expats ein paar Stunden zu geben. An den Wochenenden machten wir uns für Partys schick, für glitzernde Nächte mit zu viel Alkohol und schalen Zigaretten.

An jenem Abend hatte Drew Anstoß daran genommen, dass ich über den Witz eines Freundes auf Drews Kosten lachte. Bei unserer Heimkehr war Drew verstimmt. Ich wusste, da zog ein Sturm auf. Langsam zählte ich und wartete darauf, dass er über mich hereinbrach.

Warum hatte ich über diesen Witz gelacht? Ich lachte immer über ihn, stand vor seinen Freunden nie zu ihm, sagte Drew. Begriff ich denn nicht, wie ihm das zusetzte? Seine Wut umkreiste mich, sie gewann an Stärke, und dann traf sie mich, mit anfänglicher Schärfe, die Eröffnung.

Auf dem Balkon flirrte seltsamer Staub in der Luft, der Himmel war nicht dunkel, sondern zeigte ein merkwürdiges, milchiges Orange und Grau. Wie ein farbiger Nebel. Ich fragte mich, ob ich vom Balkon springen sollte. Einfach wortlos springen und mich in orangefarbene Nacht verwandeln. Ich konnte nicht anders, ich zuckte zusammen, als ich mir vorstellte, wie mein Körper da nackt und verdreht auf dem Bürgersteig liegen würde. Die Comictiersocken. Hinter mir konnte ich durch die Glastür hören, wie Drew in der Wohnung auf und ab tigerte. Und wie ich befürchtet hatte, hatte seine Wut nicht abgenommen. Er zerrte mich wieder hinein.

Er trampelte auf meinem Gesicht herum. Da war ein Gürtel. Und dann noch einer und noch einer. Nicht schwer genug, schrie er. Er trat mir in den Bauch, trat mir auf die Beine. Ich konnte seine Faust in meinem Gesicht spüren. Er setzte sich rittlings auf mich und schlug mich wieder und wieder und wieder auf dieselbe Seite meines Gesichts. Ich lag auf dem Boden, und als ich den Kopf drehte, konnte ich im Spiegel etwas sehen, das ich nicht wiedererkannte. Es sah aus wie Knetmasse, Knetmasse mit Augen. Das konnte nicht stimmen. War das mein Gesicht? Ich schrie nicht, ich weinte nicht. Glitt nur aus dem Bewusstsein heraus und wieder hinein.

Ich fiel in Ohnmacht.

Ich sah meine Eltern, ich sah meinen Bruder, ich sah die Straßen von New York, in die sich der Sonnenuntergang ergoss. Ich trug ein Leinenkleid und teilte mir in der Pause Eis am Stiel mit einem Jungen, mit dem ich aufgewachsen war. Ich fing im Sommer Glühwürmchen in meinem Handteller, schaute zu, wie sie aufleuchteten, tanzte mit ihnen herum wie mit Christbaumkugeln. Und dann sah ich wieder Drews Gesicht, und er schüttelte und schüttelte mich.

Wach auf. Drew rüttelte so schlimm an meinem Kopf, dass er auf den Bodenfliesen aufschlug. Er dachte, er hätte mich umgebracht, und geriet in Panik.

Als ich die Augen öffnete, meinte ich, Erleichterung in seinem Gesicht zu erkennen, aber dann versetzte er mir wieder einen Boxhieb.

Ich wurde ohnmächtig.

Ich ging ins Krankenhaus. Ich hatte einen Haarbruch an einem Wangenknochen, und mein Gesicht war so entstellt, dass es wie verschmiert wirkte.

Leah schluchzte, als ich ihr davon berichtete.

»Ich weiß nicht, warum er das macht«, sagte sie. »Warum, warum nur macht er das?«

Und dann erzählte mir Leah, wie sie Drew zum ersten Mal zur Rede gestellt hatte. Das war Jahre her. Er und seine Freundin waren ausgegangen, und das Mädchen kehrte mit blauen Flecken auf Armen und Beinen zurück. Ihre Freunde erzählten, Drew habe getrunken. Leah wollte ihn zur Rede gestellt haben, denn so habe sie ihren Sohn nicht erzogen. Sie schrie, sie weinte.

Er reagierte, indem er sich auf das Balkongeländer setzte und zu den verschwommenen Linien des Ozeans in der Ferne starrte. Die Beine ließ er über das Geländer baumeln.

Dort saß er für viele Minuten, vielleicht sogar für eine Stunde, das wusste Leah nicht mehr. Der schlimmste Tag ihres Lebens, sagte sie.

Sie erklärte, sie habe das Thema Gewalt ihm gegenüber nie wieder angesprochen. Ich dachte an all die Male, bei denen sie mir geraten hatte, sanfter zu sein, geduldiger, verständnisvoller. Das da war ihr Sohn. Ihr Monster. Ich weiß, es war nicht fair, ihr die Schuld zu geben, aber ich nahm meine ganze Frustration und richtete sie auf Leah.

Eines Nachts ging ich, sieben Monate nach dem Vorfall auf dem Balkon. Ich nahm nur meinen Geldbeutel und mein Handy mit, am Körper trug ich Sandalen und ein dünnes Nachthemd. Endlich war mir klar geworden, dass mich Drew nicht liebte, nie geliebt hatte. Ich wünschte, ich könnte sagen, es sei wegen eines gewichtigen Vorfalls geschehen, aber so war es nicht. Ich hatte herausgefunden, dass Drew seiner Ex-Freundin SMS schrieb. Ihre Nummer hatte er unter einem falschen Namen abgespeichert, einem Jungennamen, den ich nicht wiedererkannte. Ich fühlte mich angewidert, hintergangen. Alles, was ich erlitten hatte, war mir wie ein Opfer erschienen, ein bereitwillig erbrachtes Geschenk an jemanden als Gegenleistung für die Liebe, die ich bekam. Nie hatte ich die Möglichkeit in Betracht gezogen, dass es da keine Liebe *gab*. Die Sicherheit, die ich glaubte, gefunden zu haben, war nichts als ein Besitzanspruch, und ohne sie blieb mir nur ein schattenhaftes, schwaches Trugbild einer

Person. Dieser Gedanke war befreiend, aber zum ersten Mal hatte ich richtige Angst. All diese Monate der Gewalt. Was, wenn er mich jetzt umbrachte, wo ich endlich die Wahrheit begriffen hatte?

Ich hatte versucht, mit ihm Schluss zu machen und geglaubt, er würde Erleichterung darüber empfinden. Er hatte mich fest ins Gesicht geschlagen. Tage vergingen, bis er mich wieder aus der Wohnung ließ, und ich wusste: Wenn ich gehen wollte, durfte ich mir nichts anmerken lassen.

»Ich bin mal kurz unten«, sagte ich in freundlichem Ton. Ich hörte nur mein eigenes Herzklopfen.

Würde es funktionieren?

Er lag im Bett, das Gesicht im Schatten, und er zuckte die Achseln.

Ohne mich umzusehen, schloss ich die Tür hinter mir, und ich bewegte mich langsam, ruhig. Fünf Schritte bis zum Aufzug. Ich drückte auf den Knopf. Ich wartete, lauschte angespannt, ob sich die Tür hinter mir öffnete. Würde er zuschauen, wie ich ging? Würde er aus der Wohnung kommen?

Endlich erschien der Aufzug, ich drückte leise auf den Knopf und betete darum, die Türen würden sich schließen. Ich ging aus der Lobby hinaus in die Menschenmenge, die immer noch auf den Straßen feierte, immer weiter, ohne mich umzuschauen. Mitten hinein ins Gewühl, bis ich sicher war, dass mir niemand folgte. Ich zählte meine Schritte. Einen, zwanzig, fünfzig, hundert – wie viele wären wohl nötig?

Ich kam an einer Gasse vorbei, in der ich geschlagen worden war, ich ging an den Nachtmärkten mit den gerösteten Enten im Schaufenster vorbei, am Laden des Medizinmannes, bei dem man Schildkröten essen konnte, an der Bäckerei mit den gelben Eierkuchen im Fenster. Ich spürte, wie sich die Nachtluft fest um mich schloss, aber eigentlich spürte ich gar nichts. Es fühlte sich an, als hätte ich gerade einen Glaskäfig verlassen – ich hätte die ganze Zeit gehen können, es war mir nur nicht bewusst gewesen. Alles um mich herum lag in Scherben, und Drew war jetzt wie ein Gift in meinen Lungen, aber um gehen zu können, musste ich auch den infizierten Teil mitnehmen.

Die Nacht rannte mit mir mit.

Ich ging immer weiter. Ich ging weg. Ich war frei.

ICH BLIEB IN Hongkong, um mein Studium abzuschließen. An den Wochenenden verbrachte ich meine Zeit mit der Suche nach Luft. Ich lief in der Stadt herum. Mir war, als hätte man mich in Kampfer konserviert; die Abgase und der Schmutz bildeten um mich einen Dunst. Ich fühlte mich dumpf. Ich konnte mich nicht mehr erinnern, wie ein lebendiger Himmel aussieht. Ich lief in den verborgenen Gassen der Stadt umher und ließ zu, dass ich mich verirrte. Ich lauschte der Luft, dem steifen Flattern der Stoffe an den Marktständen, lief an den Männern vorbei, die Enten mit Soße überzogen und sie glasiert, kopfüber und um einen Haken gewunden in den Schaufenstern aufhängten. An Läden mit Holzstempeln, mit Notenpapierbögen so groß wie Bettlaken.

Ich telefonierte jeden Morgen mit meiner Mutter. Ich glaube, sie spürte, dass etwas nicht in Ordnung war. Ich erzählte ihr, Drew und ich hätten uns getrennt, aber den Grund nannte ich ihr nicht. Sie fragte, warum ich nicht nach Hause kam, aber ich erklärte ihr, ich wolle mein Studium abschließen, und das stellte sie nicht infrage.

Ich trank zu viel; ich trank, bis ich nichts mehr sah oder spürte. Ich trank, bis ich keine Angst mehr hatte. In manchen Nächten wachte ich mit einer Infusion im Arm im Krankenhaus auf, und dann nahm ich mir ein Taxi und ließ mich in das kleine Apartment zurückbringen, in dem ich wohnte und mich vor Drew versteckte. Er suchte nie in Lehrveranstaltungen nach mir, obwohl ich das befürchtete. Ich dachte, er hätte mich aufgegeben, oder vielleicht glaubte er auch, ich würde zu ihm zurückkehren, und wartete auf mich. Ich wusste es nicht.

Ich tat mein Bestes, um zu verschwinden.

Als ich Leah zum letzten Mal sprach, wollte sie wissen, wo ich wohnte, aber ich nannte ihr meine Adresse nicht. Ich wusste, sie würde sie einfach Drew geben.

»Bitte«, sagte sie. »Drew liebt dich.«

»Das glaube ich nicht«, erwiderte ich. »Und – ich kann nicht mehr mit ihm zusammen sein.« Wir schwiegen beide. »Er schlägt mich.« Ich sagte das mit emotionsloser Stimme.

Sie reagierte nicht sofort. »Ich weiß, er ist nicht perfekt«, meinte sie dann. »Aber ich denke wirklich, mit der Zeit würdet ihr einen Weg finden. Wenn du nicht so oft mit ihm streiten würdest …«

Ich unterbrach sie: »Ich habe alles versucht, und nichts hat funktioniert. Er ist einfach so.«

Sie reagierte, als hätte ich sie geschlagen. Wie wagte ich zu behaupten, er würde sich nie ändern? Er war ihr Sohn. Sie holte tief Luft. Sie sagte leise: »Ich hoffe, du änderst deine Meinung.«

Das würde nicht geschehen, das wusste ich, aber ich sagte nichts. Es gab nichts zu sagen.

An meinem letzten Wochenende in Hongkong, eine Woche nach Vorlesungsende, packte ich meine Sachen zusammen und kaufte mir ein einfaches Ticket nach Virginia, zurück zu meinen Eltern. Es fühlte sich an wie eine Niederlage, als würde ich an einem Ort neu beginnen, den ich hinter mir gelassen zu haben glaubte.

In meiner letzten Woche wollte ich eine Route mit dem Namen Walk of a Thousand Steps zurücklegen, den »Weg der tausend Stufen«. Dabei folgte man einem Bergpfad entlang des Stadtrandes von Hongkong; man konnte die scharfen Kanten der Gebäude und den Ozean unter sich sehen. Jeder Hügel führte in ein Tal und dann zu einem anderen Hügel, gezackt wie der Rücken eines Drachen. Auf halbem Wege dieser Tour befanden sich die tausend Stufen, die man hintereinander in den Stein gehauen hatte.

Es gab keine Bäume, nur Land, und ich sehnte mich nach Wind. Die Hitze fühlte sich an wie Hände, die mich niederdrückten. Ich wünschte mir, mein Gedächtnis würde durch das Gehen gelöscht. Dass mich jeder Schritt an einen anderen Ort bringen würde, in eine andere Realität weit entfernt von der, die ich kannte.

Ich hatte noch nicht einmal die Hälfte erreicht, als ich mich bei meinen Schritten verzählte. Ich fühlte mich, als könnte ich nicht atmen, als wäre meine Luft weg. Ich schaffte es nicht. Ich konnte nicht weiter. Unter mir sah ich das Silbergrau der Gebäude, scharf umrissen wie Glassplitter, und den Ozean, der sich erstreckte wie der Himmel. Es war, als schaute man auf eine auf dem Kopf stehende Welt.

Da war er, dachte ich. Da war der Ort der Wut und des Schmerzes. Ich konnte ihm nicht entkommen.

Ich wandte mich um und machte mich an den Abstieg, zurück in die verschmutzte Luft, zurück in den Dunst.

EMMAS HIMMEL-UND-HÖLLE-SPIELE LIEGEN im ganzen Beschäftigungsraum verteilt, achtlos weggeworfen, halb gefaltet und bei verschiedenen Farben geöffnet, aber keines von ihnen enthält irgendwelche Schicksale.

Ein Wahrsager hatte meiner Großmutter prophezeit, meine Mutter werde ein Sohn sein, ihr Überleben sichern. Ich stelle mir vor, wie der Wahrsager über Bücher gebeugt saß, Zahlen nachschlug und Kalender durchblätterte, wie er die Position der Sterne bestimmte und sagte: »Ja, ja, Ihre Gebete sind erhört worden. Dieses Kind wird ein Sohn.«

Ich erinnere mich an die Glücksboote in Hongkong. Diese Boote versprachen einem ein günstiges Schicksal, und zwar für ein großzügiges Entgelt. Ich fand heraus, dass es dabei nicht nur um positive Ereignisse ging, sondern auch darum, dass einem Sünden erlassen wurden, und deswegen erschienen dort viele Mafiabosse in schwarzen Anzügen mit ganzen Stapeln von Geldscheinen. Die Verkäufer warteten am Hafen mit Behältern voller silberner Fische, die in den Ozean entlassen werden sollten. Männer und Frauen, manchmal Großmütter, beugten sich über die Behälter und drückten den Verkäufern Geld in die Hand. Man konnte sehen, wer die meisten Sünden begangen hatte und Vergebung brauchte – diese Menschen kauften Tintenfisch, die teuerste Opfergabe.

Die Verkäufer standen ruhig da, und die Pilger gingen mit den Fischbehältern in den Händen an Bord. Das Boot tuckerte hinaus, bis etwa in die Mitte des Hafenbeckens, und dann hörte man Gesänge über das Wasser hallen.

Die Pilger entleerten die Behälter in den Ozean, gaben den Fischen die Freiheit zurück, schenkten ihnen das Leben, fanden so zu ihrem Glück. Die Ströme aus Fischen fielen in Wellen ins Wasser. Schlaue Fischer warteten in kleinen Booten, um sie wieder einzufangen. Aber mir gefiel die Vorstellung ganz außerordentlich, Vergebung für seine Sünden zu finden, indem man einem Lebewesen das Leben schenkte. Ich fragte mich, wie sie sich wohl fühlten, die Menschen auf der Suche nach ihrem Glück, die zum Horizont schauten und sich wünschten, dass ihr Pech ein Ende nähme.

Was würde ich jetzt einen Wahrsager fragen? Wie könnte ich dafür sorgen, dass mein Pech ein Ende nimmt? Ich stellte mir vor, auf einem Boot zu stehen. Ich würde in Richtung des Hafens blicken, die salzige Luft auf dem Gesicht spüren und dabei zusehen, wie Ströme aus silbernen Fischen ins Wasser fielen und einem die Absolution versprachen.

»Du hast heute einen Glückstag«, sagt Emma zu Dave.

»Und ob«, gibt er zurück. »Und ob. Jetzt noch mal ich.«

BEI MEINER RÜCKKEHR aus Hongkong nach Virginia erzählte ich niemandem, was geschehen war. Meine Mutter umarmte mich, als sie mich am Flughafen abholte. Ich spürte die Kanten ihres Körpers an meinem; sie fühlte sich zerbrechlicher an, als ich sie in Erinnerung hatte.

In Virginia fühlte ich mich wie aus dem System genommen, fehl am Platz. Es war so, als wäre die Zeit in einer Welt da draußen vergangen, aber als ich zurückkehrte, hatte sich nichts verändert, als wäre alles ein Traum gewesen. Ich beschloss, an Sonntagen für Alzheimer-Patienten in einem Altenheim in der Nähe Geige zu spielen. »So etwas Schönes«, sagte eine der Pflegerinnen jedes Mal, wenn ich den Raum betrat.

Das Heim war ein stattliches weißes Gebäude im viktorianischen Stil, umgeben von einer immer leeren Veranda. Auch die Gärten lagen verwaist da. Es gab mehrere Stockwerke. Im untersten saßen Bewohner im größten Aufenthaltsraum und schauten fern.

Ich fuhr mit dem Aufzug nach oben, vorbei an den Türschlössern mit Codes. Man hatte mir den Sonnenscheinraum zugewiesen, den Ort für die Patienten mit den fortgeschrittensten Leiden. Die Atmosphäre im Sonnenscheinraum war chaotisch. Kinderlieder wurden über eine Stereoanlage abgespielt. Ständig herrschte ein Lärm wie ein Summen, manchmal wurde geschrien und gebrüllt, aber es fühlte sich so an, als könnte all das nirgendwohin entweichen.

Die meisten Heimbewohner saßen im Wohnzimmer, einem kleinen Raum mit Teppichboden in der Mitte der Abteilung. Sie sprachen nicht miteinander; manchmal redeten sie mit den Pflegekräften. Einige saßen mit Puppen im Schoß da, andere mit Zeitungen und Zeitschriften, und sie blätterten die Seiten um, als wüssten sie, dass man das mit Seiten eben so machte.

Sie schauten mir dabei zu, wie ich meinen Bogen einrieb und mir die Geige unter das Kinn schob. Es gab keine Begleitung, keine Aufforderung, ich solle beginnen. Ich stand einfach nur da und spielte, und dann wurde es still im Raum. Geige und Musik lösten einen Zauber aus. Geduldig saßen die Heimbewohner auf ihren Plätzen und lauschten den einfachen Liedern. *Tennessee Waltz. Somewhere over the Rainbow. Amazing Grace.* Wenn sie eines besonders zu mögen schienen, spielte ich es noch einmal, bis zu dreimal hintereinander – dass sie es gerade schon gehört hatten, war egal. Manchmal klatschten sie, dann wieder vergaßen sie es.

Manche sangen mit. Eine Frau kannte die Texte von allen Liedern. Sie weinte immer, wenn ich *Danny Boy* spielte. Alle anderen ignorierten die Frau, die heulend ihren Rollator herumschob.

Das Geigespielen verzauberte auch mich. Während der einfachen Melodien schloss ich die Augen und dachte an meine Kindheit, an Glühwürmchen und Drachen. Ich brachte etwas Schönes an einen hässlichen Ort. Es war, als hätte ich einen Weg gefunden, aus der Zeit auszusteigen.

Irgendwie wussten die Heimbewohner die ganze Zeit, dass sie eine Besucherin aus der Außenwelt vor sich hatten. Obwohl sie nicht genau begriffen, wer ich war, verstanden sie, dass ich von woanders herkam. Der Reihe nach sprachen sie mit mir, jeder von ihnen wollte seine eigene Zeit haben, um mir Fragen zu stellen. Geduldig warteten sie, bis sie an der Reihe waren.

Eine der Frauen berührte jedes Mal mein Haar. »So lang«, sagte sie, und dann fasste sie sich an den eigenen Kurzhaarschnitt. Eine andere bat mich, ich solle mich im Kreis drehen, klatschte als Reaktion in die Hände und erklärte, ich sei perfekt angezogen.

Da gab es einen Oberst, der mir gern von seiner Rinderfarm erzählte; er wusste genau, wie viele Rinder er von jeder Rasse besaß und auf wie viel Hektar sie weideten. Eine andere Frau war als Sängerin in großen Opernhäusern aufgetreten. »Ich bin hier, weil mich meine Tochter in ihrer Nähe braucht«, sagte sie in vertraulichem Ton zu mir. »Es ist schwer, aber man muss tun, was für die eigenen Kinder am besten ist.«

Eine Frau hatte immer eine Handtasche im Schoß. Was die enthielt, weiß ich nicht, aber die Frau ließ sie nie los. »Sie ist immer bereit zum Heimgehen«, erklärte mir eine der Pflegerinnen. Sie lachte, aber ich lachte nicht.

Ihre Geschichten zogen mich an, aber am meisten zog mich dieser Ort an, an dem die Zeit nicht existierte. Ein Ort der Erinnerung, des Verlusts, doch jede wertvolle Erinnerung bestand nur für den Augenblick.

»Wer ist denn das?«, fragte jemand und zeigte auf sein eigenes Spiegelbild im glänzenden Koffer meiner Geige.

Sie fragten mich nie, wer ich war oder ob wir einander schon einmal begegnet waren; vielleicht hatten sie Angst vor der Antwort.

Sie alle erzählten mir, heute sei der Tag, an dem sie nach Hause gingen.

Ich denke an uns, an die Bewohner dieser Station. Daran, wie verzweifelt wir von hier wegwollen. Wie würde es sich anfühlen, zu vergessen, nur um sich immer wieder daran zu erinnern, dass ein Verlassen dieses Ortes nicht vorgesehen ist? Auf jeder Seite der geschlossenen Abteilung gibt es Türen wie die Spitzen eines Kompasses, nur dass sie nirgendwohin führen.

IN VIRGINIA FAND ich eine Stelle als Lobbyistin auf dem Capitol Hill, in einem heruntergekommenen, von weißen Marmorgebäuden umgebenen Stadthaus. Es deprimierte mich, jeden Tag mit der Metro zur Arbeit zu fahren; die brutalistische Architektur der Haltestellen wirkte auf mich erdrückend und zu harsch, und weil ich im Schatten des Capitols arbeitete, wurde ich ständig daran erinnert, welch großer Teil meiner Tätigkeit aus Papierkram bestand. Ich arbeitete für eine Frau mit einem lang gestreckten Botoxledergesicht; sie kaute immer auf Eiswürfeln herum, um ihren Hunger zu bekämpfen. Als führende Fundraiserin für eine der politischen Parteien besaß sie ein großartiges Gedächtnis für die Namen der Reichen; mit meinem hatte sie Probleme, obwohl wir einander jeden Tag sahen.

Ich zog bei meinen Eltern aus und nahm mir eine kleine Wohnung in Clarendon. Meine Mitbewohnerin war Staatsbedienstete. Ich stellte fest, dass sie ein Alkoholproblem hatte. Es dauerte gerade mal eine Woche, bis mir das auffiel. Sie trank literweise Wodka, den sie in einem bunten Plastikbecher mit Limonade und Strohhalm versteckte. Wir sprachen nicht darüber, dass sie nie ausging oder Freunde traf, sondern stattdessen vor dem Fernseher hockte, Realityshows schaute und trank, bis sie ohnmächtig wurde.

An den Wochenenden floh ich aus dem Apartment. Ich hatte in Washington, D. C., keine Freunde, deswegen verbrachte ich meine Samstagnachmittage in der Ankunftshalle am Reagan National Airport. Flughäfen hatte ich schon immer geliebt. Sie gaben einem ein Gefühl der Möglichkeiten, der freudigen Aufregung. Die Ankunftshalle mochte ich am liebsten. Also las ich in der Metro zum Flughafen ein Buch und schaute dann zu, wie die Flugzeuge ankamen. Stundenlang saß ich da, beobachtete die Leute wie Wellen in einer stürmischen See. Ich liebte es, dabei zuzusehen, wie sich Leute fanden. Den erwartungsvollen Gesichtsausdruck, bevor man den anderen Menschen entdeckte. Die Umarmung zwischen geliebten Menschen.

Dann stellte ich mir vor, welche Geschichten sie wohl hatten. Wer waren sie? Wo waren sie gewesen? Jetzt kehrten sie zurück. Das war einfach wunderschön. Wie die Auflösung eines Akkords, ein perfektes Ende, das Schließen eines Kreises.

Es erinnerte mich an ein koreanisches Dokumentarfilmprogramm, das zeigte, wie Familienangehörige aus Nord- und Südkorea einander wiederfanden – einige wenige Auserwählte, die Kontakt aufnehmen durften. Es war schwer, sich das anzuschauen. Die meisten weinten so heftig, dass sie nicht sprechen konnten. Trennung und Ungewissheit hatten ihre Leben zu unterbrochenen Leben gemacht. »Mein Bruder«, schrien sie. »Mein Ehemann«, »Meine Ehefrau«, »Meine Tochter«, »Du lebst, du lebst«, »Ich habe so sehr gewartet.«

Meine Mutter schaute sich diese Sendung immer an und weinte dabei. »Kannst du dir das vorstellen?«, fragte sie dann. »Kannst du dir das vorstellen?«

Ich wusste nicht genau, wen meine Großeltern zurückgelassen hatten. Sie verschwanden aus den Geschichten, hinterließen nur eine schwache Spur, nicht einmal eine vollständige Erinnerung. Über die Jahre erfuhr ich Fragmente ihrer Geschichten, Geflüster über Ehefrauen und Ehemänner, zurückgelassene Kinder. Es war, als lebten sie an einem parallelen Ort. Ganz nah auf der anderen Seite der Grenze, und sie warteten.

»Kannst du dir das vorstellen?«, hatte meine Mutter mich gefragt. Ich konnte es nicht. Wie lebt man mit der Ungewissheit? Mit einem unterbrochenen Leben ohne Auflösung? Wie lebt man in einem angehaltenen Augenblick? Wie lebt man als Geist?

UM ZWÖLF UHR stehen wir im Essraum zum Mittagessen Schlange. Auf den Tischen stehen wieder Kannen mit AriZona-Diättee. Der Tee bildet einen Film auf meinen Zähnen, in meinem Mund entsteht ein metallischer Geschmack, wie von altem Zucker. Ich putze mir inzwischen alle paar Stunden die Zähne, um ihn loszuwerden. Wir warten in der Schlange, während sich Ronnie Handschuhe überzieht, um das Essen zu servieren. Heute gibt es Pizza; ich bekomme zwei runde Platten.

Ich sitze an einem der hinteren Tische in der Nähe der Tür zwischen Darren und Ali.

Am Tisch hinter mir sitzt die blinde junge Frau mit der sich schälenden Haut, ihr Gesicht ist knallrot und wundgerieben. Ich versuche, nicht hinzustarren, aber in einem Raum voller verschwommener Gesichter kann ich nicht anders, als ihres anzusehen. Ich spüre, dass es den anderen genauso geht; wir bemühen uns wegzuschauen. Außer zu den Mahlzeiten verlässt sie nie ihr Zimmer. Sie sitzt im Rollstuhl und hat eine Pflegerin, die rund um die Uhr bei ihr ist und blaue Plastikhandschuhe trägt. Die Frau bittet ihre Pflegerin, das Essen in kleine Stücke zu reißen. Mundgerecht und dreieckig müssen sie sein, sagt die Frau. Sie benutzt die Hände, um zu überprüfen, dass die Stücke auch richtig sind.

Mick hat auch einen eigenen Pfleger, er hat ihn angestellt, so sagt er, »damit ich sicher sein kann, dass niemand von euch Halbstarken auf mich springt«. Er lächelte zwar bei dieser Behauptung, doch sie hörte sich sehr nach einer Warnung an. Darren hat nur geschnaubt, aber Emmett, ein junger, sportlich wirkender Mann mit einem strahlenden Lächeln, verzog wütend das Gesicht.

Ich lerne, dass es als Statussymbol gilt, eine eigene Pflegekraft zu haben. Es bedeutet zusätzliche Kosten. Mick hat eine, weil er eine Kriegsveteranenrente bekommt, aber ich bin nicht sicher, warum Dave keine hat. Vielleicht gab es niemanden, der ihm dabei geholfen hätte, die Unterlagen auszufüllen.

Ich schaffe meine Pizza nicht, und Darren fragt mit einer Handbewegung, ob er sie haben kann. Ich nicke. Die Angestellten runzeln die Stirn. Mir wird klar: Gerade habe ich gegen eine Regel verstoßen.

Die Stimmung im Essraum ist angespannt. Mir fällt auf, dass sich mehrere Angestellte in den Türöffnungen versammelt haben und uns schweigend beobachten. Die Ohrstöpsel hängen ihnen um den Hals. Jeff und Ronnie stehen vorne und haben die Arme vor der Brust verschränkt. Sie schauen uns beim Essen zu. Tamyra tritt versehentlich gegen Micks Rollstuhl. »Pass auf, du Herrin der Irren«, sagt er. Er lacht, Tamyra nicht.

Sam, ein Neuer, fängt an, mit den Fäusten auf den Tisch zu schlagen.

»Älteren gegenüber muss man Respekt zeigen«, zischt Tamyra.

Einen Augenblick lang ist es, als würde gleich etwas zerbrechen, und ich beginne mit angehaltenem Atem zu zählen. Einer der Angestellten sagt zu Tamyra, sie solle ein bisschen auf dem Flur spazieren gehen, und das Gefühl verschwindet.

CAT, TELEFON!« DARREN ruft nach mir. Ich sitze im Beschäftigungsraum, Textmarker und Buntstifte liegen über den Tisch verstreut. Ich schreibe in mein Notizbuch und versuche mich an alle Namen zu erinnern. Mit den Händen decke ich das Geschriebene zu und hoffe, dass niemand über meine Schulter hinweg etwas lesen kann. Meinem Kugelschreiber geht langsam die Tinte aus.

Ich klemme mir das Notizbuch unter den Arm und schlurfe in Richtung Münztelefon über den Flur; ich spüre Blicke auf mir.

»Hallo?«

»Hallo, Cat?«

Die Stimme ist schwach, sie klingt vertraut. James' Stimme. Ich hole tief Luft und versuche mich zu erinnern. James. Er ist mein Ehemann. Das ist die Stimme meines Ehemannes.

»Hi«, sage ich.

»Ich bin so froh, deine Stimme zu hören«, sagt er. Er klingt, als würde er gleich in Tränen ausbrechen.

Ich will ihn beruhigen, ihm entgegenkommen. Stattdessen schließe ich die Augen und höre zu.

Er stellt mir Fragen. »Isst du genug? Schläfst du gut? Sind die Leute nett zu dir? Sie haben mir gesagt, du hast ein eigenes Zimmer. Das stimmt doch, oder?«

Die Fragen schwappen um mich herum, und ich kann mich nicht konzentrieren. Ich höre, wie sich seine Worte übereinanderstapeln, und ich kann mich nur auf seine Stimme konzentrieren. Sie klingt, als käme sie aus weiter Ferne. Wo ist er? Ich erinnere mich, wie ich während meiner Psychose seine Stimme gehört habe; sie war immer da, als wäre er gerade nur außerhalb meiner Reichweite. Ich höre zu.

»Ich komme dich besuchen, okay? Morgen komme ich, da ist die nächste Besuchszeit. Ich war gestern da und wollte dich besuchen, aber du hast geschlafen, deswegen durfte ich nicht zu dir.«

Es fühlt sich so an, als würde mein Gehirn versuchen, mit seinem Schritt zu halten. Mir war nicht klar, dass es Besuchszeiten gibt.

»Wann kommst du?«

»Morgen Abend um halb sechs bin ich da«, sagt er. »Cato liegt gerade neben mir. Kannst du ihn hören?«

Und ich höre ein Baby glucksen.

Mir bleibt der Atem im Hals stecken. Ich möchte weinen, aber gleichzeitig spüre ich nichts; in meinem Kopf gibt es eine Tür, die sich öffnet und schließt, öffnet und schließt. Cato.

»Wir vermissen dich«, sagt James. Er legt auf.

Ich stecke langsam den Hörer in die Halterung. Ich spüre Tränen, die in meinen Augen festhängen, aber sie sind nicht schwer genug, um fallen zu können. Morgen werde ich James sehen. Ich weiß, ich sollte aufgeregt sein, aber ich fühle mich dumpf. Irgendwo ist da ein Funke Gefühl, aber ich komme nicht ran.

Zurück im Beschäftigungsraum schaue ich wieder meinen Stammbaum an. James. Ehemann.

ICH LERNTE MEINEN Ehemann, James, auf einer Hochzeit in New Jersey kennen. Hongkong war inzwischen viele Monate her. Ich arbeitete immer noch als Lobbyistin in Washington, D. C. Ich wohnte wieder bei meinen Eltern; aus dem Apartment mit der Alkoholikerin war ich ausgezogen. Die Situation hatte sich ins Unerträgliche entwickelt. Die Frau trank immer, bis sie ohnmächtig auf dem Boden lag, und ihre Plastikbecher rollten unter die Couch. Ich fand heraus, dass sie eine Pistole in der Wohnung hatte, weil die Sicherheitsvorschriften ihr das erlaubten, und in diesem Moment entschloss ich mich zu gehen. Ich war auch bereit dafür, meine Stelle aufzugeben. Ich hatte nach dem besten Weg gesucht, ohne irgendwelche Nachteile zu kündigen, und ich war fast so weit, den Finger am Abzug zu bewegen.

Hongkong schien wie eine Szene aus dem Leben einer anderen Person, auch wenn mir manchmal der Wangenknochen wehtat und mich das an die blauen Flecke unter der Oberfläche erinnerte.

Einige Wochen vor ihrer Hochzeit sagte meine Freundin, die Braut, ich müsse einen der Trauzeugen kennenlernen. »Er ist Professor«, sagte sie. Ich stellte mir einen ernsthaft aussehenden Mann mit Lederflicken auf den Ellenbogen seiner Sakkos vor.

»Er ist cool, er macht Breakdance. Ich glaube, ihr beide werdet euch verstehen«, sagte sie. »Er lebt in London.«

Ich erfuhr, dass James ein koreanischer Amerikaner aus New Jersey war; vor seinem Umzug nach London hatte er in Oxford gelebt, und er machte irgendwelche wissenschaftlichen Forschungen.

Ich wollte nicht richtig. Ich brauchte keinen neuen Mann, wenn zwischen ihm und mir ein Ozean lag, und ich kannte die koreanischen Amerikaner aus New Jersey – die waren nichts Besonderes, dachte ich.

Wie ich später herausfinden sollte, hatte sich auch James anfangs geweigert, mich zu treffen. »Ich lebe in London«, hatte er gesagt. »Ich habe kein Interesse an einer Fernbeziehung.«

Aber dann gab es Cocktails auf der Hochzeit, wir hatten die Gelübde gehört, die Sonne ging unter, und das Brautpaar war bereit für die blaue Stunde. Eine meiner Freundinnen zerrte mich zu James, um uns einander vorzustellen. Zu meiner Überraschung sah ich einen Jungen vor mir; hochgewachsen, mit einem wuscheligen Haarschnitt und einem neckenden Lächeln. Er lachte mit einer Gruppe Leute, aber mir fiel auf, dass seine Haltung anders war, als stünde er ein wenig abseits. In der Hand hielt er ein Glas Bourbon, und die Flüssigkeit funkelte durch das geschliffene Glas.

»Hallo«, sagte er, und er strahlte mich an, als wären wir befreundet. Er hatte ein breites Lächeln und sanfte Augen, in denen ich mein eigenes Spiegelbild sah. Es fühlte sich an, als werfe er mir ein Seil zu, als hätte ich gar nicht bemerkt, dass ich mich allein auf See befunden hatte, und plötzlich war da jemand, der mich erkannte. James erzählte mir später, dass er sich fühlte, als würde er zum ersten Mal in seinem Leben »gesehen«.

Wir sahen einander.

Ich weiß nicht mehr, was meine Freundin sagte, als sie uns einander vorstellte, aber wir unterhielten uns. Erst langsam, dann immer schneller.

Wir sprachen über London, über das Theater, Museen. Wir sprachen über unsere Kindheit. Er erzählte davon, wie es gewesen war, in New Jersey aufzuwachsen, von seinem Kulturschock, als er zum Studium nach Michigan ging. Ich erzählte ihm von Kentucky, von meinen Tagen mit Teddy im Garten hinter dem Haus.

Über unserer Unterhaltung vergaßen wir die Hochzeit. James vernachlässigte fast seine Pflichten als Trauzeuge; gerade noch rechtzeitig holte ihn jemand von mir weg. Um uns herum leuchtete und wirbelte die Hochzeitsfeier; ich sah die letzten Sonnenstrahlen und hörte die Klänge von Musik und Tanz. Im Gehen wandte sich James noch einmal um. Er nickte mit dem Kopf und lächelte mich an. »Ich komme dann später zu dir«, sagte er.

Und ich wusste, das würde er tun. Was war das Besondere an James? Er hatte etwas Entwaffnendes. Als ich in den ersten Tagen nach der Hochzeit zum Nachdenken kam, wurde mir bewusst, dass er der aufrichtigste Mensch war, den ich jemals kennengelernt hatte. Er war ganz und gar offen, entschuldigte sich nie dafür, er selbst zu sein.

»Ich fliege morgen früh zurück«, sagte er, als er später wieder zu mir kam. Morgen früh?, dachte ich. Da bleibt ja überhaupt keine Zeit. Aber er lächelte mich an und wirkte so ruhig, dass ich versuchte, die Zeit auszublenden, und ich zählte die Stunden langsam, damit jeder Augenblick länger dauerte. Die Hochzeit spielte sich etappenweise vor uns ab; da war die Braut mit ihrem Vater, der Walzer mit ihrem Ehemann, da waren die Menügänge und Drinks, die Reden, die Cocktails, aber all das hatte nichts mit uns zu tun – wir waren in dem Moment unserer Begegnung gefangen.

Und weil wir nur eine Nacht hatten, verbrachten wir sie zusammen und redeten. Ich erfuhr von James' Vision, von seinem Traum, nichtinvasive Operationsmethoden auf der Basis von Ultraschall zu entwickeln. Er erzählte mir von seiner Familie, einem großen über Kalifornien und New York verteilten Clan, von ihren allwöchentlichen festlichen Abendessen und von

Sommern voller Grill- und Poolpartys. Ich erfuhr, dass sein Vater leicht ertaubt war, und das brachte mich zum Lachen – James war der Sohn eines gehörlosen Mannes und ich die Tochter eines blinden.

»Was ist dein Traum?«, fragte er mich.

»Ich habe keinen«, sagte ich. »Aber ich wünschte, ich hätte einen.« Ich wollte einen Teil seiner Sicherheit, etwas von seiner Hoffnung und seiner Motivation, was die Zukunft betraf. Ich begriff, dass er immer nach vorne schaute, in die Zukunft, während mich die Vergangenheit faszinierte, das Wieder-und-wieder-Erleben von Erinnerungen. Und auf diese Weise, mit der Zukunft und der Vergangenheit zusammen, vergingen viele Stunden wie ein Traum; wir existierten außerhalb der Zeit.

James erwähnte die Zukunft nur selten, auch wenn ich sehen konnte, dass er daran dachte. Er schaute mich wohlwollend an, als versuchte er zu erraten, ob ich auch dachte, was er dachte. Irgendwann sagte er plötzlich zu mir: »Wir werden das also wirklich tun?«

»Was meinst du?«, wollte ich wissen.

»Wir verabreden uns. Obwohl ich in London lebe und du hier.«

Ich lachte. »Warum nicht?«

Und er lachte auch. Später erzählte mir James, dass er sich während unserer ersten Unterhaltung in mich verliebt hatte. »Es war, als würde alles um mich herum verschwimmen«, sagte er, »ich konnte nur noch dich sehen.« »Wir hatten einen guten Rhythmus«, sagte er. Und das stimmte – die Art, wie wir miteinander redeten, wie die Unterhaltung dahinfloss, war vertraut wie die wohlbekannten Töne eines alten Liedes.

Am nächsten Morgen flog James zurück nach London. Er hatte mir seine E-Mail-Adresse gegeben, seine Handy- und seine Büronummer, seine Webseite und die Adressen seiner Wohnung und seiner Arbeitsstelle. So hätte er keine Ausrede, meinte er. Nach der Landung in London rief er mich an. »Ich habe auf dem Flug an dich gedacht, und jetzt denke ich auch an dich«, sagte er.

Er lud mich nach London ein, und ich stimmte zu, in einem Monat zu fliegen, wenn ich nicht mehr in meinem alten Job arbeiten würde. Die Kündigung hatte ich mir schon selbst versprochen, aber die Reise nach London lieferte mir einen Grund, um sicherzustellen, dass ich dieses Versprechen auch hielt.

Während wir auf den Tag meiner Reise warteten, sprachen wir stundenlang am Telefon und über FaceTime. Wir spielten ein Spiel, bei dem wir die Antwort des anderen auf eine Frage raten mussten, die wir gestellt hatten. Was war unsere liebste Tageszeit? Worauf freuten wir uns am meisten? Wie verlief in unseren Augen das perfekte Date? Wir planten Ausflüge und stellten eine ganze Liste von Orten zusammen, die wir besuchen würden, wenn ich in London war. Wir würden auf der Millennium Bridge Eis essen, das Tate Modern besuchen, im National Theatre ein Stück sehen, im Richmond Park spazieren gehen. Diese Pläne waren uns so viel wert, als handelte es sich bereits um Erinnerungen. Das Warten hatte seine ganz eigene Schönheit.

Ich packte für sechs Wochen in London. Dort war es Herbst. Beim Boarding berührte ich die Seite des Flugzeugs, denn das bringt Glück. Ich verspürte ein Gefühl der Wiederholung, einer Wiederkehr. Aber das war nicht so, oder? Diesmal flog ich über den Atlantik, zu jemand Neuem.

Am Flughafen sah ich James in der Ankunftshalle warten. Ich überlegte, wie wir auf die Leute um uns herum wirken mussten. So oft schon hatte ich Paaren wie uns beim Wiedersehen zugesehen, doch nie hatte ich ihre Geschichte gekannt, sondern nur darüber nachgedacht – in jenem Moment, in dem sich zwei Leben überschnitten. Plötzlich fühlte ich mich scheu und unsicher. Was tat ich da nur? Kannte ich diesen Typen überhaupt? Ich hatte nur zwölf Stunden mit ihm verbracht, und jetzt war ich hier, und wir würden sechs Wochen miteinander verbringen. Er lächelte; sein Haar war immer noch verstrubbelt. Ich hielt inne, zögerte, und er machte einen Schritt nach vorne, um mich zu umarmen. Als er das tat, verschwanden alle Zweifel.

Wir lebten in seiner Einzimmerwohnung in der Nähe des Hyde Parks. James schenkte mir zwei Notizbücher, eines für mich und eines für uns beide, in das wir gemeinsam schreiben würden. Für unsere Abenteuer, sagte er.

London wurde zu unserem Spielplatz. Wir gingen unsere Liste durch, genossen jeden Augenblick, der vorher nur in unserer Vorstellung existiert hatte. Wir saßen faul in Cafés und tranken Kaffee, spazierten Hand in Hand durch den Hyde Park, schlenderten durch Museen aus vergoldetem Stein und Marmor. Jeder Moment fühlte sich wertvoll an – wir wussten, dass unsere Zeit begrenzt war, und deswegen hielten wir diese Augenblicke fest.

Aber während der ganzen Zeit sprachen wir miteinander. Wir hatten echte Unterhaltungen.

James liebte es, sich zu unterhalten, erklärte er mir. In seinem Elternhaus war es immer laut gewesen, voller Stimmen und Lärm, und ihm, dem Jüngsten, hatte man nie zugehört. Es war chaotisch, und er hatte das herrlich gefunden, sich aber gleichzeitig nach Stille gesehnt.

Das fand ich witzig. Wie die Umkehrung meines eigenen Zuhauses, in dem die Stille erdrückend gewesen war und ich mich nach Lärm gesehnt hatte.

Mich in James zu verlieben hatte einen Rhythmus; es war, als hätten wir schon immer auf derselben Fläche existiert, als wären wir Spiegelbilder.

Als ich abflog, wussten wir beide, dass unsere Zukunft im Zusammensein lag. James fragte, ob ich nach London ziehen würde, aber ich erklärte ihm, ich könne nicht noch einmal für jemanden das Land verlassen. Er war enttäuscht, sagte jedoch, er verstehe mich. »Ich brauche einfach mehr Zeit«, sagte ich.

Es war ganz genauso wie damals mit Hongkong, warnte mich eine Freundin. Ich konnte das Muster selbst erkennen. Wie Drew repräsentierte James Möglichkeiten, er lebte auf der anderen Seite eines Ozeans, er bat mich, um seinetwillen umzuziehen. Aber warum glaubte ich so fest daran, dass James anders war? Woher wusste ich das?

Es ging darüber hinaus, dass James anders war als Drew. Ich begriff, dass es für James eine Wahrheit gab. Er besaß einen klaren Blick, war ein echter Wissenschaftler, und genau wie meine Mutter gewusst hatte, dass die Liebe meines Vaters zu ihr eindeutig wäre, wusste ich, dass mit James alles logisch und bewiesen wäre. James sah das Leben als etwas, das es zu bauen, zu schaffen galt. Und ich wusste, das Leben mit ihm wäre eines, in dem wir zusammen etwas schufen, ohne irgendwelche vorher festgelegten Regeln.

James liebte es, im Augenblick zu leben. »Lass uns diesen Moment bewusst wahrnehmen«, sagte er, und dann holten wir tief Atem und nahmen die Geräusche, Gerüche, die stehende Luft in uns auf. Er half mir dabei, die Zeit einzufangen.

Ich war so glücklich mit James, dass ich nicht anders konnte, als mich zu fragen, welchen Preis ich dafür würde bezahlen müssen. Wie hoch würden die Schicksalsmächte den Preis beziffern, reine Freude zu empfinden? Ich hatte die Warnung meiner Großmutter im Ohr, stieß das Gefühl und den Zweifel jedoch weg. Ich entschied mich dafür, zu glauben.

Ich lernte James' Familie in der Weihnachtszeit kennen. Ihr Haus in New Jersey war mit Lametta und Plastiklichtern geschmückt. James' Mutter war hochgewachsen wie er, schlank, mit einer Energie ständiger Bewegung als Normalzustand. Sie war ihren drei Söhnen ergeben und kümmerte sich voller Liebe um das Haus. James, der Jüngste, das Baby der Familie, war ihr unangefochtener Liebling. Er habe als Einziger ihre Abenteuerlust geerbt, sagte sie.

James' Vater, ein Kinderarzt, besaß eine Privatpraxis in New York. Er war immer fröhlich, hatte ein lautes Lachen und strahlte stets. Am liebsten zeigte er uns Pinterest-Zitate über den Glauben, und an die Wände seines Hauses waren Bibelverse gemalt.

Der Gedanke, ihnen zu begegnen, hatte mich zuerst nervös gemacht. Ich kannte die Regeln, die eine koreanische Schwiegertochter zu befolgen hatte: Ich musste ergeben und gehorsam sein, still, ich durfte nie hinterfragen, was man mir sagte. Ganz offensichtlich kannten sie die Regeln auch, aber ich fand rasch heraus, dass man nicht von mir erwartete, nach diesen Regeln zu spielen. Man hieß mich willkommen, war herzlich und freute sich, die junge Frau zu treffen, die James mit nach Hause gebracht hatte. James hatte seiner Familie erzählt, dass wir uns während unseres ersten Gesprächs ineinander verliebt hatten, doch es schien sie nicht zu beunruhigen, wie schnell es bei uns ging. Vielleicht lag das daran, dass James' Eltern selbst eine Woche nach dem Kennenlernen geheiratet hatten – es war eine arrangierte Ehe.

Wir sprachen Englisch miteinander, dadurch fiel die koreanische Höflichkeitsform weg, und sie sahen mich eher als Freundin, weniger als Schwiegertochter, die sie schimpfen konnten.

»Welche Eigenschaften sind dir bei einem Mann am wichtigsten?«, fragte mich James' Vater.

Ich überlegte einen Moment; ich dachte an Drew, und ich dachte an James. Was sah ich denn in James?

»Ich wünsche mir drei Dinge«, antwortete ich. »Güte, Treue und Überzeugung.«

Er lachte herzlich. »Überzeugung? Davon hat James eine

ganze Menge. Das kann einem das Leben schwer machen.« Er schaute nachdenklich drein. »Aber Güte, die hat er auch.«

Während der Weihnachtstage lernte ich den Rest von James' Familie kennen. Alle laut und lebhaft. Das erfüllte mich mit Energie – Cousins und Cousinen, Tanten, Onkel, alle zusammen in einem Haus in New Jersey. Wir spielten Karten und tranken Bier. Es gab immer ganze Tische voller Essen, wir aßen von Plastiktellern. Kinder rannten schreiend durch die Zimmer, und auch die Erwachsenen riefen und lachten.

Eines Nachmittags bat mich James, mit ihm spazieren zu gehen. »Ich brauche ein bisschen Ruhe«, sagte er. »Es wird mir zu viel.« Wir zogen unsere Mäntel an und liefen draußen in der kalten Luft herum, schlurften an Schneewänden entlang, betrachteten die Häuser mit ihrer Weihnachtsbeleuchtung.

Ich nahm James mit zu meinen Eltern, wir fuhren mit dem Zug nach Washington, D. C. Es war, als würden wir eine andere Welt betreten. Das Haus meiner Eltern glich einem Mönchskloster, es herrschte Stille, das Schweigen hallte von den Holzböden wider. Mein Vater bat James, näher zu kommen, damit er ihn in Augenschein nehmen konnte. »Ich sehe nicht gut«, erklärte er, und dann setzte er seine Brille ab und starrte James an.

James wirkte nicht nervös; er sprach mit meinem Vater über Mathematik und über Klaviermusik. Mein Vater wirkte erleichtert, in seinem Element, während meine Mutter aufgeregt beim Tee mit mir schwatzte.

Irgendwann sagte ich zu James: »Es ist so ruhig hier, das muss doch komisch für dich sein.«

»Nein, es gefällt mir«, gab James zurück. »So kann ich nachdenken.«

Und wir begrüßten das neue Jahr in der Stille. Kein Fernsehen, kein lärmiger Countdown, nur das Feuerwerk im Hintergrund.

Nachdem ich meine Stelle gekündigt und als Freelancerin angefangen hatte, entschied ich mich für einen Umzug nach New York. Ich suchte mir eine WG in Queens, in der ich mit einem Schlafsack auf dem Boden des Wohnzimmers schlief. New York breitete sich um mich herum aus, anonym und doch vertraut, immer eine offene Stadt für alle, die eine Zuflucht suchten.

Ich traf mich mit James' Mutter. Das begann aus einer Laune heraus; sie rief mich an und fragte, ob ich mit ihr einen Kaffee trinken wolle. Sie nahm mich mit nach Little Italy, wo wir durch die Gassen wanderten, bis wir das Café gefunden hatten, von dem sie schwor, dort gäbe es die besten süßen Teilchen. Wir tranken Espresso und teilten uns Cannoli. Zeit mit ihr zu verbringen erinnerte mich an James. Sie erzählte mir, sie nehme sehr gern den Bus nach New York und laufe allein durch die Stadtviertel. Jedes Mal suchte sie sich ein neues aus, und dann betrat sie jeden einzelnen Laden, ging durch Nebenstraßen und ließ sich treiben. »Als kleiner Junge war James dabei«, erzählte sie. »Das fand er herrlich.« Es klang sehnsüchtig.

Mit der Zeit trafen wir uns immer öfter in der Stadt. Sie zeigte mir die Coffeeshops in der Bronx, die sie liebte und wo wir uns heißes Gebäck und Empanadas teilten. Wir saßen in einer Nische und lauschten den spanischen Unterhaltungen.

»Das kenne ich aus Argentinien«, meinte sie. »Dort bin ich aufgewachsen.« Ich erfuhr, dass sie Korea mit dreizehn verlassen hatte. Ihre Mutter hatte entschieden, dass man für sie eine Ehe arrangieren würde. Die Wahl war auf James' Vater gefallen, weil er Arzt und Christ war; beides machte einen guten Ehemann aus.

»Ich finde, ich kann mich glücklich schätzen, ihn zu haben«, sagte sie. »Er ist ein guter Mann.« Sie lächelte mich an.

Manchmal kam es zu Missverständnissen zwischen uns. James' Mutter hatte die Angewohnheit, Kommentare und kritische Bemerkungen von sich zu geben, die mir unter die Haut gingen. »Warum trägst du so etwas?«, fragte sie, als ich in flachen Schuhen auf einer Geburtstagsfeier erschien. »Wir müssen mal shoppen gehen, damit du einen guten Eindruck machst.« Später fand ich heraus, dass sie sich sorgte, ich hätte bei ihrer Schwiegermutter, James' Großmutter, keinen guten Eindruck hinterlassen.

Warum war es mir nicht wichtiger, was andere Leute dachten? Ihre Kommentare und Unterstellungen frustrierten mich. Ich hatte geglaubt, mich nicht an die Regeln halten zu müssen, doch ich spürte die Last der Tradition, die Grenzen, die sich schlossen, und die Erwartungen von Generationen, die sich schwer auf mich herabsenkten.

Am meisten setzte mir jedoch die Bemerkung zu, ich müsse lernen, »mich zu fügen«.

»Wenn du verheiratet bist, wirst du dich anpassen müssen«, warnte sie mich dann. »Du musst dich fügen.«

»Ich füge mich«, war der Satz, den sie am häufigsten benutzte. Sie gab ihn lachend von sich, wenn sie über ihren Mann oder ihre Söhne sprach. Warum?, fragte ich mich dann. Warum sich fügen? Und insgeheim dachte ich, ich würde das nie tun, ganz egal, was auch geschah.

Ich erwähnte meinen Unmut nicht gegenüber meiner Mutter, weil ich wusste, wie sie reagieren würde: ärgerlich werden und verkünden, sie hätte mich ja vor Schwiegermüttern gewarnt, und sie würde mir die koreanischen Geschichten über deren Grausamkeit erzählen. »Schwiegereltern«, sagte sie immer, und dann blitzte es in ihren Augen dunkel auf.

Ich erinnerte mich an ihre Geschichte über die Familie meines Vaters. Bei einem Besuch vor langer Zeit war sie allein zu ihnen gefahren, um bei den Vorbereitungen für den sechzigsten Geburtstag meines Großvaters zu helfen. Sie nahmen ihr den Pass ab und behielten sie gegen ihren Willen im Haus; dahinter stand die Absicht, ihr beizubringen, wie man eine gute Ehefrau und Schwiegertochter wurde. Als sie meine Mutter endlich in die USA zurückkehren ließen, musste sie ins Krankenhaus – ich weiß nicht genau, ob wegen Erschöpfung oder aufgrund von Stress. Mein Vater weigerte sich danach jahrelang, mit seinen Eltern zu reden.

Deswegen dachte ich jedes Mal, wenn James' Mutter vom Fügen anfing, an die koreanischen Volksmärchen, ich dachte an meine Mutter und ihre Geschichten. Aber dann lachten James' Mutter und ich wieder zusammen beim Kaffee, und ich fragte mich, ob ich mir die Spannungen nur eingebildet hatte.

In dieser Zeit besuchten James und ich einander abwechselnd. Ich wusch auf Partys Geschirr ab, gab Nachhilfe und erledigte Freelance-Aufträge, um Geld für meine Flüge zusammenzusparen. Jedes Mal, wenn ich nach London kam, fühlte es sich so an, als wäre überhaupt keine Zeit vergangen – eine parallele Existenz hatte auf mich gewartet. Ein seltsames Gefühl, und ich wusste nicht mehr, wo mein Zuhause war. Jedes Betreten des Flughafens war wie der Gang durch eine Pforte.

Später im selben Jahr machte mir James einen Heiratsantrag. Es war Frühling, und an den Baumspitzen saß der Frost. James schenkte mir ein Tagebuch, das er monatelang über unsere Beziehung geführt hatte, und einen Ring, der funkelte wie ein Stern.

Als sich James bei meiner Mutter erkundigte, ob er bei meinem Vater um meine Hand anhalten solle, sagte sie ihm, das sei nicht notwendig. »Das ist Catherines Entscheidung.«

Wir riefen Teddy an, um ihm die Neuigkeit zu erzählen. Er befand sich gerade auf einer Wanderung durch Nepal. »Cool«, sagte er. Seine Stimme klang sehnsüchtig.

Meine Mutter freute sich für mich, für uns. Weder sie noch mein Vater kommentierte die Tatsache, dass James Professor war wie mein Vater, und falls sie Ähnlichkeiten in unseren Geschichten erkannten, äußerten sie sich nicht dazu. Meine Mutter fragte mich nie, warum die Sache in Hongkong schiefgegangen war; sie schien zu akzeptieren, dass sich diese Tür für immer geschlossen hatte.

James und ich heirateten genau ein Jahr, nachdem wir uns kennengelernt hatten, im Standesamt von San Francisco. San Francisco wählten wir zufällig aus, denn ein anderer Freund heiratete auch dort. James flog aus London ein, ich aus New York. Wir gingen zur Hochzeit des Freundes, wo wir zu Jazzmusik tanzten und in der Box mit der Slow-Motion-Kamera jubelten. Am nächsten Tag zogen wir die Sachen an, die wir am Abend unseres Kennenlernens getragen hatten, und nahmen ein Taxi zum Standesamt. James steckte in seinem Trauzeugensmoking und wirkte fast nervös. Ich trug ein schwarz-weißes Kleid, und in der Hand hielt ich blassblaue Hortensien, die ich von der Hochzeit unserer Freunde mitgenommen hatte. Uns begleiteten nur zwei Freunde als Trauzeugen. Ich war nervös und versuchte, langsam und bewusst zu atmen.

Als wir die Stufen des Standesamts emporstiegen, erinnerte ich mich an den Augenblick, in dem wir uns begegnet waren. Ich dachte an uns beide als Kinder, James war der Jüngste von drei Brüdern, der sich nach Stille sehnte, und ich dachte an mich selbst, wie ich mit Teddy Glühwürmchen gefangen hatte. Mein Leben mit James erschien mir geregelt, sicher und ohne Überraschungen. Da gab es kein Leid, keine Notwendigkeit, ein Opfer zu bringen. Ich fragte mich, was meine Großmutter wohl denken würde, wenn sie uns jetzt sehen könnte, wie wir uns an den Händen hielten, während wir die Marmorstufen erklommen.

Wir standen einander gegenüber wie Spiegelbilder. Der Friedensrichter sagte ein paar Worte, und wir waren verheiratet.

Ich überließ meine Hortensien einem der Paare, die wir auf dem Weg nach draußen trafen. »Was Geliehenes und was

Blaues!«, sagte ich. »Einfach weitergeben!« James und ich strahlten uns an; wir waren wie beschwipst vor Freude. In einem nahe gelegenen Diner stießen wir bei Pfannkuchen mit Champagner auf unsere Hochzeit an, und dann machten wir uns auf den Weg zum Flughafen nach New York und nach London.

Einige Monate später zog ich zu James nach London, seltsamerweise an einem Neujahrsabend. Statt den Pazifik zu überqueren, überquerte ich diesmal den Atlantik. Und statt Drew wartete dort James. Ein Spiegel. Im Flugzeug gab es keinen Mitternachtscountdown, und wieder war es, als existiere die Zeit nicht. Ich wusste, bei der Landung wäre es Morgen, ein Beginn.

Ich zog mit zwei Koffern voller Besitztümer in James' kleine Einzimmerwohnung. Die Tage verbrachte ich im Hyde Park und in den Hallen des Victoria and Albert Museums. Ich schaute mir die Ausstellung an, staunte über die Objekte, die so empfindlich waren, doch irgendwie die Zeit überdauert hatten. Eine Sammlung mit Handspiegeln, einen Stift, ein Stück Stoff. Wenn mein Leben eine Sammlung von Objekten wäre, hätte ich nicht sagen können, was darin enthalten gewesen wäre. Ich kam mir vor, als hätte man mich irgendwo losgemacht und wäre jetzt durch James mit der Welt verbunden. Ich wusste, er würde mich nicht loslassen.

Als wir ein Jahr später für unsere Familie und Freunde eine Hochzeitsfeier in London ausrichteten, tanzten wir zuallererst einen Swing zu einem Song von Ray Charles. James erschien mit Hosenträgern, ich wirbelte in Turnschuhen über die Tanzfläche. Wir servierten Bourbon in geschliffenen Gläsern, und die Nacht glitzerte wie ein Edelstein.

Nicht alles war wie im Märchen; ich hatte immer noch Albträume. So lebendige Albträume, dass ich immer wieder schweißgebadet aufwachte, als wäre ich gerade gerannt. Beim

Aufwachen war ich überzeugt, ich wäre immer noch in Hongkong, immer noch bei Drew, und dann schrie und brüllte ich, weil ich glaubte, jemand wollte mich ersticken. James war geduldig; er hörte mir zu, und dann erinnerte er mich daran, dass ich jetzt in London lebte. Wir unterhielten uns, bis ich keine Angst mehr hatte.

ES IST ABEND. Das weiß ich, weil die Medikamente ausgegeben werden.

Ich stehe Schlange, schlucke gehorsam die bittere Flüssigkeit und trinke diesmal einen Becher Sunny Delight hinterher. Die Lider werden mir schwer, und mein Mund ist trocken.

Ich möchte wissen, ob James noch mal anrufen wird, aber als ich den Hörer von der Gabel nehme, ist da kein Wählton.

Jemand kommt in den Fernsehraum und löscht das Licht, und wir schlurfen hintereinander nach draußen. Die Angestellte vor meinem Zimmer notiert etwas auf ihrem Klemmbrett. Als sie die Tür hinter mir schließt, nickt sie mir zu.

Obwohl ich weiß, dass es nicht so ist, fühlt es sich an wie die erste Nacht auf der Station. Ich bin mir der Geräusche, der Stille dazwischen, der Laken bewusst. Schweigend stehe ich neben dem Bett und bin mir nicht sicher, ob ich mich ausziehen soll. Ein Teil von mir bewegt sich mechanisch, als ich mir die Zähne putze und meine Zahnbürste in die Öffnung neben dem Becken stecke, damit das Wasser läuft. Die Neonbeleuchtung fällt harsch auf meine Haut. Rasch pumpe ich Milch ab. Mit zitternden Händen lehne ich mich ans Waschbecken.

Ich ziehe mich nicht aus; der Pullover fühlt sich beruhigend an, vertraut. Die Laken kratzen mich an der Wange, und plötzlich sehne ich mich so sehr nach zu Hause, nach meinem eigenen Bett, dass es wehtut.

Vom Flur kommt ein schmaler Streifen Licht herein. Ich kann hören, wie Türen zugeschlagen werden, jemand schreit, es gibt unterdrückte Rufe. Meine Tür öffnet sich, und ich schließe die Augen, liege still und angespannt da. Die Tür schließt sich wieder, ich atme aus, wobei mir bewusst wird, dass wahrscheinlich gerade jemand überprüft hat, ob ich auch im Bett liege.

Ich bin nervös, mein Körper fühlt sich schwer an, und ich spüre, wie sich meine Lider senken. Ich versuche, an zu Hause zu denken, ich versuche, an vorher zu denken, daran, wie ich hergekommen bin, aber das ist schmerzhaft, ein freiliegendes Gedankengewirr.

Was würde ich jetzt gerade tun, wenn ich nicht hier wäre? Ich denke an Cato, ich habe ein kurzes Bild von ihm im Kopf. Und da ist eine Erinnerung, ein Gefühl, die Vorstellung, ein Baby in den Armen zu halten. Ich versuche, mir sein Gesicht vorzustellen, aber mein Körper krümmt sich mit einem so großen Schmerz zusammen, als wäre ein Teil von mir hohl. Ich ziehe mich davon zurück und bin dankbar für die Dunkelheit.

ICH BESCHLIESSE, MEINER Umgebung mehr Aufmerksamkeit zu schenken.

Die Gesichter der Angestellten sind verschwommen. Ich merke sie mir zuerst über ihre Frisuren und irgendwann über ihre Gesichter, als sie langsam an Kontur gewinnen. Die meisten sind Immigranten aus der Karibik und aus Afrika. Ihr Englisch hat einen starken Zungenschlag. Manchmal lachen sie miteinander, unterhalten sich in ihren eigenen Sprachen.

Da ist Jean, die einen stumpfen Bob mit geradem Pony trägt. Sie ist tough, und ihr Auftreten vermittelt einem, dass sie sich nichts gefallen lässt. Sie klingt immer ein bisschen beleidigt, aber sie ist auch großzügig, kauft uns Süßigkeiten von ihrem eigenen Geld und holt sie im Essraum mit strenger Miene und vorgetäuschtem Widerwillen hervor. Ihr Mitgefühl veranlasst mich zu der Überlegung, ob sie womöglich in diesem System groß geworden ist.

Dann gibt es Nona: dünne, dunkle Haarwellen und eine Stimme wie ein Vogel. Als ich hier zum ersten Mal duschen war, brachte sie mich zu den Kabinen, zog mir die Kleider aus und redete in gebrochenem Englisch auf mich ein. »Nein, nein«, brüllte sie, als ich den Wasserhahn benutzen wollte. Sie reichte mir eine Zahnbürste, die ich in eine Öffnung neben dem Duschhahn stecken musste, um das Wasser anzustellen. Es war eiskalt.

»Brüste, Brüste«, schrie Nona, gestikulierte wild und bedeutete mir, darauf herumzudrücken. Das tat ich vorsichtig, denn die Knoten saßen tief und waren geschwollen.

»Sie müssen gesund werden, damit Sie nach Hause zu Ihrem Baby dürfen«, sagte sie.

Niemand von denen, die hier arbeiten, lässt sich wegen unseres Zustandes etwas anmerken, und ich weiß, dass die anderen Bewohner der Abteilung sie dafür respektieren. Die einzige Ausnahme ist Claire, eine junge blonde Krankenschwester, die im Wechsel auf verschiedenen Stationen arbeitet. Unsere Gegenwart macht sie nervös; das können wir förmlich riechen. Sie schaut uns nicht in die Augen und achtet darauf, nicht zu dicht an uns vorbeizugehen. Oft sagt sie das Falsche. »Tamyra? Sie hier? Irgendwie sind Sie immer hier, wenn ich komme!« Das verkündet Claire in neckendem Tonfall, dann fängt sie an zu stottern.

Mick unterdrückt ein Grinsen, und Tamyra funkelt Claire an, bevor sie ihr ein falsches Lächeln schenkt, ein zu strahlendes. Danach folgt sie Claire überallhin, stellt sich so dicht neben sie, wie sie nur kann, ohne Claire zu berühren. Sie schnüffelt an Claires Hals. Claire ist wie versteinert; sie benimmt sich, wie man das gegenüber einem tollwütigen Hund tun würde.

Jeden Morgen misst Claire unseren Blutdruck und unseren Herzschlag. Sie stellt einen Stuhl vor den Glaskasten und ruft uns einen nach dem anderen auf, mit einer Liste auf dem Klemmbrett. Ich setze mich, und sie beeilt sich bei mir, als wollte sie nichts falsch machen. Ich möchte ihr sagen, dass sie sich entspannen soll, lächele sie an, aber sie weicht meinem Blick aus, als hätte ich etwas Ansteckendes.

WIR GEHEN ZUM Mittagessen. Im Flur sitzt Jenny auf dem Boden und weint. Sie zittert so heftig, dass sich ihr Mund bewegt. Jenny ist heute Morgen hier angekommen: eine hübsche Mutter von zwei Kindern, Anfang dreißig, mit dunklem, auftoupiertem Haar und verwischtem Eyeliner. Ihre Vorderzähne sind intakt, die restlichen braun und verfault.

Bei ihrer Ankunft heute Morgen schaute sie sich im Raum um und kam dann zu Emma und mir, um mit uns zu reden. Jenny ist weiß, und sie hat einen Job in einem Einkaufsmarkt. Diese Tatsachen benutzt sie, um Distanz zwischen sich und den anderen zu schaffen. Ich glaube, sie und Tamyra kennen sich; die beiden haben sich zugenickt, aber Abstand voneinander gehalten.

Ich denke über die ganzen Leute hier auf der Station nach. Wie wäre es, wenn wir uns draußen begegnen würden? Ich weiß, dass sie mich als jemanden sehen, der nicht hierhergehört, mit meinem höheren Abschluss, meiner Markenleggings. Ich habe ein Zuhause. Ich habe jemanden, der auf mich wartet. Ich bin privilegiert. Sogar Jenny mit ihren verfaulten Zähnen und ihren zitternden Händen, sogar Jenny ist privilegiert.

Manchmal schauen mich die anderen auf eine Art und Weise an, die Schuldgefühle in mir weckt. Ich habe Glück, das weiß ich.

»Ich sehe dich«, hat Ali heute Morgen wieder zu mir gesagt. »Ich sehe, was du da machst. Du bist eine ganz Schlaue.«

Ich frage nicht, was er meint, weil ich es weiß. Er tut dasselbe.

Wir gehören nicht dazu. Wir versuchen, keine Aufmerksamkeit auf uns zu ziehen.

Daran denke ich, als ich sehe, wie Jenny zitternd auf dem Boden sitzt.

»Alles in Ordnung bei dir, Jenny?«, fragt Will.

Immer noch zitternd schüttelt Jenny den Kopf. »Die geben mir meine Medis nicht«, sagt sie.

Als wir wieder aus dem Essraum kommen, sind da Sanitäter. Wir sehen Jenny auf dem Boden liegen.

»Alle zurück«, sagt einer der Angestellten.

»Was ist denn passiert?«, fragt Emma. Sie rutscht in ihren Socken über den Boden.

»Ich glaube, sie hatte einen Anfall«, sagt Will ruhig.

»Alle zurück«, wiederholt der Angestellte. Die Sanitäter sind über Jenny gebeugt und blockieren unsere Sicht auf sie. Sie machen weiter, als könnten sie gar nicht sehen, dass wir zuschauen.

Zum Nachtisch gibt es heute Ananasscheiben aus der Dose.

Meine Mutter hat mir immer erzählt, dass mein Großvater losging und Dosen mit Ananas kaufte, wenn er betrunken war. Das war ein Luxus, und dann schimpfte ihn meine Großmutter und weinte. Wie sollte sie diese Woche die Kinder satt bekommen? Aber meine Mutter klatschte immer in die Hände – Ananas!

Wenn ich krank war, bröselte meine Mutter die Paracetamoltablette in Orangensaft, damit es nicht so bitter schmeckte, und sie gab mir geschnittene Ananasscheiben in einer Kristallschale.

Aber selbst aß sie nie davon.

Tamyra will meine Ananas nicht, also esse ich sie, so langsam ich mich das traue, und genieße die Süße auf der Zunge.

DARREN KOMMT ZU mir an den Tisch im Beschäftigungsraum. Sein Blick wandert unstet herum, und ihm zittern die Hände. Auf dem Tisch liegt ein Halmaspiel. »Ma'am, kennst du die Regeln?«, will er wissen.

Ich nicke. »Soll ich sie dir beibringen?«, frage ich.

Er lächelt, und einen Augenblick lang sieht sein hübsches Gesicht aus wie das eines Kindes. Emma weicht ihm immer noch aus, seit er sie angesprungen hat, und mir fällt auf, dass auch die anderen Abstand halten. Ich weiß nicht, ob das mit Gangs zu tun hat, aber vielleicht habe ich auch einfach nur Vorurteile, weil ich automatisch davon ausgehe, dass er zu einer Gang gehört. Einer der Hispanics hat Darren als »Trayvon« bezeichnet, und ich habe begriffen, dass er damit auf seinen dunklen Kapuzenpulli anspielte, weil Trayvon so einen trug, als er ermordet wurde. Hinter Darrens Lächeln flackert kurz ein Licht auf, als gäbe es da etwas ganz knapp außer Reichweite, das darauf wartet, aus dem Käfig gelassen zu werden. Mir gegenüber ist er scheu, als wäre ich verletzlich, und er redet mit mir wie mit einer Schulleiterin.

Das Halmaspiel ist in Neonfarben gehalten, zu grell, wir beide schirmen unsere Augen gegen das Brett ab.

Ich erinnere mich nicht mehr genau an die Regeln, und so bringe ich ihm falsche Dinge bei. Ich weiß nicht mehr, ob man vorwärts- oder rückwärtsspringen kann, aber wir bewegen die Steine über das Brett, und Darren lacht immer, wenn er über mich springt.

Für einen Augenblick sieht er verletzt aus, weil ich über einen seiner Steine springe, und er wirkt angespannt, ein Muskel in seinem Kiefer zuckt, aber dann schaut er mich an, streckt mir zum Spaß die Zunge heraus und entspannt sich.

»Ist das dein Bruder?«, fragt er mich.

»Mein Bruder?«

Mit einem Nicken deutet er auf Haru, der gerade ein Einhorn ausmalt. Haru sieht aus wie ein halber Asiate, ich weiß nicht genau, wie lange er schon auf der Station ist, aber er benimmt sich, als würde er hier leben. Er ist sanft und vorsichtig, aber er kann einen Wutanfall bekommen, wenn er *Criminal Intent* verpasst – das ist seine Lieblingssendung, und ohne sie geht es nicht.

Haru wirkt verwirrt. »Du hast gedacht, ich bin ihr Bruder?« Er schaut mich an. »Bin ich das?«

»Nein«, antworte ich. »Nein, Haru, wir sind nicht verwandt.«

Alis Familie kommt auf die Station. Seine Angehörigen schauen angespannt drein. Sie sitzen mit Christine, der Sozialarbeiterin, im Beschäftigungsraum am Konferenztisch. Ali tigert herum und bleibt dann vor der Glasscheibe stehen. Ich stelle fest, dass Ali wie sein Vater aussieht, groß und schlank. Sein Vater hat den Arm um Alis Mutter gelegt. Sie trägt einen Schleier und hält den Blick auf den Boden gerichtet. Keiner von beiden schaut in Alis Richtung; es ist, als würde er nicht existieren.

»Deine Familie?«, fragt Mick. Er hat seinen Rollstuhl bis an die Scheibe gelenkt.

»Ja.«

»Geht es ihnen gut?«

»Nein, sie machen sich Sorgen, Mann, sie machen sich Sorgen.«

Mick nickt. Ali wirkt wie ein Kind, das darauf wartet, dass ihm jemand zunickt und Hallo sagt. Seine Eltern verlassen die Station, ohne ihn eines Blickes gewürdigt zu haben. Später suche ich nach Ali, aber er hat sich in seinem Zimmer hingelegt.

Als er zum Abendessen erscheint, sind seine Augen rot und geschwollen.

In der Gruppensitzung lerne ich, dass nicht alle Angehörige haben, die auf sie warten oder ihnen helfen, die Station zu verlassen. Das kommt selten vor. Da gibt es Mick; sein Bruder unterstützt ihn, will Mick aber nicht am Hals haben, wenn er irgendwann mal rauskommt. »Kann ich auch verstehen«, sagt Mick rau. Tamyras Freund passt auf ihre Kinder auf. Er ruft jeden Tag an, aber sie geht nicht immer ans Telefon. »Sag ihm, ich bin beschäftigt«, meint sie und verdreht die Augen. Emmas Vater ruft alle paar Stunden an, wenn das Telefon eingeschaltet ist. Ich gehe davon aus, dass auch er eine »Avocado« hat.

Wir sprechen nicht darüber, wie wir hier rauskommen – damit würden wir eingestehen, dass es da draußen eine Welt gibt. Aber ich weiß, alle denken daran. Das muss so sein, glaube ich. Ich spüre, dass man die Frage, wie man hier rauskommt, nicht stellen kann. Die Leute, die schon mal hier waren, scheinen es zu wissen, aber sie teilen diese Information nicht mit uns, und sie schauen schweigend zu, wie Emma ihre Dokumente durchblättert und mir ein neues Formular zeigt, das sie ausgefüllt hat. Emma spricht als Einzige darüber: über ihre Strategie, ihren Countdown. »Bald komme ich ins nächste Level«, sagt sie. »Ich brauche nur jemanden, der das hier unterschreibt, damit ich zeigen kann, dass ich neue Freunde habe. Ich brauche drei Unterschriften. Bekomme ich deine?«

So geht es weiter. »Meine Avocado holt uns alle hier raus«, sagt sie. »Uns alle.«

Nur Dave scheint Emma zu glauben. Er folgt ihr in seinem Rollstuhl überallhin. Die anderen ignorieren sie.

Wir tun so, als sollten wir hier sein, als wären wir einfach so hier aufgetaucht. Wir fristen an diesem Ort unser Dasein, und wir können nirgendwo anders hin.

Ich starre die Ärzte und die Angestellten hinter der Glasscheibe an, aber sie achten darauf, mir nicht in die Augen zu schauen, und wenn ihr Blick in meine Richtung fällt, geht er durch mich hindurch, als wäre ich aus Glas. Nachdem ich einige Zeit mit dem Versuch verbracht habe, vor der Scheibe herumzuhängen, gebe ich auf. Ich stelle mir vor, wie ich das Personal anschreie: »Lasst mich raus, lasst mich raus!« Ich weiß, damit würde ich meinen Aufenthalt hier nur verlängern.

ICH MALE MIT lila Filzstift einen Löwen aus. Neben mir schaut Emma schon wieder ihre Unterlagen durch und versucht, Seitenmarkierungen anzubringen – das kann gar nicht funktionieren, weil sie Papiertaschentücher benutzt.

»Catherine«, sagt Jeff. »Ihr Ehemann ist da.« Ich höre Tamyra zischen und schaue mich um, aber niemand anders steht für die Besuchszeit auf.

Ich gehe über den Flur, zähle meine Schritte (vierundfünfzig sind es) und setze einen Fuß vor den anderen bis zum Essraum.

Einen Augenblick lang habe ich Angst davor, wer mir gleich begegnen wird – Drew? Doch da erscheint James' angespanntes Gesicht im Türfenster. Er wirkt ausgezehrt, aber er strahlt.

»Dürfen wir uns anfassen?«, frage ich.

»Ja.« Jeff nickt.

James umarmt mich. Es ist, als hätte er von draußen Luft mitgebracht, Sauerstoff.

Ich hole tief Atem und versuche, mich in James zu verankern, in der Gewissheit, die er für mich bedeutet. Ich kann die Vergangenheit und die Gegenwart spüren. Es fühlt sich sicher an wie eine Basis, und am liebsten würde ich in seinen Armen verschwinden.

Ich höre ein Murmeln: Emma und Mick, die auch Besuch haben. Aber ich kann mich nur auf James konzentrieren.

James sagt nichts, er hält nur meine Hand.

Wir sitzen da, ich atme einfach diesen Augenblick ein.

»Danke für die Pullover«, sage ich. »Was ziehst du denn jetzt an?«, will ich wissen. »Hast du genug Kleidung?«

»Nicht«, sagt er. »Hör auf, dir um mich Sorgen zu machen. Hast du das Notizbuch bekommen?«

»Ja«, sage ich.

James erzählt mir, dass er jeden Tag auf der Station angerufen hat, viele Male, dass er versucht, mich hier rauszubekommen, sich nach meinem Status erkundigt hat.

»Ich bin denen ordentlich auf die Nerven gegangen«, sagt er.

Ich muss lachen, weil ich weiß, dass er die ganze Sache angegangen ist wie eines seiner Forschungsprojekte. Es war seine Idee, mir ein Notizbuch zukommen zu lassen und sich dafür einzusetzen, dass ich es auch bekam, ebenso wie einen Kugelschreiber. Als er merkte, dass ich meine Brille vergessen hatte, gab er sie für mich ab.

»Ich habe mich um die Versicherung gekümmert«, berichtet er zögernd. »Darum brauchst du dir also keine Sorgen zu machen.« Er erzählt, dass er meinen Hausarzt in England gebeten hat, meine Unterlagen weiterzuleiten. Er hat bei den verschiedenen Reiseversicherungen angerufen, hat versucht, sich mit meinen Passwörtern in meinen Computer einzuloggen und meine Kreditkartenangelegenheiten zu regeln. Bei seinen Worten muss ich an die Außenwelt denken, in der alles weiterläuft, die ganzen Mechanismen. Alles läuft irgendwie weiter.

»Du fragst gar nicht nach Cato«, sagt er.

»Ja, wie geht's Cato?« Den hatte ich ganz vergessen. Der Name hat keine Bedeutung für mich.

»Gut geht es ihm, es geht ihm gut. Ich durfte mein Handy nicht mit hier reinnehmen, aber ich habe ein paar Fotos von ihm für dich ausgedruckt.« Er überreicht mir einen Stapel. Ich schaue kurz hin; ich sehe ein pausbäckiges Baby mit weit geöffneten Augen. Ich erkenne es nicht. Ich stecke die Bilder in die Tasche meiner Kapuzenjacke.

»Ich habe mit dem Personal gesprochen, du darfst sie behalten«, erklärt mir James. »Ich habe gesagt, das würde dir helfen.«

Er schweigt kurz. »Kannst du dich daran erinnern, was passiert ist? Wir müssen jetzt nicht darüber reden«, sagt er schnell.

»Ich erinnere mich an sehr viel«, sage ich. »Aber es ist verwirrend.«

Er wartet ab.

»Ich habe einen Familienstammbaum gemacht«, spreche ich weiter.

Er fängt an zu weinen. In mir regt sich etwas, aber ich weiß nicht, was ich tun soll, deswegen tätschle ich einfach seine Hand.

»Es ist nur ... Wir haben immer wieder versucht, dich dazu zu bringen, einen Stammbaum zu zeichnen, aber du konntest es nicht.«

Die Besuchszeit ist vorbei. Es fühlt sich an, als hätten wir uns gerade erst hingesetzt.

»Die Zeit ist um«, sagt Jeff, aber sein Blick ist sanft. »Kommt zum Ende, Leute.«

James seufzt.

Er hält bis zum letzten Moment meine Hand. Auf seinem Gesicht ist ein breites Lächeln, aber ich kann erkennen, dass er immer noch weint. »Wir sehen uns bald wieder, versprochen.« Er geht auf die Türen zu und winkt dabei, und das tut er immer noch, als sich die Türen schließen.

Mir fällt auf, dass ich ihn gar nicht gefragt habe, wie lange ich noch hierbleiben muss.

Man führt uns aus dem Zimmer, und wir schlurfen zurück, zurück an den Ort des Wartens.

ES GIBT EIN koreanisches Märchen über romantische Liebe. Jiknyeo, eine Jungfrau des Himmels, verliebt sich in einen Hirten, Gyeonwu, den sie von der Milchstraße aus erspäht. Inständig bittet sie ihren Vater, den Himmelskönig, er möge die Ehe erlauben, und ihr Vater stimmt zu.

Die Liebenden heiraten, vernachlässigen aber in ihrem Liebesglück ihre Pflichten. Wütend bestraft sie der Himmelskönig, indem er ihnen befiehlt, getrennt zu leben. Doch er erweist ihnen auch eine Gnade: Jedes Jahr am siebten Tag des siebten Monats dürfen sie einander sehen.

Als der siebte Tag des siebten Monats heranrückt, können die Liebenden das Wiedersehen kaum erwarten, vermögen jedoch die Milchstraße nicht zu überqueren. Eine Krähenschar bildet für sie eine Brücke.

Und so sind die beiden jedes Jahr eine Nacht lang wieder vereint. Diese Nacht markiert den Beginn der Regenzeit; wenn es dann regnet, sind das die Tränen der Liebenden.

DASS ICH SCHWANGER war, fand ich an einem grauen Februartag heraus. Meine Periode verzögerte sich, aber ich war davon überzeugt, das hätte nichts zu bedeuten. Ich beschloss, einen Schwangerschaftstest zu kaufen, und dabei sagte ich mir, sobald ich Geld dafür ausgegeben hätte, würde meine Periode stärker einsetzen als jemals zuvor. Stattdessen zeigte der Test ein positives Ergebnis an. Es war ein Dienstagmorgen. Mein Mann, der zu einem Uni-Meeting musste, strich sich gerade das Hemd glatt.

Ich wusste nicht genau, was ich empfinden sollte. Ich war dreißig Jahre alt, genauso alt wie meine Mutter, als sie mich, genauso alt wie meine Großmutter, als sie meine Mutter bekommen hatte. Es fühlte sich an wie vorherbestimmt. Der Gedanke, Mutter zu werden, war für mich immer vage gewesen, hatte zu den Dingen gehört, die ich mir wünschte, aber ich hatte nie weiter darüber nachgedacht. Eine Idee, etwas, das ich mir vorstellte, und jetzt war es Realität.

Ich vereinbarte einen Termin bei meinem Hausarzt. Ich war in der fünften Woche, das Baby ein Zellklumpen, so groß wie ein Mohnkorn.

Als wir es unseren Eltern erzählten, reagierte meine Mutter mit Unglauben. »Wirklich?«, fragte sie. Mein Vater gab keinen Kommentar ab. James' Eltern klatschten jubelnd in die Hände. »Wie wundervoll«, riefen sie. »Wie wundervoll.«

Ich begann, die Zeit in Wochen einzuteilen. Jede Woche bedeutete eine neue Frucht. Ich sah zu, wie mein Körper von einem Mohnkorn zu einer Wassermelone anschwoll.

Wir nahmen die Termine wahr, die Ultraschalluntersuchungen. Ich wurde positiv auf Schwangerschaftsdiabetes getestet, deswegen musste ich mehrmals täglich einen Tropfen Blut auf einen Papierstreifen aufbringen und meine Zuckerwerte überprüfen. Bei jedem Tropfen dachte ich an Schneewittchen und fragte mich, was ich mir für mein Kind wünschen sollte.

Als ich herausfand, dass ich einen Jungen bekommen würde, dachte ich an Drew. Genau genommen dachte ich an Leah, und zum ersten Mal empfand ich Mitgefühl statt Zorn. Wie würde es sich anfühlen, wenn sich mein eigenes Geschöpf aus etwas Schönem in etwas Kaputtes, Schmutziges und Böses verwandelte?

Den vergifteten Teil in mir, den Teil, den ich von Drew mitgenommen hatte, gab es den noch? Würde er das Baby infizieren? Ich hatte gelesen, dass sich die Erlebnisse unserer Vorfahren als Warnung für das, was kommen wird, in die DNA der nächsten Generation einprägen. Gab es da Gewalt? Eine Akzeptanz des Leidens? Würde mein Sohn Höhenangst empfinden? Würde er Albträume haben, in denen man ihn erstickte? Wie sollten wir den Fallstricken der Vergangenheit entkommen, wenn wir dazu bestimmt waren, ihnen wieder und wieder zu begegnen?

Ich dachte an meine Familie, an meine eigenen Vorfahren. Sie stellten ein Mysterium für mich dar, eines, über das ich nichts wusste, durch eine andere Sprache und einen Ozean von mir getrennt. Nur aus meinen eigenen Gesichtszügen kannte ich sie. Ich fragte mich, wie sich meine Großmutter gefühlt hatte, als sie mit meiner Mutter schwanger gewesen war – ich dachte an die Angst, an die Hoffnung auf einen Sohn.

Aus irgendeinem Grund hatte ich geglaubt, ich würde ein Mädchen bekommen, eine Tochter der dritten Generation, die die Geschichten weitererzählen könnte, aber vielleicht war dieser Junge eine Antwort auf den Wunsch meiner Großmutter, den Generationen eingeprägt. Ich hielt die Hände dicht an den Bauch und versuchte, die winzigen Schläge seiner Beine zu spüren, das Pulsieren seines Körpers, den Beweis dafür, dass er lebte, dass er ein lebendiges Wesen war.

James spielte meinem Bauch Musik vor: Er hatte in einer Studie gelesen, während der Schwangerschaft gehörte Musik könne ein Baby auch außerhalb des Mutterleibs beruhigen. Wir fanden heraus, dass unseres bei Rachmaninow hüpfte und bei Broadway-Musicals Purzelbäume schlug. Es war seltsam, dabei zuzusehen, wie mit jedem Ruck Wellen über meine Haut liefen, weil da jemand in mir drin herumturnte.

Die Schwangerschaft fühlte sich an, als wäre ich von meinem Körper getrennt. Mein Körper tat da allein etwas, er folgte einem programmierten Pfad, den er bereits kannte, und ich hatte keine Kontrolle mehr darüber. Es fühlte sich an, als holte eine Hand meinen Geist jäh in meinen Körper zurück, wie eine Rückkehr zu seiner Erdverbundenheit. Es war auch ein Auslöschen meiner selbst; ich fühlte mich nicht mehr »wie ich«, sondern als würde ich gespalten, geteilt. Mein Körper gehörte nicht länger mir; ich war eine Trägerin, ein Gefäß für das Leben. Eine Erinnerung daran, dass mein Körper eine Ansammlung von Blut und Knochen darstellte.

»Ich mag den Muttermund«, sagte die Hebamme lächelnd zu mir, während sich ihre Hand immer noch für das vierte Zervix-Stripping in mir befand.

Die Geburt war bei mir zwei Tage vor dem errechneten Termin eingeleitet worden. Diese Entscheidung hatten die Ärzte aufgrund meines Schwangerschaftsdiabetes getroffen und weil sie sich Sorgen wegen der Größe des Babys machten.

»Sonst müssen wir ihm die Schultern brechen«, erklärte mir ein hilfsbereiter Mediziner. Inzwischen hatte ich gelernt, dass die

Ärzte entsetzliche Dinge auf nüchterne Art von sich gaben. Ich stimmte der Einleitung zu.

Wir checkten im Krankenhaus ein wie in einem Hotel. Wir hatten Gepäck, einen Autositz für das Baby und einen Stapel Bücher und Zeitschriften bei uns. Im Zimmer lauschten wir dem Summen der Lichter und dem Piepen der Monitore. Man brachte mich auf eine Station mit vier anderen Frauen. Wir alle warteten auf die Einleitung. Man schloss mich an Apparate an, um meinen Blutdruck und Herzschlag zu überprüfen. Die Einleitung begann mit einem Prostaglandin-Pessar; das Hormon sollte die Wehen auslösen. Eine Hebamme führte das Baumwollteil bei mir ein, und ich lag im Bett und fragte mich, wie sich die Geburt wohl anfühlen würde. Ich hörte, wie sich Frauenkörper bewegten und welche Geräusche ihre Monitore von sich gaben. Alle paar Stunden erschien eine Krankenschwester, maß meine Temperatur und überprüfte meinen Herzschlag.

Irgendwann bekam ich Wehen in rascher Folge; ich beobachtete die Wellenbewegungen auf dem Monitor, die kleinen Hügel immer dann, wenn sich eine Faust um meinen Körper schloss. »Sie haben eine hohe Schmerzgrenze«, sagte eine der Hebammen in munterem Ton zu mir. »Schauen Sie mal!« Sie zeigte auf eine Welle, die gerade ihren Höhepunkt erreichte. »Vielleicht sollten Sie ein bisschen herumlaufen, das wird die Wehen anregen.«

Ich fand heraus, dass der Erfolg einer Einleitung daran gemessen wird, wie schnell die Wehen einsetzen. Wenn das Pessar nicht funktionierte, würde man mir zwei Stunden später ein weiteres einführen. Der Einleitungsprozess würde sich weiter und weiter steigern, bis ein Baby zur Welt kam.

James und ich verließen die Abteilung, um durch die Flure zu wandern, und während wir hin- und herliefen, erhob sich der Korridor über unseren Köpfen. Draußen gab es kein Licht, nur die grellen Neonröhren der Krankenhausbeleuchtung. Es fühlte sich an wie eine große Leere. Ich ging und ging, und alle paar Schritte musste ich stehen bleiben, weil mich eine Wehe überkam.

»Nur zwei Zentimeter«, sagte eine Hebamme, nachdem sie meinen Muttermund überprüft hatte. »Darf ich noch ein Zervix-Stripping machen?« Ich stimmte zu und versuchte mich zu entspannen, während sie ihre Hand in mir bewegte. Ich war ein Körper, ich war stark, ich würde das hier schaffen. Man führte mir ein weiteres Pessar ein, und wieder wanderte ich durch die Flure.

Wir spielten ein Fragespiel.

»Welche Eigenschaften wünschst du dir für ihn?«, wollte James wissen. »Ich glaube, du würdest Stärke und Güte nennen.«

»Ja, du hast recht.« Mit Stärke und Güte konnte man der Welt entgegentreten. Wir hatten seinen Namen bereits ausgewählt, James hatte Cato genommen, weil er an den römischen Staatsmann dachte, und ich als zweiten Namen Westbrook für meinen Paten, einen Veteranen des Zweiten Weltkrieges und Professor der Linguistik. Stärke und Güte.

Langsam gingen wir weiter, und ich blieb alle paar Atemzüge stehen, beugte mich vor und zählte, bis die Wellen verebbten.

Beim Zählen musste ich an die tausend Stufen in Hongkong denken. Was hatte ich damals gedacht – was wäre geschehen, wenn es mir gelungen wäre, die gesamte Route zu absolvieren?

Ich dachte an Jiknyeo, die auf der Brücke aus Elstern die Milchstraße überquerte, um ihren Geliebten zu treffen. Nur noch einen Schritt, dachte ich, nur noch einen. Nur noch der trennte mich vom Muttersein. Ich wusste immer noch nicht, wie es sich anfühlen würde. Ich konnte es mir nicht vorstellen.

Bis zum Morgen hatte sich der Muttermund weit genug geöffnet, dass die eigentlichen Wehen beginnen konnten. Wir trugen unser Gepäck in ein anderes Stockwerk, und dabei schwatzte ich mit einer Hebamme, die über den Geburtsprozess sprach wie über eine Party.

»Wir werden dafür sorgen müssen, dass Sie einen Blasensprung bekommen«, verkündete sie. »Das ist vielleicht ein bisschen unangenehm.« Der Ton ihrer Stimme sagte mir, dass sie log.

Sie brachte meine Fruchtblase mit einem langen Haken von der Größe eines Regenschirms zum Platzen. Es gelang mir, nicht zusammenzuzucken.

Dann schloss sie mich an weitere Apparate und eine Infusion mit Hormonen an, um die Wehen zu fördern. An der Wand hing eine Uhr, und ich versuchte die Stunden zu zählen, denen das Summen der Monitore und die Wellen meiner Wehen eine Struktur verliehen.

Irgendwann kam eine Stunde mit starken Wehen, die ich wie Wellen zu reiten versuchte. Mein Mann hielt mich an den Händen, während ich atmete, ein und aus, und auf die Periduralanästhesie wartete. Sie zog sich wie ein kalter Faden durch meine Wirbelsäule, meine Beine und Füße wurden taub, aber ich konnte sie immer noch spüren. Die Wehen fühlten sich an wie ein fernes Echo, ich empfand keine Schmerzen mehr.

Die Stunden vergingen, und man hatte meinen Gebärmutterhals inzwischen so viele Male überprüft, dass ich mich nicht länger davor fürchtete.

Meine Temperatur und mein Herzschlag stiegen gefährlich an, ich hatte eine beginnende Blutvergiftung. Die Hebamme saß neben mir und versuchte die Besorgnis in ihrem Gesicht zu verbergen, während sie die Herzschläge zählte.

Eine Ärztin erschien, um sich vorzustellen.

Warum kommt jetzt eine Ärztin zu mir?, dachte ich.

»Nur für den Fall, dass wir heute Abend zusammenarbeiten müssen.«

Sie präsentierte uns ihr ganzes Team: eine Anästhesistin, zwei Ärzte in der Ausbildung, eine Kinderkrankenschwester.

»Wir sehen uns dann«, sagte sie.

Ich hatte das Gefühl, sie wussten bereits, dass ich einen Kaiserschnitt brauchen würde.

Eine weitere Stunde verging, und die Ärztin erschien wieder, um alles zu überprüfen.

»Ihr Muttermund ist nur vier Zentimeter geöffnet«, sagte sie, »und wie es aussieht, gibt es keinen Fortschritt. Ich denke, ein Kaiserschnitt ist unsere beste Option. Was meinen Sie?«

Ich sah, dass Blut von ihrem Arm herabtropfte. Ich stimmte zu.

»Gut«, sagte sie, und bevor ich wusste, was da vor sich ging, kam ihr Team ins Zimmer gestürmt und bettete mich auf eine fahrbare Trage um. »Eins, zwei, drei.«

Neben mir hatte sich James einen sterilen Kittel übergezogen.

Endlich, dachten wir, endlich würde es passieren.

Die Zeit schien einen Sprung nach vorne zu machen. Das Team sprintete mit der mobilen Trage los und schob mich in einen Operationssaal.

»Das wird jetzt gleich kalt«, kündigte die Anästhesistin an. »Sind bei Ihnen Zähne locker?«

Ich schüttelte den Kopf.

»Okay«, sagte die Anästhesistin. Sie richtete eine Sprühflasche auf mich. »Spüren Sie irgendetwas?«

»Nein«, antwortete ich.

Ich begann unkontrolliert zu zittern und mit den Zähnen zu klappern. Die Anästhesistin sprach mir ruhig ins Ohr.

»Gleich wird es sich anfühlen, als ob jemand etwas in Ihrem Bauch sucht, wie in einer Handtasche«, sagte sie.

Ich erinnere mich an den Augenblick, in dem ich unseren Sohn sah – rot und wie am Spieß brüllend, und da war der vage Gedanke: Seid ihr sicher? Er sah keinem von uns beiden ähnlich.

Seine Atmung funktionierte nicht richtig, James rannte zwischen mir und dem Baby hin und her. Ich musste würgen und versuchte mich in einen Eimer zu übergeben. Dabei zitterte ich noch immer unkontrolliert.

Sie nahmen das Baby mit, um seine Atmung zu kontrollieren. Mich rollte man auf eine Erholungsstation. Für James gab es kein Bett, deswegen schlief er wieder in einem Sessel neben mir.

Vorher hatte ich zu James gesagt, dass ich es seltsam fand, wie es immer hieß, Mutter und Kind seien wohlauf.

»Was sollen wir sagen?«, fragte er mich am nächsten Morgen.

»Sag, Mutter und Kind sind wohlauf«, gab ich zurück. Ich verstand, warum das alle so machten – es war einfacher.

WENN IN KOREA eine Mutter ihr Kind zur Welt bringt, hilft man ihr sofort danach ins Bett, deckt sie mit Laken zu und hält sie warm. Man gibt ihr Algensuppe auf der Basis einer starken Rinderbrühe. Die Algen sollen ihr Kraft schenken. Es ist die eigene Mutter, die einem diese Suppe zubereitet; wieder und wieder wäscht sie die Algen, um sie vom Schmutz des Ozeans zu reinigen.

An jedem Geburtstag trinkt man zu Ehren des Leidens seiner Mutter diese Suppe. Sie heißt »Muttersuppe«.

Ich erinnere mich, dass mir meine Mutter an meinem Geburtstag immer Algensuppe kochte. Sie weichte die Stränge aus getrockneten Algen ein, die sie sorgfältig in einem koreanischen Supermarkt ausgewählt hatte. Ich sah zu, wie sie die Rinderbrühe kochte und dabei wieder und wieder die Algen wusch. Und wenn ich die Suppe probierte, war es, als könnte ich den Ozean schmecken.

Ich war auch per Kaiserschnitt zur Welt gekommen. Meine Mutter erzählte mir, ich hätte mich an sie geklammert; ich war über einen Monat zu spät dran gewesen. Der Arzt schnitt meine Mutter der Länge nach auf, als wäre sie eine Wassermelone. Als Kind fand ich die Narbe immer schön; sie erinnerte mich an einen Zopf, der über ihren Körper lief.

Meine Narbe ist waagrecht, eine Handlänge zwischen meinen Hüftknochen. Sie verheilt und verblasst zu einer gewölbten rosa Linie von der Farbe einer Muschel.

ALS DIE HEBAMMEN mir Cato brachten, hatte er ein rotes Gesicht und volles dunkles Haar. Er sah mich mit aufmerksamen runden Augen an, als wüsste er bereits, wer ich war.

Ich empfand keinen Liebesschwall oder eine überwältigende Last der Verantwortung – mit diesen Emotionen hatte ich gerechnet. Stattdessen verspürte ich Neugierde, als hätte man mich gerade einem Fremden vorgestellt. Er war eine Kreatur, eine Ahnung, noch nicht einmal ein Mensch, nur ein Wesen, ein Leben.

Die Schwester half mir beim Öffnen meines Krankenhaushemds und legte mir Cato auf die Brust.

Ich verspürte eine Welle des Lebens, des Lebendigseins im Augenblick. Wie der Zeit enthoben.

Mein Bauch war viereckig, denn die Ärzte hatten auf die Gebärmutter gedrückt, damit sie sich zusammenzog.

Um mich herum hörte ich Frauen weinen und Babys leise wimmern.

»Halten Sie ihn doch ein bisschen«, sagte die Schwester.

Und ich hielt ihn, dicht bei mir.

Ich spürte seinen Atem an meiner Haut, seine winzigen Hände griffen nach mir, als wüsste er, dass man uns voneinander abgeschnitten hatte. Ich summte für ihn, weil ich hoffte, die Vibrationen würden ihn beruhigen. James stand neben mir, er holte tief Atem und hatte mir eine Hand auf die Schulter gelegt. Cato war so klein, er fühlte sich in meinen Armen so zerbrechlich an, als gehörte er nicht in diese Welt. Sein Haar war dunkel, es hatte die Farbe der Nacht, so tief, dass man Silber und Rot darin aufblitzen sah, und er blickte, ohne zu blinzeln, zu mir auf.

Seine Augen besaßen eine Intensität, eine Dimension, die jene der Ozeane übertraf. Ohne jeden Ausdruck sah er mich an. Ich schaute voller Erstaunen zurück.

Ich hatte geglaubt, wir dürften bald nach Hause, aber wir mussten noch eine Woche im Krankenhaus bleiben, bis Cato alle Antibiotika bekommen hatte. Die Ärzte waren besorgt, er könnte wegen meiner Blutvergiftung eine Infektion entwickeln. Sie bestanden auf Vorsichtsmaßnahmen.

Die Wöchnerinnenstation war ein heller Raum mit acht Betten, die durch Plastikvorhänge voneinander getrennt waren. Eine Kakofonie der Mütter und Babys. Jeden Tag erschienen die Ärzte mit ihren Klemmbrettern und teilten mir mit, ich könne nach Hause, und jeden Tag packte ich unsere Sachen zusammen, nur um später zu erfahren, dass wir doch noch bleiben mussten.

Ich hatte einen Katheter, aber niemand hatte mir gesagt, dass der sofort entfernt werden musste, und meinen hatte man vergessen. Irgendwann klingelte ich nach einer Schwester, um den Beutel wechseln zu lassen. »Sie haben den Katheter noch?«, fragte sie. »Der muss sofort raus!« Den ganzen nächsten Tag über versuchte ich Wasser zu lassen und geriet in Panik, weil es nicht ging. Ich war sicher, meine Blase würde explodieren.

Man fummelte und stocherte so viel an mir herum und forderte mich die ganze Zeit zum Hautkontakt auf, dass ich irgendwann einfach all meine Kleidungsstücke auszog und mit dem Baby auf der Brust auf dem Bett saß. Ich fühlte mich wie ein massives Säugetier; ich existierte, um zu existieren, einfach um zu tun, was man mir sagte.

Meine Narbe brannte, ich konnte sie spüren, einen breiten Schnitt quer über meinen Unterleib. Ich spürte den Draht, der alles zusammenhielt; manchmal wollte ich ihn berühren, so, wie man eine offene Wunde anfassen will, doch ich hielt mich zurück. Das Aufsetzen tat weh, und jedes Mal, wenn sich Cato an mich lehnte, nahm mein Bauch eine andere Form an, bildete scharfe Kanten.

Ich hatte geglaubt, ich würde mir meinen Körper nach der Geburt wieder zu eigen machen, doch stattdessen war er jetzt ein Instrument, etwas, das ein anderes Leben erhalten sollte. Mein körperliches Selbst bestand nur, um zu geben, um dieses neue Wesen zu versorgen. Das war sehr, sehr erschöpfend. Mein Körper, mein Geist, alles konzentrierte sich auf Cato. In diesen verschwommenen Stunden hörte ich auf, mich selbst als eine Person mit einem Namen zu sehen; ich war ein Körper. Ich hatte keine Identität, ich war nur eine Nummer auf dem Klemmbrett und eine Zusammenstellung von Vitalparametern. Jede Stunde erschien eine Schwester, um Blutdruck und Herzschlag zu messen. Beides notierte sie wortlos in einer Tabelle und zog mit einer raschen Bewegung die Vorhänge hinter sich zu. Es fühlte sich an, als würden sie alle paar Sekunden geöffnet, und dann erschien ein neues Gesicht, um zu fragen, was ich tat und wie ich es tat.

Neben mir, durch die Vorhänge hindurch, konnte ich hören, wie einige der Frauen weinten. »Ich bin doch kein Tier«, sagte eine.

»Warum hören Sie mir nicht zu?«, fragte eine andere.

Ich empfand Mitgefühl. Unsere Identitäten waren überschrieben worden. Jede von uns hatte ein neues Leben zur Welt gebracht, aber in dieser geteilten Erfahrung waren wir alle gleich.

Ich sah die anderen Mütter selten, sie waren nur Stimmen für mich. Ich erkannte sie an ihren Klagen, am Klang ihres leisen Weinens. Manchmal begegneten wir einander auf dem Flur, während wir in unseren Papierpantoffeln kleine, schmerzhafte Schritte machten, und dann nickten wir uns zu und wussten voneinander, dass wir bluteten. Wir befanden uns an diesem

Ort, und wir wollten weg. Noch ein Ort, an dem es keine Zeit gab, und wir waren hier und existierten nur.

Die Zeiteinteilung funktionierte über Stillen und Nichtstillen. Unterbrechungen gab es durch die Medikamentenausgabe, und ich konnte sie vorhersehen, denn dann steigerte sich der scharfe Schmerz in meinem Körper bis ins beinahe Unerträgliche. Ich hörte das Rattern des Medikamentenwagens und die Schwester, die die Tabletten in kleine Plastikbecher verteilte. Ich hörte, wie die Frau im Nachbarbett schluchzte, während sie auf ihre Medizin wartete.

»Gehen Sie ruhig zuerst zu ihr«, sagte ich.

Die Schwester sah mich an und schüttelte den Kopf. »Alle müssen warten, bis sie an der Reihe sind.«

Die Tage vergingen nach diesem Muster: Stillen, Nichtstillen. Ich verlor mein Zeitgefühl, wusste nicht mehr, ob es Tag oder Nacht war, alles blieb immer verschwommen. Wenn er Hunger hatte, schrie und schrie Cato, gab nicht nach, folgte seinem primitiven Instinkt. Das Stillen schien gnadenlos, wir rangen eine Stunde miteinander, bis Cato überhaupt andockte, und wenn er dann zu trinken aufhörte, wurde es direkt wieder Zeit für die nächste Runde. Mein Körper schmerzte, meine Narbe war ein sengendes Brandzeichen auf meinem Körper, und meine geschwollenen Brüste glichen offenen Wunden.

Ich trug Thrombosestrümpfe, die mir eng um die Beine saßen. Meine Füße schwollen an, als wären sie mit Wasser gefüllt.

Ich verließ die Abteilung nie, doch James tat es und kam wieder zurück. Er brachte mir Sushi und kaltes Bier auf einem Tablett. Wir stießen auf das Baby an, unsere private Feier.

Nachts gingen die Lichter nicht aus, und ich konnte die Geräusche der Maschinen und das leise Summen der Beleuchtung hören. Ich gewöhnte mich an das Geräusch, mit dem sich die Vorhänge öffneten, und an die Schritte der Schwestern, die für ihre Kontrollen hereinkamen, an das ständige Weinen der Babys.

Es war kalt; die Heizung funktionierte nicht, und aus den Belüftungsschächten wehte es eisig.

Cato lag in einem Plastikbettchen neben mir. Ich legte mich immer auf die Seite und starrte ihn an, wie er mit seiner Mütze und in eine Decke gewickelt dalag. Die Fäuste hatte er unters Kinn gesteckt, sie entzogen sich der Decke, als wäre er in Boxerhaltung, bereit, der Welt im Kampf entgegenzutreten. Er schlief nicht; er zitterte unter seiner Mütze und schaute mich aus seinen runden Augen an.

»Wir müssen hier zusammen durch«, sagte ich zu ihm. Ich fühlte mich, als wären wir Gefangene, aber wir würden dieser Station entkommen, verkündete ich. Dann wollte ich die Hand nach ihm ausstrecken, aber das Bettchen war zu weit weg, und ich wusste, es würde wehtun, wenn ich aus dem Bett stieg. Darum schaute ich stattdessen dabei zu, wie Cato mit der Decke kämpfte, wie er weinte und weinte, unnachgiebig und verzweifelt, und nach einer Weile hievte ich mich aus dem Bett, stöhnte und sog vor Schmerz die Luft ein, wenn ich mich über ihn beugte und ihn hochhob. Ich stellte das Kopfteil des Bettes aufrecht, damit ich mit Cato in den Armen dasitzen konnte. Ich kniff mich selbst, um wach zu bleiben, und erzählte Cato flüsternd Geschichten, während er schlief. Ich erzählte ihm die westlichen Märchen, die Märchen, die ich am meisten liebte, aber irgendwann stellte ich fest, dass ich ihm die Geschichten erzählte, die ich von meiner Mutter und meiner Großmutter gehört hatte. Ich erzählte ihm von dem Hasen, der den König überlistete, als der seine Leber essen wollte. Von dem Holzfäller, der eine himmlische Jungfrau gefangen hielt, bis sie ihn mit den gemeinsamen Kindern verließ und in einem Strom aus Schleifen und Bändern zurück in den Himmel geholt wurde. Ich erzählte ihm die Geschichten über Opfer, über eine Liebe, die so wahrhaftig war, dass sie nur Schmerz verursachen konnte.

Ich fragte mich, wie meine Großmutter meiner Mutter diese Geschichten erzählt hatte. Konnte sie damals ahnen, dass sie weitererzählt werden würden? Nur diesmal in einer anderen Sprache, über zwei Ozeane hinweg, in einer alten Welt. Während ich auf Cato in meinen Armen hinunterschaute, auf all die Hoffnung, die wir auf dieses eine Leben setzten, dachte ich an Drews Mutter. Irgendwann einmal musste er so ausgesehen haben, unverdorben, rein. Sie musste ihm flüsternd Geschichten erzählt und ihm ihre Liebe versprochen haben. Sie musste von seiner Zukunft geträumt haben; sie musste Ozeane in seinen Augen gesehen haben.

Manchmal, wenn Cato einfach nicht schlafen wollte, zog ich meine Papierpantoffeln an, wickelte ihn in ein Laken und wanderte mit ihm durch die Flure. Ich hielt ihn fest an mich gedrückt und spazierte durch die erleuchteten Korridore. Wir konnten das Summen der Neonröhren hören, das Raunen der Babys und der Krankenschwestern. Während wir so gingen, konnte ich spüren, wie mein Herz an seinem Körper schlug, und ich fragte mich, ob er sich schon allein fühlte. Ich dachte daran, dass sich seine Welt gerade erst ausdehnte; mit jedem Schritt gab es mehr zu sehen, mehr zu entdecken, mehr zu fürchten.

Wir wurden entlassen, als am Freitag der Abend hereinbrach. Vor etwas mehr als einer Woche war ich ins Krankenhaus gekommen. Ich verspürte ein Gefühl des Triumphes; es versetzte mich in Hochstimmung, endlich die Station zu verlassen. Ich stand auf der Straße und lauschte dem starken Verkehr der Autos, den Geräuschen der Stadt. Ich wollte schreien vor freudiger Aufregung. James umarmte mich, er hielt Cato in den Armen, und wir sahen einander bestürzt an. Man ließ uns mit diesem menschlichen Wesen heimgehen, was sollten wir denn jetzt tun?

Wir stiegen ins Taxi, und Cato wurde in seinen Babysitz geschnallt.

»Glückwunsch«, sagte unser Fahrer. Er versprach, gut aufzupassen, und grinste – ein Neugeborenes zu chauffieren fand er aufregend. »Na, Mama, wie fühlt es sich an?«

Ich wusste keine eindeutige Antwort und starrte hinaus auf die nächtliche Stadt. Die Lichter schienen schärfer, die Luft wirkte klarer, als hätte sich vor mir eine Welt ausgebreitet. Plötzlich war ich Mutter, wann war das geschehen? Wann genau?

Ich schaute Cato an. Er hatte die Augen weit geöffnet, und der Widerschein des Autofensters spiegelte sich in ihnen. Seine eingerollten Finger griffen nach der Luft. Ich musste an Teddy denken, an die runden Augen, mit denen er auf den Mond gewartet hatte, und ich spürte, wie sich ein Gewicht auf mich herabsenkte. Das hier war dauerhaft. Das hier war real. Ich wurde durch ein tiefes Gefühl der Verantwortung an Cato gebunden. Meine Identität war nicht länger meine eigene, als hätte ich mich ohne mein Wissen und ohne jede Vorwarnung verwandelt.

Eltern zu sein war nicht mehr nur ein Gedanke. Die Monate der Angst vor dem Geburtsprozess – all das wirkte klein im Vergleich zu der emotionalen Last des Bewusstseins, dass ich ein neues Leben zur Welt gebracht hatte.

IN DER NACHT kommt die Polizei.

Es gab einen Zwischenfall mit dem polnischen Typen. Dem, der nie etwas gesagt, aber während der Reklamesendungen immer gekichert und geschnaubt hat.

Aufrecht sitzt er auf der fahrbaren Trage; man hat ihn fixiert. Er wehrt sich nicht.

Ein Polizeiteam steht um ihn herum. Ich glaube, ich kann Blutflecken auf dem Boden erkennen.

Man hat uns gesagt, wir sollen auf einer Seite des Flures bleiben. Die Angestellten schauen vom Glaskasten aus zu.

Die Bewohner schauen auch zu; es herrscht Schweigen.

Die Rückkehrer scheinen zu wissen, was passiert ist, aber niemand stellt irgendwelche Fragen. Will sagt: »Also mich überrascht das nicht.« Und als ich am nächsten Morgen nachschaue, ist der Boden sauber.

DIE ZEIT VERGEHT wie in einem Nebel. Jenny wird entlassen. Sie umarmt uns alle und schenkt mir ihre Zahnpasta. Ich bin ihr dankbar.

Ich bitte darum, in ein Doppelzimmer verlegt zu werden. In Korea haben die Olympischen Spiele begonnen, und bei jedem Reklameblock, jedem Kommentar kann ich die Blicke der anderen auf mir spüren. Ich höre, wie jemand »Spionin« sagt, und ich frage mich, ob sie mich für eine Agentin aus Nordkorea halten. »Warum schreibt sie immer in ihr Notizbuch?« Ich kann die Blicke über meine Schulter wahrnehmen, und die Buchstaben werden klein, verkrampft. Vielleicht denken die anderen, dass ich für die Ärzte Notizen mache.

»Oooh, die betrügt ihren Ehemann«, kräht Tamyra während einer Fernsehsendung; mit einem Lachen schaut sie rasch zu mir.

Ich spüre die Blicke jedes Mal, wenn in einem Werbespot eine asiatische Frau vorkommt. Ich höre jetzt Schritte hinter mir, während ich über die Flure tigere.

Oder leide ich vielleicht an Verfolgungswahn?

Emma beugt sich zu mir. »Ich spucke die Tabletten immer aus«, flüstert sie mir ins Ohr. »So kriegen die mich nicht.«

Ich bemerke jetzt den Effekt der Medikamente. Das war vorher nicht so, abgesehen von dem trockenen Mund. Nach der Ausgabe am Abend werden mir die Lider schwer, und bald nach dem Lichtausmachen fallen mir die Augen zu. Meine Sicht verschwimmt, das fällt mir beim Schreiben auf. Die Wörter laufen zusammen, als wäre die Tinte nass. Ich frage mich, ob ich die

Medikamente ausspucken sollte, aber ich bekomme auch flüssige, darum nehme ich sie doch.

»Ich möchte in ein anderes Zimmer«, sage ich zu Shara, der Angestellten mit den Locken und den müden Augen, die aber nie ihr Lächeln verliert. Inzwischen macht mich der Gedanke nervös, dass vielleicht jemand in meinem Zimmer auf mich wartet, wenn ich die Tür öffne.

»Was ist los, Kleine?« Sie schaut nicht von ihrem Handy auf.

»Ich möchte in ein Zimmer mit einem Mitbewohner«, sage ich. Ich versuche sachlich zu klingen, nicht wie jemand mit Verfolgungswahn.

»Warum denn?« Nun blickt sie doch auf.

»Die anderen reden über mich, und deswegen fühle ich mich …« Ich warte auf das richtige Wort. »… unbehaglich.«

»Gut, vielleicht reden die anderen über Sie, aber vielleicht sind sie ja auch eifersüchtig.« Shara schaut mich an; wir bescheinigen uns gegenseitig, was bisher unausgesprochen geblieben ist.

»Ich weiß«, sage ich. »Ich verstehe das. Aber es wird mir zu viel.«

Shara nickt mir zu. »Denken Sie daran, Sie können nicht kontrollieren, was andere über Sie sagen, aber Sie können lernen, für sich selbst einzustehen.«

Ich empfinde das als Niederlage; vielleicht bekomme ich jetzt kein anderes Zimmer. Aber eine Stunde später ruft eine der Angestellten meinen Namen und deutet in Richtung Flur.

Ich verstehe das als Signal für den Umzug. Ich suche all meine Besitztümer zusammen, mein Notizbuch, meine Pullover und Unterwäsche, und trete schnell in den Flur hinaus, wo eine andere Angestellte vor meinem neuen Zimmer wartet.

ICH KANN SPÜREN, wie meine Erinnerungen an Schärfe gewinnen. Die Tage vor der Psychose sind immer noch verschwommen, aber mein Gefühl dafür, wer ich bin, kehrt zurück. Es ist langsam und ungleichmäßig, doch ich fühle mich meiner selbst sicherer. Ich kann spüren, dass mich etwas in der Gegenwart hält, entwickle ein stärkeres Bewusstsein dafür, wo ich bin, wer ich bin. Ich stelle fest, dass ich die Zeit wieder wahrnehme, die Wände und die abblätternde Farbe. Ich fühle mich beengt; als müsste ich langsam ersticken.

Ich denke mehr über die anderen auf der Abteilung nach. Fühlen sie sich so wie ich? Sie scheinen diesen Ort nicht infrage zu stellen, als wären sie an den Rhythmus gewöhnt, an das Warten. Wir befinden uns alle innerhalb einer Erfahrung, die wir teilen, aber ich frage mich, ob sie das auch so sehen. Ich habe ein Leben da draußen, ein gutes. Ich besitze noch eine andere Identität außer der, die man mir hier gegeben hat. Wenn wir zusammen im Essraum hocken, schweigend über unsere Teller gebeugt, denke ich darüber nach, wie sich unsere Wege gekreuzt und uns hergebracht haben. Würde ich zweimal hinschauen, wenn ich Dave auf den Straßen von New York sehen würde? Oder würde ich die Seite wechseln, um ihm auszuweichen? Würde ich jemals mit Ali sprechen? Oder mit Darren? Würde ich Tamyra anschauen und dabei denken, sie wäre keine gute Mutter? Der letzte Gedanke brennt vor Selbsterkenntnis und Scham. Wer bin ich denn, das sagen zu können? Was würde jemand sagen, der *mich* sieht? Ich bin keine gute Mutter.

James ruft mich mehrmals täglich an. Unsere Unterhaltungen werden immer normaler, je mehr mein Gefühl für mich selbst zurückkehrt. Was vorher passiert ist, spart er sorgfältig aus. Stattdessen reden wir über Alltägliches: was wir heute gegessen, wie wir geschlafen haben. James erzählt mir von Cato. Cato schläft gut, er lächelt jetzt häufiger, er hat gelernt, länger auf dem Bauch zu liegen, ohne zu weinen.

Während ich mit James rede, wickle ich mir das Telefonkabel um den Finger; das Klicken in der Leitung kann ich nicht ausblenden. Ich weiß, dass man unsere Gespräche aufnimmt. Ich halte sie kurz, um die Leitung nicht zu blockieren. Ich beschließe, James zu fragen, wann ich entlassen werde.

»Weißt du, wann ich nach Hause darf?«, frage ich.

»Ich möchte wirklich, dass du heimkommst«, sagt er seufzend. »Aber das kann ich nicht entscheiden. Es hängt von den Ärzten ab. Ich habe mit der Ärztin gesprochen, und sie sagt, jedes Mal, wenn sie dich sieht, geht es dir besser.«

Die Ärztin? Ich habe keine Ärztin gesehen. Oder doch? Dann wird mir klar, dass sie mich bestimmt beobachtet. Ich drehe mich um, zum Glaskasten hinter mir. Die Leute drinnen schauen immer noch auf ihre Bildschirme, schieben Dokumente herum. Als würden sie mich gar nicht beachten.

»Oh«, sage ich. Mir wird kalt.

»Na dann«, sage ich und versuche zu lachen. »Gut zu wissen.«

Als ich nach dem Gespräch mit James aufhänge, holt mein Denken die Wirklichkeit ein. Wie konnte mir das nur entgehen? Natürlich werde ich beobachtet. Ich bin Patientin hier. Sie haben mich die ganze Zeit im Auge. Was soll ich denn machen? Was muss jetzt passieren? Verhalte ich mich richtig? Sehe ich aus wie jemand, der geistig gesund ist? Soll ich lieber nicht in mein Notizbuch schreiben? Ich versuche mich selbst mit anderen Augen zu sehen, wie in einem Spiegel. Ich bin sauber angezogen, obwohl ich eine Kapuzenjacke und einen Schlafanzug trage.

Ich frage mich, ob ich zu ruhig wirke, obwohl ich von meinem Sohn getrennt bin. Sollte ich nicht ganz wild darauf sein, nach Hause zu dürfen? Sollte ich nicht hysterisch sein?

Ich beschließe, weiterhin so ruhig wie möglich zu bleiben. »Am schnellsten kommst du hier raus, wenn du so tust, als würdest du gar nicht hier rauswollen«, hallen Wills Worte in meinem Kopf wider. Jetzt fällt mir immer öfter auf, dass mich die Angestellten im Auge haben. Wie mir ihre Blicke folgen, wenn ich vorbeigehe, wenn ich herumtigere. Verschicken sie Nachrichten über mich? Was steht da drin? Ich versuche die Blicke zu ignorieren, die Blicke derer, die mich beobachten.

Ich denke jetzt an Dinge von zu Hause, die mir fehlen. Zu Hause ist ein Ort, den ich mir vorstellen kann. Ich rufe ihn mir ins Gedächtnis, unsere Wohnung in London. Die Objekte, die vorher nichts Besonderes zu sein schienen, erscheinen mir jetzt so wertvoll. Es ist, als würde sich mein Gefühl für den Fokus ausweiten. Dinge, die zuvor im Schatten lagen, nehmen Gestalt an. Ich werde mir ihrer langsam bewusst und nehme etwas wahr, das über diesen Augenblick hinausgeht. Die Medikamente in den Plastikbechern, das Herumtigern in meinen blauen Schaumgummipantoffeln, das Geräusch des Fernsehers.

Ich schreibe eine Liste der Dinge auf, die ich vermisse. Ich verspreche mir selbst, sie nie wieder als selbstverständlich anzusehen.

Heiße Duschen
Tee mit Honig
Radio hören
Ein Glas Rotwein
Bücher

Spaziergänge durch die Stadt
Weiche Bettlaken
Händchenhalten mit James

Ich weiß, ich sollte Cato vermissen, aber mein Kopf wird immer noch leer, wenn ich an ihn denke. Beim Schreiben kommt Catos Name jetzt häufiger in meinem Notizbuch vor. Seine Abwesenheit fühlt sich für mich greifbar an. An ihn zu denken ist wie der Versuch, ein Echo einzufangen.

Ich bewahre die Fotos, die James für mich ausgedruckt hat, hinten in meinem Notizbuch auf. Das tue ich heimlich; ich will nicht, dass die anderen sie sehen. Hin und wieder gehe ich in mein Zimmer und schaue mir die Bilder an. Ich teste mich selbst, indem ich die Augen schließe und mir Catos Gesicht vorzustellen versuche. Es funktioniert nicht. Ich sehe nichts.

Also öffne ich die Augen und schaue mir das Baby auf den Fotos an.

Ich erkenne ihn immer noch nicht wieder. Ich erinnere mich daran, dass ich gedacht habe, seine Augen sehen aus wie Ozeane, und ich starre seine Augen so lange an, bis sich sein Gesicht verzerrt und nicht länger menschlich aussieht. Ich versuche, mich zu erinnern, wie es sich anfühlt, ihn in den Armen zu halten, wie es klingt, wenn er weint. Ich spüre nur Leere, keine Sehnsucht, keine Traurigkeit, nur das Bewusstsein, dass es da eine Abwesenheit gibt. Vielleicht liegt das an den Medikamenten, denke ich. In gewisser Weise macht mich das dankbar. Denn obwohl ich mich dumpf fühle, kann ich spüren, dass da eine Wunde ist, und ich habe keine Ahnung, wie tief sie geht.

Eines der Fotos kann ich mir nur mit Mühe anschauen. Ich hebe es hinter den anderen auf, weil ich mich bei seinem Anblick noch ausgehöhlter fühle. Es ist ein Bild von Cato und mir, er schläft in meinen Armen. Die Frau – ich, muss ich mir immer wieder in Erinnerung rufen – sieht eifrig und strahlend aus. Unter meinen Augen sind tiefe Ringe, aber mein Blick ist klar, und mein Gesicht wirkt, als würde es leuchten. In meinen Armen lehnt sich das Baby an mich, mit geschlossenen Augen, das Gesicht wie eine Rundung.

Ich fahre an der Narbe auf meinem Bauch entlang, dünn und leicht gebogen, eine winzige Erhebung zwischen meinen Hüftknochen. Sie beweist, dass es Cato wirklich gibt, dass er aus meinem Körper kam. Ich bin Mutter. Ich versuche mich daran zu erinnern, wie es sich angefühlt hat, sich um ein anderes menschliches Wesen zu kümmern, aber jetzt kann ich es mir nicht mehr vorstellen, es scheint unmöglich.

Wenn ich diesen Ort verlasse, werde ich bei ihm sein. Ich weiß nicht, warum, aber anstatt mich zu trösten, macht mir dieser Gedanke Angst. Plötzlich denke ich, dass ich vielleicht hier sein *soll*. Das ist mir nie vorher in den Sinn gekommen. Bin ich möglicherweise geistig nicht gesund? Aber beweist es nicht meine geistige Gesundheit, dass ich mich das überhaupt frage? Ich bekomme keine Luft mehr. Diese Vorstellung davon, wer ich bin, gibt es die überhaupt? Gibt es mich wirklich? Es gibt mich wirklich. Ich weiß, dass es mich wirklich gibt. Ich hole meinen Zettel mit den Wahrheiten hervor, das zusammengefaltete Stück Papier ist inzwischen zerknittert, ganz weich an den Stellen, an denen meine Finger den Buchstaben gefolgt sind.

MEIN TALISMAN ERINNERT mich daran, wie mich Leah zu einem Wahrsager mitnahm. Sie sagte, das sei wichtig, weil wir das Jahr des Tigers hätten, mein Jahr, und das Jahr sei nicht vom Glück begünstigt. Sie hatte mir einen Anhänger mit Goldkette gekauft, ein Medaillon mit einem eingravierten Ochsen. Das sollte mich vor Unglück beschützen, sagte sie. Ich trug die Kette, und das Bild hing wie ein Brandmal zwischen den Knochen meines Schlüsselbeins, das Metall kühl trotz der Feuchtigkeit.

Der Wahrsager war ein dünner Mann mit Glatze und Brille. Sein Büro befand sich anscheinend in seiner Privatwohnung, einem großen Raum mit Bücherregalen an den Wänden. Sorgsam hatte er ein Blatt Papier hervorgeholt und mich mein Geburtsdatum notieren lassen. Er sprach nur gebrochen Englisch, also kommunizierte er über Leah mit mir und machte Gesten mit den Händen. »Koreaner«, sagte er. »Koreaner sind traurige Menschen.« Er zeigte auf das Fernsehgerät in seinem Zimmer.

»Ja, koreanische Fernsehdramen«, sagte ich. »Die sind traurig.«

Der Mann zeichnete Diagramme auf das Stück Papier und sagte mir, welche Nummern ich vermeiden solle. Er erklärte mir, meine Elemente seien Feuer und Erde. Er riet mir, mein Yin und Yang ins Gleichgewicht zu bringen; ich sollte darauf achten, keine »heiß-kalten Nahrungsmittel« wie Lychee oder Melone zu essen. Er sagte, ich solle nie am Wasser leben, das Meer meiden. Ich war also nicht wie meine Großmutter, dachte ich.

Er betrachtete meine Handteller und schüttelte den Kopf. »Hände verändern sich«, sagte er. »Schicksale verändern sich.«

Ich hatte geglaubt, er werde mir sagen, ob ich heiraten oder viele Kinder haben würde. Stattdessen schloss er sein Buch mit einer energischen Bewegung. Er schaute Leah an, die an ihrer goldenen Uhr herumfummelte.

Er schaute mir unnachgiebig in die Augen, und ich fühlte mich entblößt, als wüsste er, dass ich in der Nacht davor geweint hatte. Ich begegnete seinem Blick. Er schrieb ein paar Zeichen auf das Stück Papier und sagte auf Englisch zu mir, ich solle es immer bei mir tragen.

Ich frage mich, was er wohl jetzt sagen würde.

IN DEN ERSTEN paar Tagen nach der Entlassung aus dem Krankenhaus war ich voll auf Cato konzentriert. Die Last der Verantwortung wog schwer auf mir. Jeder Augenblick, alles, was ich tat, war auf ihn konzentriert und darauf, Schaden von ihm abzuwenden, ihn am Leben zu halten. Ich sah zu, wie sich unsere Wohnung in eine Babystation verwandelte, wie aus allen Ecken herumliegende Windeln und Tücher aus Musselin quollen. Catos Weinen erfüllte die Räume, man konnte ihm nirgendwo entkommen. Seine Schreie waren von einer eindringlichen Ursprünglichkeit, und sie ertränkten jeden anderen Gedanken.

Cato hatte kein Gespür für Nacht oder Tag, und so begannen wir, die Zeit als eine Abfolge von Aufgaben zu betrachten. Stillen, Wickeln, Schlafen, Stillen, Wickeln, Schlafen, so lautete die Dreiersequenz, der Kreislauf, den wir durchspielen mussten, wieder und wieder, wie beim Militär. Wir hatten keine Möglichkeit zum Nachdenken oder dazu, etwas aufzunehmen; wenn er schlief, warteten wir und versuchten neue Energie zu sammeln, weil wir wussten, dass der Kreislauf wieder von vorne beginnen würde.

Meine einzige Zeit ohne Cato war die Stunde, die ich mir abends nach dem Stillen nahm. Dann übergab ich Cato an James und floh ins Bad, wo ich mich ins heiße Wasser legte, die Augen schloss und von Ruhe träumte. Diese Stunde war kostbar für mich, meine Zeit zum Alleinsein, zum Nachdenken, zur Erinnerung daran, dass ich ein eigenes Selbst besaß, dass ich mehr war als eine Mutter.

Aber »mehr als eine Mutter« stimmte nicht richtig. Ich war

eine Mutter; ich versuchte immer noch herauszufinden, was das bedeutete. War das eine vollständige Identität, die mich umfasste? Ein Schatten, der mir folgte? Ein Wort in Klammern hinter meinem Namen? Etwas, wo ich hinein- und wieder herausschlüpfen konnte, wie ein Kleid? Ich wusste es nicht genau.

Meine Identität, mein Dasein hatten sich verschoben, ohne dass ich es bemerkt hatte. Die Achse meiner Welt war nicht mehr die alte. Alles stand nun in Beziehung zu diesem anderen Leben.

»Hi, Mama«, sagten die Hebammen bei ihren Besuchen immer zu mir. Und mir wurde dann ganz plötzlich bewusst, dass sie mit mir sprachen.

In diesen Tagen herrschte bei mir das Gefühl der Erschöpfung vor. Die Körperlichkeit des Ganzen löschte meine emotionalen Sinne aus. Warum erwähnte nie jemand, wie ermüdend das war? Oder hatten die Leute es erwähnt, und ich hatte einfach nicht zugehört?

Es gab auch Augenblicke der Leichtigkeit. Wir lasen Cato Kinderreime vor und bewunderten seine Hände, seine kleinen Füße. Wir nahmen ihn mit in den Pub, liefen durch die kalte Luft, lächelten, wenn Fremde Babygeräusche machten und sich diesem winzigen, eingewickelten Menschen in unseren Armen zuwandten.

Meine Mutter besuchte uns, als Cato etwa zwei Wochen alt war. Sie reiste aus Virginia an und kam vom Flughafen Heathrow allein zu unserer Wohnung. Ich weiß noch, dass ich auf dem Bett lag, Cato im Bettchen neben mir. Wir hörten ein Klopfen an der Tür, und meine Mutter stürmte ins Zimmer.

»Ach«, hauchte sie. Sie klatschte in die Hände. Ihre Freude war kindlich und rein, und sie gab mir das Gefühl, das sei es alles wert gewesen. Sie machte sich sofort daran, Algensuppe für mich zu kochen, damit ich meine Kräfte zurückgewann, und sie schimpfte uns, weil wir die Wohnung verlassen hatten, statt zu Hause zu bleiben. Warum trug ich denn keine Socken? Ich sollte meinen Körper warm halten, schalt sie mich. Hatte ich denn gar keine Ahnung?

»Soll ich vielleicht Pfefferschoten in die Tür hängen?«, fragte ich im Scherz. Sie lachte nur, wachte aber über mich, damit ich auch bestimmt meine Algensuppe aufaß.

Zwei Wochen blieb sie und übernahm die Nachtschicht. Sie schlief auf dem Boden neben Catos Bettchen und reichte ihn mir, wenn die Zeit zum Stillen gekommen war. Als sie sich von Cato verabschiedete, wischte sie sich die Tränen ab und küsste ihn auf die Stirn, wie es gute Feen zum Segnen des Kindes tun. Als meine Mutter wegging, schmerzte mir um ihretwillen das Herz. Mutter: Jetzt begriff ich das Wort auf eine neue Weise.

Seit ich wusste, dass ich schwanger war, hatte ich mir eine lange USA-Reise gewünscht. Das wäre die perfekte Gelegenheit, dachte ich. James und ich würden uns die Elternzeit teilen, und wir würden unsere Angehörigen und Freunde sehen können. James stand der Idee zögernd gegenüber, aber ich bestand darauf. Diese Gelegenheit hätten wir nie wieder, sagte ich.

Ich hatte alles perfekt und im Detail geplant. Wir würden mit der Hochzeit eines Freundes anfangen, zu James' Familie an der Westküste weiterreisen, dann zu meinen Eltern nach Virginia und anschließend nach New Jersey, um James' restliche Angehörige und meine New Yorker Freunde zu sehen.

Nach Weihnachten sollte es losgehen, einige Tage vor Neujahr. Uns blieb immer noch Zeit in London, und ich war fest entschlossen, unsere Momente mit Cato zu genießen. Bevor James zur Arbeit ging, baute ich mir auf dem Sofa ein Nest. Ich nannte es meine »Kampfstation«. Kissen, ganze Stapel Snacks, ein großes Wassergefäß mit Strohhalm, ein iPad, ein Handyladegerät – alles nur eine Armlänge entfernt. Und dann ließ ich mich dort nieder, in mein Stillkissen geschnallt, Cato lag auf mir, und ich schaute Netflix und stillte. An manchen Tagen fand mich James beim Heimkommen an genau derselben Stelle vor wie bei seinem Abschied. Ich hatte mich nicht bewegen können, weil Cato den ganzen Tag an mir getrunken hatte.

Diese Stunden, wenn James arbeiten war, machten mir nichts aus. Etwas gefiel mir daran, so mit Cato dazusitzen; es fühlte sich an, als wäre er immer noch mit mir verbunden. Dann starrte ich ihn an, die Rundungen seiner Wangen, und spürte die Wärme seines Körpers an meinem. Ich liebte es, wie sich seine Mundwinkel zu einem kleinen Lächeln nach oben verzogen, wenn er schlief, und dann berührte ich seine Wimpern mit dem Finger. Er war aus mir gekommen, aus meinem Körper, dachte ich. Ein Wunder.

Ich weiß nicht, ob ich meine Gefühle als Liebe beschreiben würde. Es war etwas, das darüber hinausging. Ursprünglicher, eine heftige, besitzergreifende Zuneigung. Er gehörte uns. Er gehörte mir.

Wenn James nach Hause kam, nahm er Cato in die Arme und sang: »Wir drei sind das, Cato, Omma und Appa, wir drei sind eine Familie.« Und es stimmte, das waren wir drei.

Als James' Eltern von meinem USA-Reiseplan mit dem Baby erfuhren, machten sie sich sofort sehr große Sorgen. Ein wahrer Sturm an Kurznachrichten brach los. Fliegen mit einem Baby war gefährlich. Reisen während der Grippesaison war gefährlich. Ihn zu einer Hochzeit mit vielen Menschen mitzunehmen war gefährlich. Wie konnten wir nur so verantwortungslos handeln? War uns die Gesundheit des Babys denn ganz egal?

Das Ganze frustrierte mich; es wirkte so konservativ. »Wenn sie glauben, wir bleiben jetzt hundert Tage im Haus, irren sie sich«, sagte ich zu James.

James war meiner Meinung, aber er hatte eigene Einwände

in Bezug auf die USA-Reise. »Meinst du nicht, das wird zu viel?«, fragte er.

»Nein!«, rief ich. »Das wird großartig, es wird etwas Besonderes für Cato sein, alle kennenzulernen. Das ist unsere einzige Gelegenheit.«

Und weil ich so aufgeregt war, gab James widerwillig nach. Als wir ins Flugzeug nach San Diego stiegen, empfand ich überhaupt kein negatives Vorgefühl, ich war nur voller Hoffnung. Sie würden es verstehen, dachte ich. Wenn sie Cato erst einmal sahen, würden sich unsere Familien freuen, dass wir gekommen waren.

Wir landeten am Tag vor Silvester in San Diego. Die Luft war mit Erwartungen gefüllt, es duftete herrlich nach Palmen und Kokosnüssen. Wir wohnten in einem Küstenresort. Dort heirateten zwei meiner Freunde vom College, die schon seit zwölf Jahren ein Paar waren.

Cato fiel die Zeitverschiebung gar nicht auf, und zum ersten Mal in unserem Leben spielte der Jetlag keine Rolle. Unser Kreislauf ging einfach weiter. Stillen, Wickeln, Schlafen, Stillen, Wickeln, Schlafen. Ich pumpte Milch in mitgebrachte Plastiktüten ab und bewahrte sie in Lunchboxen mit Kühlfunktion auf, die James mit sich herumtrug. Nachts im Hotel schrie Cato die ganze Zeit, also hielt ich ihn in den Armen und sang ihm seine Lieder vor, bis er einschlief.

Das Motto der Hochzeit war »Silvesterparty«, das Aroma von Salzwasser und Freesien durchströmte die Luft. Als Brautjungfer trug ich ein mit Pailletten verziertes, mit Metallfäden durchwirktes Kleid. Cato rollte sich in den Armen meines Mannes zusammen wie eine Schnecke, er schlief im Tragetuch. Wir hießen das neue Jahr in einer Konfettiwolke willkommen. Am Hafen sprach der Bräutigam schluchzend sein Gelübde, und wir weinten mit ihm. Wir tanzten mit Cato in den Armen. Jubelten, als wir nachts Wunderkerzen abbrannten, während die männlichen

Trauzeugen Braut und Bräutigam auf Stühlen in die Luft hoben. Durch den Glitter hindurch dachte ich an einen anderen Abend in einem anderen Leben, in Hongkong. In jener Nacht auf dem Balkon, als ich nach Sternen gesucht hatte, waren mir die Dinge so hoffnungslos erschienen. Warum hatte ich geglaubt, diese Art Liebe wäre die einzige, die ich verdiente? Ich schaute auf Cato in meinen Armen hinunter, sah, wie er die Hände an mich presste, und ich verspürte einen Triumph, ein verzweifeltes Gefühl der Liebe, der Freude. Ich fühlte mich wie erneuert.

Ich hatte einmal gehört, dass sich die meisten unserer Körperzellen alle sieben bis fünfzehn Jahre erneuern, so werden wir zu einem neuen Menschen, aber es gibt einige Teile tief in uns, die nie ersetzt werden. Trotzdem meinte ich, ein neues Wesen zu sein, gereinigt.

Was für ein Glück, dachten wir, dass Cato bei dieser Feier dabei sein konnte, dass er anwesend war, als wir ein neues Jahr der Liebe willkommen hießen, während wir zusahen, wie Braut und Bräutigam die Teezeremonie vollzogen, sich vor den Eltern verneigten, den Vorfahren Gaben darbrachten. All das fühlte sich auch wie Glück an. Cato war unser Glücksbringer.

ICH DENKE AN Catos Hundert-Tage-Feier. Sie sollte am Wasser stattfinden, James' Mutter hatte ein Meeresfrüchterestaurant mit Aussicht auf New York City gebucht. Von den Tischen aus konnte man die Fähren und Boote vorbeifahren sehen.

Wir hatten klebrigen Reiskuchen bestellt, Schachteln mit Obst, einen Turm aus roten Datteln. Alles sollte Überfluss symbolisieren. Cato würde einen Hanbok tragen, die traditionelle koreanische Tracht aus Seide, dunkelblau und rosa, mit aufgestickten Goldbuchstaben. Ich hatte einen Nachmittag in einem Partyladen in New Jersey über Glitzerballons und Partyhüten verbracht und bunte Papierfähnchen gekauft, Luftschlangen, Strohhalme mit Palmen darauf, Emoji-Aufkleber für die Partygeschenke. All das erscheint mir jetzt oberflächlich – nichts als Schnipsel aus Plastik und Papier.

Beim Gedanken an die Party empfinde ich ein tiefes Schuldbewusstsein. Was wollten wir denn da feiern? Hatte ich die Schicksalsmächte herausgefordert, indem ich zu viel wagte? Meine Großmutter wäre streng mit mir gewesen – wenn man etwas Wertvolles hat, etwas, an dem man sich erfreut, versteckt man es, das weiß jeder. Ich war zu leichtsinnig gewesen, zu laut in meinem Glück, und jetzt wurden wir alle bestraft. Das war der Ausgleich.

Nicht einmal auf der Station kann ich meinen Schuldgefühlen entkommen.

»CATHERINE?«

Darren und ich malen Bilder aus. Er einen Leoparden und ich ein Einhorn.

Christine kommt dazu, die Sozialarbeiterin. Alle hier kennen sie. Wenn sie den Glaskasten verlässt, hängen sich sofort Bewohner an sie. Sie folgen ihr von einem Raum in den anderen: »Christine, Christine«, rufen sie. Sie ignoriert alle. Normalerweise hat sie etwas Dauergestresstes an sich.

Jetzt wirkt sie nervös.

»Kommen Sie mit«, sagt sie zu mir, und ich folge ihr in den Beschäftigungsraum. Ich kann spüren, wie mir die Blicke der anderen folgen.

Sie trägt eine pinkfarbene Häkelkappe, und während sie mit mir spricht, beißt sie sich auf die Unterlippe.

Ich ermahne mich selbst, mich natürlich zu geben. Ich setze mich vorsichtig hin, aber dann halte ich inne. Nein, nicht so, es soll nicht wirken wie eine Pose. Kann sie entscheiden, wann ich von hier wegdarf? Oder können das nur die Ärzte?

Ich versuche, durch ihre Augen wahrzunehmen, wie ich aussehe mit meiner Brille und den sorgfältig zusammengebundenen Haaren und der Kapuzenjacke. Sie hat einen Ordner neben sich. Ich frage mich, was darin über mich steht.

Wir sitzen da und schauen einander an. Christine sieht mir nicht gerade in die Augen, sondern darüber hinaus.

»Also«, sagt sie. Sie lächelt mich an.

Ich lächle zurück, aber nicht zu sehr. Wir könnten gerade genauso gut ein Geschäftsmeeting abhalten.

»Wie geht es Ihnen?«

»Gut«, sage ich. »Ich fühle mich gut.«

Sie blättert den Ordner durch. »Ihr Mann hat uns sehr viele Unterlagen zur Verfügung gestellt. Er war sehr ...« Sie macht eine Pause. »... involviert.«

Ich lächle. »So ist er«, sage ich. »Sehr gründlich.« Ich frage mich, was genau er ihnen zur Verfügung gestellt hat. Ich sehe, dass es an den Rändern Anmerkungen und Notizen von James gibt.

Sie nickt. »Möchten Sie mich irgendetwas fragen?«, erkundigt sie sich.

Ich möchte fragen, wann ich hier wegkann, aber dann denke ich an Wills Worte, und deswegen beginne ich mit einer anderen Frage.

»Ich will wissen, welche Medikamente ich bekomme«, sage ich.

»Okay, Ihren Unterlagen zufolge gibt man Ihnen Haloperidol und Benadryl.«

Ich habe noch nie von Haloperidol gehört.

»Haloperidol ist ein Antipsychotikum.« Christine scheint meine Gedanken zu erraten.

»Und Benadryl?«, frage ich.

»Ich denke, damit soll Ihre Milchproduktion beendet werden«, sagt sie. Dabei verrät ihre Stimme keine Emotion.

Sie wartet darauf, dass ich etwas beitrage.

»Ich will wissen, wann ich hier wegkann«, sage ich. Die Atmosphäre im Raum scheint sich zu verändern; ich spüre, wie sich Christine versteift, versuche mich aber nonchalant zu geben.

»Was glauben Sie denn, wann Sie hier wegkönnen?«, fragt sie.

»Ich bin nicht sicher«, erwidere ich. »Ich denke, das müssen die Ärzte entscheiden.« Dabei fällt mir ein, dass ich das als Frage formulieren muss.

Christine macht sofort Handbewegungen.

»Oh, aber das ist nicht die Sache der Ärzte; es hängt von Ihnen ab. Davon, dass wir als Team zusammenarbeiten. Ihr Mann, ich, Sie, wir alle sind ein Team, deswegen werden wir zusammen daran arbeiten«, sagt sie. Ich weiß nicht genau, was das bedeutet, aber ich versuche ruhig zu bleiben.

Unser Gespräch wird von Dave unterbrochen, der seinen Rollstuhl gegen den Türrahmen rammt. »Ich muss mit dir sprechen!«, ruft er. »Wie ich sehe, hast du dich bereits mit meiner Rechtsassistentin beraten, aber jetzt wird es Zeit, dass du mit mir redest.« Christine seufzt.

Sie nickt mir zu. Ich begreife, dass ich entlassen bin. Und jetzt?

Ich tigere durch die Flure und versuche zu atmen.

Ich laufe immer noch herum, hin und zurück auf den Fluren, als Will zu mir kommt. Er trägt eine ausgewaschene Trainingshose und einen geflickten Kapuzenpulli.

»Christine war bei dir«, sagt er.

Er schaut mich freundlich an. Ich erwarte, dass er einen Witz macht oder mir sagt, dass ich es leicht habe im Vergleich zu ihm, der doch so verzweifelt gern hierbleiben würde. Stattdessen lächelt er.

»Ich habe einen Apfel in meinem Zimmer, wenn du einen möchtest«, sagt er.

Ich erkenne, was hinter dieser Geste steckt. Er will mir zeigen, dass er sich um mich kümmert. Ich nicke. »Danke«, sage ich.

Will läuft in sein Zimmer und kommt mit einem Apfel in der Hand zurück.

Einer der Angestellten hinter ihm runzelt die Stirn.

»Hier«, sagt Will. »Mach dir keine Sorgen, sie lassen dich, solange du ihn nicht vor den anderen aufisst.«

Der Apfel ist matschig und ein bisschen warm, aber er erinnert mich an Sonnenschein.

Will schaut mich zustimmend an. »Du schaffst das schon«, sagt er. »Du hast Familie.«

Ja, denke ich, ich habe Familie.

Und während ich den Apfel genieße, denke ich an James und an die Abende während meiner Schwangerschaft, wie wir am Küchentisch zusammen Äpfel geschnitten haben, wie sich die Schale wie ein Kreis entfaltet hat. Wir haben über die Zukunft gesprochen, voller Hoffnung, voller Erwartung. Alles schien in Reichweite, genau wie die Äpfel in unseren Händen.

Was tue ich hier? Ich will nach Hause. Ich will bei James sein. Ich will bei Cato sein. Die Sehnsucht ist von einer solchen Schärfe, dass ich am liebsten zusammenbrechen würde, mich auf den Boden setzen und weinen. Will beobachtet mich, im Gesicht hat er ein halbes Lächeln. Aber ich weine nicht.

Stattdessen denke ich an den Stern, der in dem Apfel in meiner Hand verborgen ist. Teddy und ich klatschten jedes Mal in die Hände, wenn meine Mutter einen Apfel so aufschnitt, dass der Stern zum Vorschein kam. Da hatte ein Stern gewartet, nur auf uns!

NACH SAN DIEGO war Los Angeles die nächste Station unserer USA-Reise. Als wir ankamen, wüteten überall Feuer. Es war Neujahr. James' Bruder Matt lebte in einem Vorort, in einem wunderschönen Haus aus weißem Stein, das ein Jahr zuvor gebaut worden war. »Man geht rein und sucht sich aus, welches Haus man will«, hatte Matt gesagt.

Jedes Haus war eine Variation der Modellhäuser am Eingang. Matts Haus hatte hohe Decken, und alles war weiß: die Möbel, die Laken, die Böden, die Kücheninsel. Es wirkte schön, nur ein wenig steril. Die Nachbarschaft bestand aus einer unendlichen Spiegelung der Farbe Weiß – weiße Kastenhäuser, die die gleichen Türen und Fenster hatten und zwischen denen nur sehr wenig Raum war.

Mein Schwager Matt ist Arzt. Er hat diese Art von lautem, unmittelbarem Charme, voller Selbstbewusstsein.

Seine Frau ist Krankenschwester, hochgewachsen und hübsch, mit einer sanften Stimme. Ihr Name ist Grace, aber James und ich nennen sie Hyung-soo-nim, das bedeutet »Frau des älteren Bruders«, und nim steht für »Ehre«. Ich wusste, dass beide die Ansicht vertraten, wir hätten mit einem Baby nicht reisen sollen. »Iss jetzt am besten ein wenig Algensuppe«, sagte meine Schwägerin zur Begrüßung zu mir.

James' Tante gab eine Neujahrsparty für uns. Das Haus war voller Cousins und Cousinen, Tanten und Onkel von der Westküstenseite des Familienclans. Wir tranken Reiskuchensuppe und aßen klebrige Reiskuchen, die Glück bringen sollten.

Ich traf zum ersten Mal James' Großvater. Er war 102 Jahre alt, mit weißem Haar und trübem Blick. Seine Augen erinnerten mich an die von James, und die beiden hatten dasselbe Lächeln. Er saß mit einer Schale Reiskuchensuppe am Tisch.

»Großvater«, sprach ihn James an.

Sein Großvater wandte sich uns zu. Ich konnte sehen, dass er einen Augenblick lang verwirrt war. Ich fragte mich, wie er sich wohl fühlte, mit all den Kindern, die im Haus herumrannten, aber er lächelte uns an und streichelte Cato die Wange, und er schaute mich an, als würde er mich aus einer fernen Vergangenheit wiedererkennen. Wir hielten ihn an den Händen, und Cato fasste nach seiner Wange.

Nach dem Abendessen stellten wir uns nach absteigendem Alter auf und verneigten uns vor James' Großvater. Das sollte Glück im neuen Jahr bringen. Zuerst James' Tanten und Onkel, dann die Cousins und Cousinen, zuletzt die Kinder der Cousins und Cousinen. Jedes Mal lächelte er und bewegte die Hände über uns, während seine Nachfahren in Wellen zu ihm kamen. Wir gingen zu ihm und pressten die Stirn auf den Boden. Ich spürte, wie mein Kopf den Boden berührte, und ich dachte an all die Generationen, die das über Jahrhunderte getan hatten.

James' Großvater drückte den Kindern Dollarscheine in die Hand und schüttelte den Kopf, wenn sie ihn abzuwehren versuchten. Bei diesem Anblick musste ich an meine Großmutter denken. Sie drückte mir Geld in die Hand, wenn wir das Haus verließen, und meine Mutter zwang mich dann, es zurückzugeben, aber später fanden wir es jedes Mal in meiner Tasche wieder. »Kauft Essen davon«, sagte meine Großmutter immer.

Als wir aufbrachen, winkte James' Großvater uns nach. Er strahlte.

Wir verbrachten unsere Tage in einem Coffeeshop gegenüber von Matts Haus. James erledigte seine beruflichen Verpflichtungen online, deswegen loggte er sich mit dem Computer ein und erstellte Forschungspläne oder sprach mit seinen Studierenden. Matt und Grace brachen früh zum Schichtdienst auf. Wir hatten kein Auto, deswegen gingen wir jeden Morgen am Highway entlang zum Coffeeshop. Wir saßen im Innenhof, James arbeitete bei einer Tasse Kaffee. Ich hatte mir Cato vor den Bauch geschnallt und atmete die kalifornische Sonne ein. Cato schnarchte und presste das Gesicht an meinen Körper. Wenn ich nach unten schaute, sah ich seine an mich gedrückte Wange, seine Faust war ein festes Knäuel an meiner Haut.

Wenn die Sonne langsam zu heiß wurde, gingen wir wieder ins Haus. Das kühle Weiß bot Zuflucht vor der Hitze. Ich gab Cato immer noch die Brust, aber dann holte ich mir einen Hefepilz, deswegen lief ich mit dem Shirt um die Taille im Haus herum, damit frische Luft an meinen Busen kam und ich den Ausschlag loswurde.

Später sollten wir herausfinden, dass es im ganzen Haus ein Nest-Cam-System gab mit Bewegungsmeldern und Kameras, die Bild und Ton aufzeichneten. »Das ist in Kalifornien so üblich«, erklärte Matt. Er meinte, so sichere man sein Zuhause ab. James war wütend, aber ich musste lachen. Allerdings machte mich das Ganze nervös, und plötzlich fielen mir die blinkenden Lichter in den Ecken auf, die Kameras in den Dachsparren. Ich fing an zu überprüfen, was ich zu James sagte, und ich fühlte mich, als würden wir überwacht.

An unserem dritten Tag entwickelte ich eine Mastitis, eine Infektion durch blockierte Milchdrüsen in der Brust, und darum musste ich im Bett bleiben, mit Cato neben mir. Gegen Mastitis half nur Weiterstillen, deswegen behielt ich Cato dicht bei mir. Wieder war er mein Mitgefangener. Ich fühlte mich in dem weißen Zimmer eingesperrt, ich konnte es nicht verlassen, weil ich keine Kleidungsstücke anziehen konnte, ohne dass es wehtat. Cato schien das egal zu sein; er weinte nicht, sondern schlief tief und fest, die Wange an die weißen Laken gepresst. Ich lag auf der Seite und zitterte wegen des Fiebers. Ich sah Cato beim Schlafen zu. Ich fuhr an seinen Augen entlang, an der Rundung seiner Wange, betrachtete sein dunkles Haar in der Sonne.

Die Zeit schien keine Rolle mehr zu spielen; Cato trank Milch, oder er trank keine Milch, und ich glitt zwischen verschiedenen Bewusstseinszuständen hin und her. James brachte mir Eiswasser, die Eiswürfel lösten sich in der Hitze auf, und ich starrte die weißen Wände an und fragte mich, wie viel Zeit wohl vergangen war. Ich erzählte Cato im Flüsterton Geschichten und sang ihm die Lieder vor, an die ich mich erinnerte, über eine Nachtigall und Diamantringe und das koreanische über Elefanten und blaue Monde, und ich sah zu, wie sich seine Augenlider kräuselten, und ich ließ ihn die Hand um meinen Finger schließen und staunte, wie kräftig er zupacken konnte.

James versuchte die Kamerabildschirme abzuschalten, doch das war ein komplexer Prozess, und irgendwann deckte er so viele wie möglich mit weißem Papier ab.

Nachts schliefen James und Cato, aber ich lag wach. Mit der Zeit hörte ich das Surren der Kameras.

IM MÄRCHEN VON Shim Chung beschließt Shim Chung, sich dem Meeresgott zu opfern. Sie belügt ihren blinden Vater und sagt ihm, sie verreise. Dabei weint sie leise und passt auf, dass er das Nass ihrer Tränen nicht auf ihrer Wange spüren kann.

Die See ist stürmisch, und die Fischer binden einen Anker an Shim Chungs Füße, damit sie rasch versinkt – kein Kampf, sondern ein barmherziger Tod. Es donnert, es blitzt, die Wellen sind wild und stark, sie wird über Bord geworfen.

Doch dann geschieht ein Wunder. Shim Chung findet sich im Königreich unter Wasser wieder und wird zur Königin gekrönt. Zur Königin des Meeres, und um den Hals trägt sie Perlen wie Tränen.

Ich habe mir immer diesen Moment vorgestellt, bevor sie ins Meer geworfen wird, wenn ich an dieses Märchen dachte. Ich glaube, sie hatte Tränen in den Augen, aber wohl nur, weil sie ihren Vater nie wiedersehen würde. Sie hat sich den Schicksalsmächten ergeben, und in ihrem Opfer empfindet sie ein Gefühl des Triumphs.

Die Taucher in Korea sind immer weiblich. Sie schwimmen an der Küste entlang, tauchen ohne jede Ausrüstung tief hinab. Sie ignorieren die gefährlichen starken Strömungen und sorgen für ihre Familien, indem sie Abalone-Muscheln vom Meeresboden emporholen. Ich frage mich, ob sie an Shim Chung denken, während sie tief unter die Wellen tauchen. Früher habe ich mir immer vorgestellt, dass sie dort unten Perlen finden, Perlen wie Tränen, Gaben der Meereskönigin.

WIR KAMEN WÄHREND eines Schneesturms in Virginia an.

Ich hatte unserem Besuch dort mit Sorge entgegengesehen. Hauptsächlich, weil ich nicht sicher wusste, was wir zu erwarten hatten, wenn wir meinen Vater trafen. Als James meinem Vater eine Textnachricht mit einem Foto von Cato geschickt hatte, um meinen Eltern mitzuteilen, dass unser Sohn auf der Welt war, hatte mein Vater »Okay« zurückgeschrieben.

Ich konnte mir meinen Vater nicht mit einem Baby vorstellen. Würde er sich distanziert verhalten? Würde ihn Catos Weinen verärgern?

Wir gingen die Stufen zur Haustür hinauf. Meine Mutter öffnete uns und umarmte mich.

Mein Vater stand hinter ihr, er zögerte. Ich sah sein Gesicht, er wirkte eifrig interessiert.

»Da«, sagte ich und hielt ihm Cato hin.

»Ah«, sagte er. Er streckte beide Arme aus und zog Cato an sich. Die Brille rutschte ihm von der Nase, er brachte sein Gesicht nah an Catos. Und dann erschien darauf ein echtes Lächeln.

»Hallo«, begrüßte er meinen Sohn, als wäre Cato ein Erwachsener. Mein Vater trug Cato zum Klavier und spielte die ersten Akkorde eines Bach-Präludiums. Den Rest unseres Aufenthalts in Virginia verbrachte Cato in den Armen meines Vaters, wenn er nicht gerade gestillt wurde.

Meine immer aufs Geld bedachten Eltern hatten einen großen Pappkarton zu einem Bettchen für Cato umgebaut. Mein Vater hatte Comicfiguren daraufgemalt, leicht krakelige Disney-Gesichter und Hägar den Schrecklichen. Das erinnerte mich daran, wie mein Vater im Restaurant mit dem Füller auf Servietten zeichnete und wir zuschauten, wie sich die Linien in Comicgesichter verwandelten. Daran hatte ich seit Jahren nicht mehr gedacht.

Wir machten Waldspaziergänge mit Cato, gingen durch das Parkgebiet, wo der Schnee in Bänken und Verwehungen lag. Erstaunt schaute sich Cato um, nahm das Licht wahr, das durch die Äste schien, das Grau des Himmels, das Muster der Blätter, und ich fragte mich, was er wohl empfand – er sah die Welt ja auf dem Kopf.

Diese wenigen Wochen verbrachten wir ruhig, selbst Cato schien zu spüren, dass er sich in einem Haus der Stille befand. Tagsüber weinte er nicht oft, aber nachts weigerte er sich zu schlafen, und ich blieb mit ihm wach, nur wir beide, während er zusammengerollt neben mir im Bett lag, und schweigend lauschten wir dem Knarren der Wände, den Geräuschen der Nacht. Cato weinte leise an meiner Schulter, und ich versuchte ihn zu beruhigen und zum Einschlafen zu bringen.

Jeden Morgen klopfte mein Vater an meine Tür und nahm mir Cato ab, damit ich noch ein paar Stunden Schlaf bekam. Wenn ich nach unten kam, lag mein Vater auf der Couch, und Cato schlief auf ihm. Er hatte den Kopf am Kinn meines Vaters abgelegt, die Wange an die Brust meines Vaters gepresst. Mein Vater schaute an die Decke, die Arme hatte er um Cato geschlungen. Unbeweglich lagen sie da, der Welt enthoben.

Ich versuchte mir vorzustellen, wie mein Vater Teddy und mich gehalten haben musste, als wir klein waren. Was hatte sich verändert? Was war schiefgelaufen?

Teddy kam nach Virginia, um Cato kennenzulernen. Das Haar reichte ihm bis zu den Schultern, und er sah mehr wie der Sohn meiner Mutter aus als je zuvor. Ich musste die Erinnerung an einen Jungen mit Grübchen, der mir überallhin folgte, hinter mir lassen. In Catos Nähe fühlte sich Teddy unsicher. Als hätte er Angst, Cato könnte zerbrechen, tätschelte er ihn vorsichtig mit einer Hand.

Mir wurde bewusst, dass meine Familie erwartete, ich würde mich als Mutter auf eine bestimmte Art und Weise verhalten. »Du kannst jetzt nicht mehr einfach machen, was du willst«, erklärte meine Mutter streng, als ich einmal das Haus verlassen wollte. »Du musst an Ji-hoon denken.« Sie benutzte immer seinen koreanischen Namen.

Ja, ich dachte an Cato. Ich dachte immerzu an Cato. »Ihr solltet nicht einmal hier sein«, schimpfte meine Mutter, aber sie tat es mit einem Lächeln; ich wusste, sie freute sich, Cato zu sehen. Sie seufzte. »Was müssen deine Schwiegereltern nur denken.«

»CATHERINE?«

Es ist eine der Ärztinnen aus dem Glaskasten. Ich sitze im Fernsehraum und schreibe in mein Notizbuch. Als ich ihr in den Essraum folge, versuche ich, ruhig zu bleiben. Vielleicht kann ich ja jetzt gehen.

Sie ist zierlich und hat dunkles Haar. Ihre Brille rutscht ihr immer von der Nase. Mir fällt auf, dass der Rest ihres Gesichts verschwommen ist.

»Also«, setzt sie an. »Ich weiß, Sie haben mit Christine gesprochen.«

Nervös bewegt sie die Hände, und sie schaut an mir vorbei auf die Uhr hinter meiner Schulter.

»Wie fühlen Sie sich?«, fragt sie.

»Ich fühle mich gut«, sage ich.

Ich sehe, dass sie mich zufrieden anschaut. Vielleicht hat sie gemerkt, dass ich ihr Gesicht nicht genau erkennen kann.

»Es ging Ihnen sehr schlecht«, sagt sie. »Schlafen Sie gut?«

Ich nicke. Sie beobachtet mich. Ich versuche, still dazusitzen.

»Ich möchte gern wissen, was ich tun muss, damit ich nach Hause kann«, sage ich. Dabei versuche ich, nicht zu eifrig zu klingen; ich versuche, es in gemäßigtem Ton zu sagen.

Sie wartet darauf, dass ich weiterspreche, und obwohl ich das gern würde, bleibe ich ruhig sitzen. Ich warte ab.

»Nun«, sagt sie schließlich. »Wann Sie bereit sind, nach Hause zu gehen, wissen nur Sie.«

»Mir ist nicht klar, was das bedeutet«, sage ich.

»Es bedeutet genau das, wonach es klingt. Wir haben mit Ihrem Mann gesprochen, und seiner Meinung nach sind Sie noch nicht wieder ganz Sie selbst.«

Meine Verärgerung wird sichtbar.

»Er ist Perfektionist«, sage ich. »Ich fühle mich gut, ich bin quasi zu hundert Prozent da.«

Aber ich habe es mit zu viel Nachdruck gesagt, das sehe ich der Ärztin an.

»Machen Sie sich keine Sorgen, Catherine. Hier geht es darum, wie *Sie* sich fühlen, nicht darum, wie jemand anders wahrnimmt, dass Sie sich fühlen. Wir hören Ihnen zu.«

Ich lehne mich auf dem Stuhl zurück. Sie hört mir nicht zu.

»Möchten Sie gern nach Hause?«, will sie wissen.

Natürlich, denke ich. Natürlich. Nur nicht zu eifrig. Ich halte vorsichtig inne. »Ich vermisse meine Familie und möchte gern nach Hause.«

»Gut, dann sollten wir noch ein oder zwei Tage warten, und dann sehen wir, wie es Ihnen geht.«

Ich zwinge mich zu einem ruhigen Lächeln. »Fantastisch«, sage ich.

Was soll das heißen, James findet, ich bin nicht ich selbst? Ich kann mich nicht daran erinnern, wie es sich angefühlt hat, ich selbst zu sein, bevor das alles passiert ist, was auch immer das bedeuten soll. Ich empfinde so etwas wie Wut, aber eine gedämpfte Wut. Irgendwo ist da eine Emotion, aber ich spüre nur ihr Echo. Ich ersticke hier, gefangen in diesen Fluren sich endlos wiederholender Wände. Vertraut mir James denn nicht? Findet er, ich sollte hierbleiben? Ich fühle mich hilflos; am liebsten würde ich schreien. Aber das tue ich nicht.

Ich will telefonieren, ich will James anrufen, aber als ich den Hörer abnehme, gibt es keinen Wählton. Der Hörer liegt schwer in meiner Hand. Jetzt ist keine Telefonierzeit. Also tigere ich stattdessen durch die Gegend. Hin und her, meine Pantoffeln fühlen sich auf dem Linoleumboden weich an. Ich versuche, meine Atmung mit meinen Schritten in Einklang zu bringen, ein paar Sekunden für jeden Atemzug, ein und aus, ich versuche, es zu schaffen, dass das Einatmen genauso lange dauert wie das Ausatmen, keine Panik, nur tiefe Atemzüge, die meinen Körper mit Luft füllen.

EIN. AUS. WENN ich so atme, erinnert mich das ans Tauchen. Das habe ich gelernt, während ich in Hongkong lebte. Es ging mir um ein Gefühl der Kontrolle. Ich hatte mich immer vor dem Ozean gefürchtet, er war zu weit, zu offen, aber ich wollte mich verloren fühlen, mit nichts als meinem Atem zur Orientierung.

Bei meinem ersten Tauchgang starrte ich an den Horizont; ich weiß noch, dass ich an Shim Chung dachte. Man hatte mich mit Metallgewichten beschwert, um sicherzugehen, dass ich nicht an der Oberfläche trieb. »Anfänger wollen immer nach oben«, hatte mir einer der Tauchlehrer erklärt. »Bleiben Sie unten.«

Der Wind peitschte über das Wasser, und das Boot bewegte sich wild mit jeder hohen Welle. Die Tauchlehrer versprachen, unter der Wasseroberfläche sei es ruhig, nur an der Oberfläche herrsche diese Unruhe.

Ich ließ mich rückwärts ins Wasser fallen, und während ich spürte, wie ich nach unten sank und die Kälte mit einem Mal über mir zusammenschlug, versuchte ich daran zu denken, dass ich gleichmäßig atmen musste. Wie beim Schrittezählen. Sich unter Wasser aufzuhalten war so ruhig. Es erinnerte mich an die Ruhe vor einem Gewitter, so still, unter solchem Schweigen. Wir kamen tiefer und tiefer, klammerten uns an den Felsen fest, damit wir nicht von der Strömung ins tiefe Meer hinausgetragen wurden.

Ich versuchte, mich in der Strömung zu wiegen, und behielt meine Sauerstoffzufuhr im Auge. Ich schaute ins tiefe Blau hinaus, in die sich weitende Dunkelheit, und ein Gefühl des Grauens, der Leere überkam mich. Und obwohl ich verzweifelt nach oben zum Sonnenlicht zurückkehren wollte, weg von der Blindheit der Tiefe, zwang ich mich, unten zu bleiben, und ich sah zu, wie der schwache Lichtschein vom Ozean verschluckt wurde.

WIR SCHAUEN DIE Olympischen Spiele. Gerade läuft Skispringen.

Haru ist unzufrieden, weil jetzt seine Lieblingssendung kommt. »*Criminal Intent.* Kanal 28«, sagt er. Er trägt Fellpantoffeln und einen Bademantel, der ihm von den Schultern rutscht. Er sieht aus wie ein alter Mann aus einem Comic.

»Nein«, sagt Will. Er hat die übereinandergeschlagenen Beine auf der Couch hochgelegt und kaut an einem Apfel. Den ganzen Tag hat er in seinem Zimmer verbracht, aber für die Olympischen Spiele hat er es verlassen. »*Criminal Intent* läuft jeden Tag, Olympia gibt es nur alle vier Jahre. Alle vier Jahre, Haru!«

Haru schaut zu dem Angestellten im Raum, Tim, einem schmächtigen Mann mit starkem Akzent und millimeterkurzen Haaren. Tim zuckt die Schultern.

»Haru, hier will niemand deine blöde Sendung sehen«, sagt Will. »Die Mehrheit entscheidet.« Tamyra lacht. Sie hat sich Taschentücher in die Ohren gesteckt, weil sie angeblich Ohrenschmerzen hat.

Haru sieht aus, als würde er gleich vor Wut in Tränen ausbrechen. Er stapft zum Glaskasten.

»Na, wunderbar«, kommentiert Will. »Jetzt verpetzt er uns.«

Emma sieht aus, als täte ihr etwas leid. »Er hat erst heute Morgen *Criminal Intent* geschaut. Das weiß ich noch.« Emma nimmt ihre Medizin, zumindest behauptet sie das. Ich weiß, dass es stimmt: Ihr Blick ist glasig, und sie redet nicht mehr so schnell. Stattdessen sitzt sie vornübergesunken auf der Couch, und ihre Formulare liegen vergessen neben ihr. Ich lächle sie vorsichtig an, aber sie schaut an mir vorbei, als könnte sie nichts fixieren, und dann lehnt sie sich in die Kissen zurück.

Mick sitzt in seinem Rollstuhl an der Tür, mit geradem Rücken; die militärische Haltung hat er nie verloren. Er reibt sich mit beiden Händen den kahl rasierten Schädel. »Für wen bist du, wenn du dir so was anschaust?« Ali sitzt mit geschlossenen Augen da – er hat sich Vaporub unter die Nase geschmiert – und atmet tief und langsam ein und aus. Ich erinnere mich dunkel, irgendwo gehört zu haben, dass Vaporub bei Panikanfällen hilft, und ich frage mich, ob ich ihn darum heute nicht auf dem Flur gesehen habe. Ali öffnet die Augen und zieht eine Augenbraue hoch. »Für die USA … Ist doch klar.«

Mick zuckt die Schultern.

Neben mir sitzt eine neue Frau. Ich habe sie noch nie gesehen. Sie ist dunkelhaarig. Sie hat noch niemandem ihren Namen gesagt. Zitternd krümmt sie sich zusammen, die Ärmel ihres Oberteils hat sie sich über die Hände gezogen.

Schweigend schauen wir uns den Wettkampf an. Ich bemerke, dass die Frau neben mir weint.

TAMYRA TELEFONIERT MIT ihrem Freund. Sie sieht, dass ich warte, und funkelt mich an. Schulterzuckend trete ich einen Schritt zurück. Als sie aufhängt, bekomme ich mit, wie sie Tränen wegblinzelt. Sie lungert weiter am Telefon herum, ich ignoriere sie, wähle James' Nummer und lasse mich zurückrufen.

»Hallo, Liebling«, begrüßt er mich.

»Hi«, sage ich. Ich hole Luft. Das Gespräch wird aufgezeichnet. Ich frage mich, ob James das weiß. Ich höre das vertraute Klicken im Hintergrund.

»Ich habe mit der Ärztin gesprochen«, erzähle ich.

»Ach ja?« Er klingt eifrig. »Und? Hat sie gesagt, du wirst entlassen?«

»Na ja«, sage ich. »Sie sagt, du findest nicht, dass ich schon wieder ganz ich selbst bin.« Ich versuche, nicht den geringsten Vorwurf in meine Stimme zu legen. »Deswegen weiß ich nicht … Ich glaube, ich muss noch eine Weile warten.«

Es bleibt still. Und als er dann redet, spricht er langsam.

»Aber Cat, du bist ja auch noch nicht zu hundert Prozent wieder du selbst. Ich dachte, das wäre dir klar.«

Ich spreche absichtlich in unbekümmertem Ton. »Ich bin quasi zu hundert Prozent da.« Aus dem Augenwinkel sehe ich, dass mich Tamyra beobachtet. Ich drehe ihr den Rücken zu.

»Nein. Du bist anders als vorher, und das ist auch in Ordnung, aber ganz du selbst bist du noch nicht.« Er hält kurz inne. »Du fragst mich ja nicht einmal, wie es Cato geht. Als würde er gar nicht existieren. Ich glaube, das Ganze braucht einfach Zeit, vielleicht Monate oder sogar ein Jahr.«

»Ich habe aber kein Jahr Zeit«, sage ich bissig. »Ich will hier raus … Zu Hause geht es mir bestimmt bald besser. Ich bin bereit für zu Hause.«

»Ich weiß«, sagt er. »Ich will ja auch, dass du nach Hause kommst. Ich habe dir doch erklärt, die Entscheidung liegt nicht bei mir.«

»Schon okay«, sage ich. James weiß nicht, was los ist. Ich fühle mich, als wäre ich in einem Spiegelbild der Welt gefangen, und es gibt keinen Ausweg.

Was er über Cato gesagt hat, schiebe ich beiseite. Warum kann er es nicht verstehen? Als würde Cato nicht existieren? Ich bin in einem tiefen Schlaf, in einem Kokon, vor der Wahrheit verhüllt. Selbst in meinem dumpfen Zustand begreife ich diese Tatsache. So überlebt man als Geist, wird mir klar. So existiert man, so überlässt man sich der Situation. Um mich herum höre ich nichts als den Lärm aus dem Fernseher, das Murmeln der Angestellten hinter der Scheibe des Glaskastens. Am liebsten möchte ich in Geheul ausbrechen, ich will die Scheibe zertrümmern, die Scherben aus meinen Handflächen emporragen lassen.

WIR KAMEN AN einem grauen Tag in New Jersey an. Einunddreißig Tage waren wir gereist, von San Diego über Los Angeles nach Virginia und schließlich nach New Jersey. Ich war völlig erschöpft. Wir nahmen die Bahn und hatten unser Gepäck aus Washington, D. C., bei uns. Im Zug glaubte ich plötzlich, ich hätte unseren Rucksack mit den Pässen und einem Tagebuch verloren, das wir seit dem Beginn unserer Beziehung führten.

James trug Cato am Körper, und er sprang aus dem Zug, um auf die Suche nach dem Rucksack zu gehen. Ich hörte, wie sich die Türen schlossen.

»Komm zurück!«, schrie ich, aber er winkte mir nur zu. »Wir sehen uns in New Jersey!«

»Steig in den Zug!« Ich rannte hysterisch schreiend zum Schaffner. »Sie müssen meinen Mann in den Zug lassen, er hat das Baby, die beiden müssen bei mir im Zug sein!« Ich sah, wie James zum vorderen Ende des Zuges sprintete, und wie durch ein Wunder öffneten sich die Türen für ihn.

»Was hast du dir bloß dabei gedacht?«, fragte ich. »Du hast doch nicht einmal Milch dabei, und ich habe die Fahrkarten.« James zuckte nur die Schultern und lächelte mich an. Mein Herz raste. Ich muss wie eine Irre ausgesehen haben.

»Alles in Ordnung«, sagte James. »Alles kommt in Ordnung.«

Ich hing gerade in der Warteschleife des Union-Station-Fundbüros, als wir den Rucksack entdeckten. Er lag unter dem Sitz. Vor Erleichterung lachte ich wild auf. In diesem Augenblick wurde mir bewusst, dass mich die Reise mehr Kraft kostete als gedacht. Der Schlafmangel, das ständige Herumreisen, alles fühlte sich zu extrem an. Die Farben der Welt waren zu intensiv. Ich fühlte mich, als müsste ich jeden Moment in Tränen ausbrechen. Es erfüllte mich mit Erleichterung, dass wir an unserer letzten Station angekommen waren. Ein Gefühl des Triumphs durchflutete mich: Wir hatten es geschafft.

Das Haus meiner Schwiegereltern stand in einer Trabantenstadt von New Jersey mit einheitlichen Dächern und Fenstern und rückwärtigen Gärten voller Bäume. Abgesehen vom Rauschen der Highways herrschte Stille. New Jersey löste in mir ein Gefühl der Unruhe aus, es erinnerte mich an diese Filmszenen mit identischen Häuserreihen und zu grell beleuchteten Einkaufszentren.

Meine Schwiegermutter umarmte mich, als wir ankamen. »Willkommen, endlich seid ihr zu Hause«, sagte sie. Und ich glaubte ihr. Obwohl wir schon Februar hatten, hing noch Lametta an den Wänden. Wir ließen uns in einem der Zimmer im ersten Stock nieder.

Schon nach wenigen Stunden wurde mir bewusst, dass irgendetwas nicht stimmte. Ich hörte ein Geräusch, ein blechernes Summen und Piepen wie von Monitoren. »Es fühlt sich an, als würden wir beobachtet«, sagte ich zu James.

»Hm?«

»Haben deine Eltern auch Kameras?«

»Nein«, meinte er, »ich glaube nicht. Mach dir keine Sorgen, ich frage nach.«

Mein Schwiegervater hatte einen Purell-Spender im Haus installiert, weil gerade Grippesaison war, und jedes Mal, wenn wir das Haus betraten, sollten wir uns die Hände desinfizieren. Das erinnerte mich an die Ansage, die auf der Wöchnerinnenstation ständig durch den Lautsprecher schallte: »Bitte Hände desinfizieren. Bitte Hände desinfizieren.« Ich hörte die Stimme, einen Refrain in meinem Kopf, ein Echo.

Mein Schwiegervater und meine Schwiegermutter sprachen jetzt über Cato. Sie sorgten sich, welche Auswirkungen eine Reise wohl auf ein so kleines Baby hatte. Mein Schwiegervater überprüfte Catos Temperatur mit einem Thermometer und zählte ängstlich seine Finger und Zehen, als hätte Cato unterwegs vielleicht einen verloren. »Wir haben Pläne für eine Hundert-Tage-Feier«, kündigte meine Schwiegermutter an. »Gib aber niemand anderem das Baby zum Halten, und lass die Leute nicht zu nahe kommen. Du weißt ja, Grippesaison.«

»Ich habe bei meinem ersten Kind vier Monate lang das Haus nicht verlassen«, berichtete sie. »Und niemand durfte zu Besuch kommen. Warum hast du in Kalifornien so viele Leute das Baby halten lassen? Jedes Mal, wenn du ein Foto von jemandem gepostet hast, der das Baby im Arm hatte, hat dein Schwiegervater solche Angst bekommen … Was, wenn sie ihn fallen gelassen hätten?« Dann erzählte sie mir von einem Baby, das auf einer Begrüßungsparty fallen gelassen wurde und starb.

»Macht euch keinen Kopf«, gab ich zurück. Ich tat mein Bestes, um ihre Ängste zu lindern und auf jeden Kommentar einzugehen, aber es war, als spräche ich in ein Vakuum. Die Fragen und Sorgen nahmen kein Ende.

Warum war Cato so dick? Wahrscheinlich bekam er nicht genug Bewegung, weil wir andauernd unterwegs waren. Warum rollte er sich noch nicht auf die Seite? Wussten wir denn nicht, dass er sich in seinem Alter längst auf die Seite rollen sollte? Das musste an dem ganzen Herumreisen liegen. Warum benutzten wir eine Trageschlinge für ihn? Das hatte sicher Auswirkungen auf seinen Körper, und seine Gliedmaßen würden krumm. Warum aß er so viel? Bestimmt war er vom Reisen gestresst. Warum schlief er nicht durch? Das lag sicher an den vielen Zeitzonenwechseln. Hatte er Husten? War er krank? Hatte er Fieber?

Jeder Kommentar, jede kritische Bemerkung, so gut sie auch

gemeint waren, fühlte sich für mich an wie ein Nadelstich. War ich denn eine so schreckliche Mutter? Machte ich alles falsch?

Die Geschichte von James' Onkel, dem erstgeborenen Sohn von James' Großvater, der mich bei unserem Kennenlernen so herzlich angelächelt hatte, kannte ich schon. Sein Erstgeborener war gestorben, nachdem ein Topf mit heißer Suppe auf ihn gefallen war. Ich sagte mir, dass meine Schwiegereltern aus diesem Grund so große Vorsicht walten ließen, aber ich begann, an meinen eigenen Instinkten zu zweifeln.

»Stillst du ihn jetzt schon wieder?«, fragte meine Schwiegermutter. »Pass nur auf, dass du ihn nicht überfütterst, er ist jetzt schon zu dick.«

»Na ja, wir handhaben das so, dass ich ihn nach Bedarf anlege.«

»Du solltest ihm die Flasche geben, dann kann ich dir helfen. Warum holst du dir keine Flasche? Hast du eine dabei? Ich will ihn füttern.«

Ich versuchte zu erklären, dass ich Cato wegen meiner Mastitis anlegen musste. Sie winkte nur ab. »Mit einem Fläschchen sieht man viel besser, wie viel ein Kind isst. Schau doch, er ist so dick, dass er sich kaum bewegen kann!«

Und so fing ich an, mich jedes Mal zu entschuldigen, wenn ich Cato zum Stillen mitnahm.

»Warum hältst du ihn denn? Er muss lernen, selbst zu sitzen. Steck ihn in die Schaukel, halte ihn nicht immer. Du hältst ihn zu viel.« Cato schrie und schrie dann, und ich stand über ihm, mein ganzer Körper lehnte sich in seine Richtung, durfte aber nicht eingreifen. Wann immer ich versuchte, meine Besorgnis anzusprechen, lachte meine Schwiegermutter auf eine übertriebene Weise und warf mir böse Blicke zu. Warum lachte sie nur so? Das verstand ich nicht.

»Hast du dir die Hände desinfiziert? Du weißt doch, Grippesaison«, sagte mein Schwiegervater dann nervös, und daraufhin lachte meine Schwiegermutter wieder und bedeutete mir durch Handbewegungen, ich solle mir die Hände desinfizieren. Ich sah mir selbst wie durch eine Kameralinse dabei zu, wie ich unter dem Purell-Spender die Hände aneinanderrieb. Ich spürte den beißenden Alkohol auf den Handflächen.

»Vielleicht hätten wir nicht herkommen sollen«, sagte ich zu James. »Sieht so aus, als würden sie sich sehr stressen wegen uns. Ich mache alles falsch.«

»Lass nur«, gab James zurück. »Ich wusste, das hier würde schwierig werden. Denk einfach nicht daran, was sie über dich denken. Du machst alles wunderbar. Sie sind besorgt, das ist alles.«

Meine Schwiegermutter sprach begeistert von der Hundert-Tage-Feier. In zwei Wochen sollte sie stattfinden. James' ganzer Clan aus New York würde kommen. Meine Eltern würden sich ins Auto setzen und herfahren, und ich hörte, dass meine Schwägerin das Flugzeug aus Kalifornien nehmen würde. Ich war voller Vorfreude, aber bei dem Gedanken an eine so große Gesellschaft fühlte ich mich auch erschöpft. Hundert Tage, dachte ich. Hundert Tage, und Cato wäre in Sicherheit.

Am fünften Tag beschloss ich, das Haus für ein paar Stunden zu verlassen. Ich war es leid, immer nur drinnen zu sitzen, ich wollte mich bewegen. Langsam fühlte ich mich eingesperrt, als könnte ich nicht gut Luft holen, aber meine Entscheidung löste Bedenken aus. »Draußen ist es doch so kalt, du solltest Cato nicht mit nach draußen nehmen, wenn es so kalt ist. Dann könnte er sich eine Grippe einfangen.«

»Im ganzen Staat New Jersey herrscht gerade eine Grippeepidemie. Du darfst ihn nicht in eine Menschenmenge mitnehmen, dann bekommt er vielleicht die Grippe und stirbt.«

»Wir können euch fahren, aber öffentliche Verkehrsmittel kommen nicht infrage, viel zu viel Gedränge. Wenn er die Grippe bekommt, braucht er eine Spinalpunktion, und das ist für Babys in seinem Alter sehr gefährlich.« Auf der Stirn meines Schwiegervaters erschienen tiefe Falten.

»Mach das, wie du möchtest. Wir richten uns ganz nach dir«, verkündete meine Schwiegermutter. Sie lachte und klatschte dabei in die Hände, doch gleichzeitig bedachte sie mich mit einem warnenden Blick.

Was erwartete sie von mir?

Schließlich gab ich meinen Plan wieder auf – nur damit der Chor der Ermahnungen verstummte.

Cato schrie viel; es war, als könnte er die Spannungen spüren. Im Haus herrschte immer eine hohe Raumtemperatur. Das entsprach der koreanischen Tradition, Mutter und Kind warm zu halten. Dadurch fühlte ich mich noch beengter, wie gefesselt.

Mit der Zeit konnte ich nachts nicht mehr schlafen; die Worte meiner Schwiegereltern wiederholten sich wieder und wieder in meinem Kopf. Ich weinte vor Frustration, heiße Tränen weinte ich und wischte sie mit den Handflächen weg, während ich Cato stillte. Ich versuchte zu verhindern, dass sie ihm auf die Wange fielen, und fühlte mich hilflos und wütend, aber gleichzeitig auch verwirrt und voller Zweifel. Vielleicht *war* ich ja eine schreckliche Mutter. Vielleicht war es unverantwortlich von mir gewesen, mit einem so kleinen Baby auf Reisen zu gehen.

Warum hatten wir unser Zuhause verlassen? Warum hatte ich nicht auf die Warnungen gehört? Was sollte ich tun, wenn Cato krank wurde? Ich fühlte mich, als wäre ich wieder auf der Wöchnerinnenstation, nur vertraute man mir diesmal meinen Sohn nicht an. Stärker als die Gefühle des Verlorenseins waren die Schuldgefühle. Schuldgefühle, weil ich nicht zugehört hatte,

Schuldgefühle, weil ich meinen Sohn in Gefahr brachte, Schuldgefühle, weil ich keine gehorsame Tochter war. Ich war gespalten in der Rolle der Schwiegertochter und der Mutter.

Es war egoistisch von mir gewesen, diese Reise anzutreten. Ich hatte nicht an Cato gedacht. Ich hatte nicht an James' Angehörige und ihre Ängste gedacht. In meiner Schlaflosigkeit ging ich ihre Befürchtungen durch. Was, wenn jemand Cato fallen gelassen hätte? Was, wenn er im Flugzeug krank geworden wäre? Was dann? Was dann?

Und dann gab es da das ständige Gefühl, beobachtet, überwacht zu werden.

James fand heraus, dass auch seine Eltern Nest-Cam-Kameras im Haus installiert hatten. Die waren mit ihren Handys verbunden, und James' Brüder konnten auf das Audio- und Bildmaterial zugreifen. James wurde so wütend, dass er die größte Kamera aus der Wand riss.

»Warum habt ihr uns nichts von den Kameras gesagt?«, wollte er wissen.

Ich muss panisch gewirkt haben, denn James' Mutter erklärte: »Worüber machst du dir denn Sorgen, Cat? Es hört doch niemand zu, was du sagst. Das *interessiert* niemanden.« Dann lachte sie und warf mir wieder einen raschen Pfeilblick zu.

Das stimmte, und darin lag das Problem. Es interessierte niemanden. Niemand hörte zu. Meine Worte waren in diesem Haus ohne jede Bedeutung, in diesem Wirbelsturm des Lärms. Ich war die Tochter eines Blinden im Haus eines Tauben – das sagte ich zu James. Und niemand hörte mir zu. Niemand beherrschte meine Sprache.

»Du machst das großartig«, sagte James zu mir. »*Wir* machen das großartig. Schau dir Cato doch an. Er ist gesund, er ist glücklich.«

»Tun wir denn nicht das Richtige? Geht es Cato nicht gut?«, fragte ich.

James machte eine Handbewegung und wischte meine Sorgen beiseite. Seine Eltern gingen ihm auf die Nerven, aber die ständigen Kommentare, dauernden Fragen und kritischen Bemerkungen schienen ihn nicht zu beunruhigen. Er ignorierte sie einfach. Es war, als hätten die beiden gar nichts gesagt. »Mach dir wegen ihnen keine Gedanken«, sagte er. »Sie meinen es nicht so.« Aber ich konnte nicht anders, ich musste hinhören.

Und es stimmte auch nicht ganz. Seine Eltern meinten sehr wohl, was sie sagten; allerdings, und das wurde mir nur langsam bewusst, gingen sie nicht davon aus, dass sich jemand ihre Worte zu Herzen nahm. Sie waren es gewohnt, zu reden, ohne dass man ihnen zuhörte. Worte waren nichts als Geräusche, einfach so dahingesagt.

Mit der Zeit entwickelte ich die paranoide Vorstellung, James' Mutter gäbe mir in einer Sprache Zeichen, die anders war als die für den Rest der Familie. Ihre übertriebenen, von einem Lachen begleiteten Bewegungen, ihre pfeilschnellen Blicke. Sie waren nicht im Einklang mit dem, was James' Mutter sagte, und ich verstand sie nicht. Was sagte sie da zu mir? Was meinte sie? Warum bekam James das nicht mit?

»Du musst dich einfach allem fügen!«, rief James' Mutter oft, und dabei machte sie eine dramatische Geste mit beiden Händen. »Nur so überlebt man die Mutterschaft!« Und ich wusste, dass sie es gut meinte, doch es fühlte sich jedes Mal an wie ein Paar Hände, das mich erdrückte, wie Ersticktwerden. Mich fügen. Ich war für ein Dasein als Opfer bestimmt.

Ich begann die Last der Verpflichtungen auf mir zu spüren. Ich wollte gehen, allem entkommen, wusste jedoch, dass das unmöglich war. Wir waren gefesselt.

Ich spürte auch, wie für James' Mutter durch Catos Geburt deutlich wurde, dass ihr Sohn sie endgültig verlassen und nun eine eigene Familie hatte. Das erkannte ich daran, wie sie uns ansah, wie sie ihren Körper in James' Richtung lehnte, am Blitzen in ihren Augen, wenn James einen Raum betrat und zuerst Cato und mich umarmte. »Er wird groß sein, bevor du es überhaupt merkst, und dann wird er keine Zeit mehr mit dir verbringen wollen. Er wird weggehen«, erklärte sie, und der Unterton der Verbitterung in ihren Worten entging mir nicht. Ein koreanisches Sprichwort sagt, dass Liebe nur nach unten strömt wie ein Fluss oder Tränen. Die Liebe strömt von einer Generation in die nächste, nie in die andere Richtung. Ich versuchte mir vorzustellen, wie es sein würde, wenn Cato erwachsen war, verheiratet, wenn er eine Familie gründete, mich zurückließ. Ich dachte an James und seine Mutter. Statt einer Linie vollzogen wir eine Kreisbewegung. In meiner Zukunft sah ich James' Mutter, wie sie auf der anderen Seite stand, als Spiegelbild zu mir reflektiert wurde.

Seit unserer Ankunft in New Jersey war eine Woche vergangen, und schließlich bestand ich darauf, dass wir das Haus verlassen und in die Stadt fahren. Cato würden wir mitnehmen. »Es geht einfach nicht anders«, sagte ich zu James. »Auch wenn sie sich Sorgen machen. Ich muss hier raus.«

»Denk einfach nicht darüber nach, was die beiden denken«, meinte James schulterzuckend. Er wirkte unbeeindruckt, selbst als uns seine Mutter Hygienetücher in die Tasche steckte und sein Vater uns bat, alle paar Stunden Catos Temperatur zu überprüfen.

Wir stürzten uns voll beladen ins New Yorker Bussystem. James trug den Kinderwagen, ich hatte Cato vor mir in der Schlinge. Zum ersten Mal seit unserer Ankunft in New Jersey schlief er tief und fest. Er hatte sich in meinen Armen zusammengerollt, und ich konnte seinen Herzschlag spüren, seinen Atem auf meiner Haut. Während wir durch Manhattan liefen, fühlte ich mich, als würde ein quälender Druck aus mir entweichen. Ich weinte vor Erleichterung, weil ich endlich atmen konnte, weil ich in dieser Stadt voller Gesichter anonym war. Niemand schaute mich an. Ich fühlte mich im Wirbelsturm aus Schnee und Menschen sicher.

Am Abend kehrten wir zu James' Eltern zurück. Sie waren aufgeblieben und hatten auf uns gewartet. Ich konnte an ihrem Gesichtsausdruck erkennen, dass sie sich Sorgen gemacht hatten. In dieser Nacht lag ich wach und lauschte ihrem Gemurmel.

Am nächsten Morgen setzte sich James' Vater zu mir. Er goss mir Kaffee ein, wir saßen einander am Glastisch gegenüber. Er lächelte mir zu, und ich konnte spüren, dass jetzt eine ernsthafte Unterhaltung anstand.

»Behandelt dich James gut?«

»Ja«, sagte ich.

»Okay, schön. Ich weiß, mit einem neuen Baby ist es nicht immer leicht.« Er hielt kurz inne. »Hast du schon einmal von postnataler Depression gehört?«

»Ja«, sagte ich. Und dann wurde mir klar, dass er glaubte, *ich* hätte eine Depression.

»So etwas gibt es sehr häufig«, fuhr er fort. »Nach der Geburt eines Babys leiden fünfundachtzig Prozent der Frauen darunter. Ich glaube, du hast möglicherweise eine Depression.«

Er sagte das in einem freundlichen Ton, und sein Gesichtsausdruck war ernst.

»Mir ist aufgefallen, dass du dir die ganze Zeit Sorgen machst. Dass du nicht schläfst. Das ist gefährlich. Du musst gut auf dich achten. Ich glaube, wir machen dich nervös. Ich sorge mich oft, und ich weiß, ich spreche einfach aus, was ich denke. Das meine ich nicht böse.«

Ich fing an zu weinen. Seine Diagnose traf es so exakt. Er konnte ganz deutlich erkennen, was vor sich ging. Er wusste es.

»Ich habe drei Söhne«, fuhr er fort. »James ist der Schwierigste von den dreien, aber er ist auch derjenige mit der meisten Überzeugung. Du hast mir einmal gesagt …« Und er zitierte meinen Satz aus dem Gespräch, das wir bei unserer ersten Begegnung geführt hatten. »Du hast mir gesagt, du wünschst dir einen Mann mit Güte und Überzeugung. James besitzt beides. Ich weiß, dass er dich liebt. Und ich glaube, dass du eine starke Frau bist. Du stehst das hier durch.«

Ich schaute ihn an und bemerkte, dass ihm die Hände zitterten. Ich sah sein Gesicht, und dann wurde mir klar, was geschehen war, was ich in meiner Sorge und Angst nicht wahrgenommen hatte. Meinen Schwiegervater beunruhigte nicht, was wir taten – er kämpfte mit seinen eigenen Ängsten. Ich sah einen Mann vor mir, der Zeuge so vieler schlimmer Fälle geworden war, der unter seiner Machtlosigkeit gelitten hatte und Entsetzen bei der Vorstellung empfand, dieselben Symptome an Menschen wahrzunehmen, die er liebte.

Ich fühlte mich langsam, als könnte ich wieder atmen.

Er lächelte mich an, doch dann beendete er das Gespräch mit einem seiner üblichen Worst-Case-Szenarien. »In den meisten Fällen ist die postnatale Depression harmlos, aber man muss aufpassen. Ich hatte einmal eine Patientin, die ihr Baby geschüttelt hat. Sie hat den kleinen Jungen geschüttelt, und davon wurde er blind.«

Und mir stockte der Atem.

BEI DEN KOREANERN heißt es, wenn man im Augenblick zwischen Schlafen und Aufwachen wie gelähmt ist und weder atmen noch etwas sagen kann, sitzt einem ein Geist auf der Brust.

Ich erinnere mich, dass ich mich vor diesem Gefühl fürchtete. Wach zu sein, wie versteinert und bewegungsunfähig. Dann öffnete ich den Mund zu einem stummen Schrei, und ich dachte an den Geist auf meiner Brust. Wo war er hergekommen? Ich stellte ihn mir als Geist aus längst vergangenen Generationen vor, als einen Geist aus den Träumen meiner Großeltern, als einen derjenigen, die man ihnen genommen hatte. Geister der Vergangenheit, der unterbrochenen Leben, der Erwartung, der Sehnsucht. Eine schwere Last, die man an mich weitergereicht hatte, damit ich sie trug.

NACH DEM GESPRÄCH mit meinem Schwiegervater ging ich wieder nach oben.

Jetzt fühlte es sich für mich an, als würde die Luft steif werden. Ich spürte, wie sich meine Brust verkrampfte, und ich hatte Mühe, Atem zu holen. Plötzlich bewegte sich der Fußboden unter mir, als hätte jemand kurz die Welt geschüttelt. Ich stillte Cato und hielt ihn dicht an meinem Körper, doch dann fiel mir auf, dass ihn meine Hände zu fest umklammerten. Würde ich ihn ersticken? Beengte ich ihn zu sehr? Ein Pfeilblick aus seinen Augen traf mich. James' Augen, die Augen seiner Mutter – sie schauten mich voller Angst an.

Würde ich ihn schütteln? Ihn blind machen? Fürchtete er sich vor mir?

Ich versuchte den Gedanken zu verdrängen. Schwindel löste manchmal ein solches Gefühl bei mir aus, wenn ich über den Rand eines Wohngebäudes schaute und mir den Sturz vorstellte.

Meine Schwiegermutter rief nach mir.

»Cat!«, sagte sie. Sie wollte über Catos Hundert-Tage-Feier sprechen, die in ein paar Tagen stattfinden sollte.

»Da gibt es so einiges Gerede ... Ganz schön viel Drama hinter den Kulissen, das kannst du mir glauben«, sagte sie.

Ich nickte. Ich konnte es in meinem Kopf murmeln hören.

»Mach dir keine Sorgen wegen der Hundert-Tage-Feier. Ich passe schon auf, dass die Leute das Baby nicht fallen lassen«, sagte sie. »Ich passe ganz genau auf.«

»Aber«, sagte ich und verspürte dabei ein enges Gefühl in der Brust, »vielleicht macht es die Leute ja gerade nervös, wenn du sie beobachtest, und *dann* lassen sie ihn fallen.« Ich dachte an den Schwindel, den Sturz, ich dachte daran, wie Leah nervös unseren Balkon begutachtet hatte, als wir in das neue Apartment zogen, wie sie über den Rand geschaut hatte. Es war dieselbe Angst, wie wenn man etwas fürchtete; diese Vorahnung, machte sie das Ereignis unvermeidbar?

In diesem Augenblick betrat James' Vater das Zimmer. James' Mutter machte einige ihrer von einem Lachen begleiteten Gesten, und sie warf mir einen Pfeilblick zu.

Und da sah ich auch meine Schwiegermutter mit großer Klarheit. Ihre kritischen Bemerkungen, ihre Sorgen – dabei ging es nicht um mich. Es ging um ihre eigene Familie, und sie tat ihr Bestes, die unter Kontrolle zu halten. Ich, *ich* war das Problem, ich war es, die alles kaputtmachte, indem ich ihre Hinweise ignorierte. Sie hatte mich aufgefordert, ihr Spiegelbild zu werden, mich sorglos zu geben, und die ganze Zeit hatten mich ihre Worte warnen sollen. Mit ihrer Körpersprache wollte sie meinen Schwiegervater beruhigen, damit er sich nicht sorgte. Ihr Gelächter war eine Pantomime um seinetwillen, eine im Haus eines gehörlosen Mannes entwickelte Routine, damit alles so aussah, als liefe es glatt. Genau wie die Stille, in der mein Bruder und ich aufgewachsen waren.

Ihre Pfeilblicke verrieten sie, ihr nervöses Verhalten, wenn sich die Dinge nicht so entwickelten, wie sie es geplant hatte.

Natürlich wusste mein Schwiegervater, was vor sich ging, er wusste, dass es da etwas im Kern des Hauses gab, etwas Unwahres, etwas, das eine Diagnose erforderte.

Während das für James und seine Brüder ganz offensichtlich war, war ich nur mühsam zu dieser Schlussfolgerung gelangt. Ich hätte sie nicht anders erreichen können als durch das Annehmen jeder Lüge, jeder Unterstellung, bis nur noch die Wahrheit übrigblieb. In meiner Schwiegermutter erkannte ich ein Porträt der Widersprüchlichkeiten, eine Frau, die das Abenteuer liebte und den Geist eines jungen Mädchens besaß, die man in eine Schachtel der traditionellen Ehe und Familie gesteckt hatte. Ihre Familie war ihr Zentrum, ihre absolute Wahrheit, und sie liebte ihren Ehemann. Sie musste einem vorgegebenen Pfad folgen, sonst würde sie völlig zerbrechen. Sie hatte die Anpassung gewählt, und ihr ständiges »Ich füge mich« stand für die Wahrheit. Sie hatte sich entschieden, sich zu ergeben, ihr Schicksal anzunehmen, ihr Glück. Ihr Sohn, mein Ehemann, teilte als Einziger ihre Abenteuerlust, doch er hatte sie zurückgelassen, war nach London gezogen, weg vom Netzwerk der Familie, die sie kannte und liebte.

In James' Vater sah ich James, aber in einer extremen Version. Er war ein Mann voller Wissen und Weisheit und Güte, der nach Jahren der Konfrontation mit Worst-Case-Szenarien von der Angst übermannt worden war. Sein Gefühl der Machtlosigkeit als Arzt ließ ihn im Alltäglichen Zeichen für potenzielle Gefahren sehen, eine neue, von Krankheit und Sorge bestimmte Dimension. Das hatte ihn in die Religion und in den Glauben getrieben, und er spürte, dass seine drei Söhne im biblischen Sinne nicht dem Pfad folgten, den er sich für sie erhoffte.

Und wie im Märchen war James, der dritte Sohn, der Behütete, Erwählte, Geliebte, dazu bestimmt, abseits von den anderen beiden Brüdern zu bleiben, die sich im Wald verirrten. Er kam als Einziger wieder aus dem Wald hervor. Unter seiner glücklichen Kindheit sah ich nun eine neue Dimension der Dunkelheit in seinen Geschichten. Eine ständige Erinnerung an die Sterblichkeit, an Krankheit, an das Erkennen von Symptomen, eine Erinnerung daran, keine Kontrolle zu besitzen, eine Kraft, die aus meinem Ehemann einen Mann der Prinzipien und des klaren Denkens gemacht hatte, immer methodisch orientiert, immer in Kontrolle. Einen Mann, der sich von Glauben und Aberglauben abgewandt, der sich entschieden hatte, nur dem Bewiesenen zu glauben, dem Nachweisbaren.

»Ich habe mich während unserer ersten Unterhaltung in dich verliebt«, hatte er gesagt, und endlich begriff ich, was er damit meinte. In seiner Familie, die voller Liebe und Lärm war, hörte in Wirklichkeit niemand zu. Zu viel ging vor sich, es gab zu viele Stimmen und Ansichten. Lärm.

Und dann, obwohl ich das nicht wollte, ahmte ich meine Schwiegermutter nach und machte eine übertriebene, von einem Lachen begleitete Geste.

Es war, als wäre ich die ganze Zeit gesprintet, und in diesem Augenblick stoppte alles ganz plötzlich. Die Welt kippte um, alles änderte sich, und zugleich hatte sich nichts geändert. Ich glaube, dass meine Psychose in diesem Moment unumkehrbar ausgelöst wurde. Ich begriff all diese Dinge in dem einzigen Augenblick, in dem mein Schwiegervater und meine Schwiegermutter mich ansahen und sich unsere Blicke begegneten, und ich sah uns, aus der Zeit herausgelöst, unsere Porträts, unsere spiegelbildlichen Aktionen. Wir alle existierten, aber wir waren nicht synchron miteinander, und wir wiederholten die Muster der Vergangenheit.

KOREANER GLAUBEN AN Wiedergeburt, an Wiederkehr, an Seelen, die wieder und wieder zur Welt kommen.

Als der Sohn meines Onkels geboren wurde, besaß er einen Geist wie ein Kaleidoskop; er spricht nicht, aber er kommuniziert über Zeichnungen und Tanz, er lebt zwischen den Welten. Meine Großmutter hatte sich selbst die Schuld dafür gegeben. Eine Wahrsagerin hatte ihr einmal geraten, ihren ungeborenen Sohn nicht zu betrauern, den Sohn, der in ihrem Leib gestorben war. Er wird wiedergeboren werden, sagte sie, als ihr Enkelsohn. Und so hatte meine Großmutter sich das gewünscht und gewartet, und dann, als der Sohn meines Onkels zur Welt kam, hatte sie ihn für die Wiedergeburt ihres toten Sohnes gehalten, und natürlich gehörte er nicht dem Land der Lebenden an. Sie wurde dafür bestraft, an den Schicksalsmächten gezweifelt zu haben – dafür, sich zu viel gewünscht zu haben.

Ich fragte mich, ob James' Großmutter in den Augen ihrer Enkel nach ihrem ältesten Sohn gesucht hatte. Sein Name hätte sich ein Schriftzeichen mit dem Namen von James' Großvater und von dessen Vater vor ihm geteilt, ein Wunsch, den man über Generationen zurückverfolgen konnte, ein unterbrochener Wunsch.

Ich denke, Koreaner wünschen sich vielleicht eine Wiederkehr, obwohl sie sie fürchten. Sie sehnen sich danach, und sie warten. Sie leben wie Geister. Sie wünschen sich, dass die Vergangenheit zu ihrer Gegenwart wird.

ICH GING ZURÜCK nach oben und versuchte, wieder zu Atem zu kommen. Jetzt würde alles gut werden, jetzt, wo ich alles begriffen hatte. Aber ich fühlte mich, als hätte ich zu viele Informationen heruntergeladen und als wäre ich immer noch dabei, alles zu verarbeiten, meinen Rückstand aufzuholen.

Drei Söhne, Diagnosen, Spiegelbildverhalten, Blicke wie Pfeile.

Ich schaute Cato an, der friedlich in seinem Bettchen schlief. Ich wollte ihn in den Armen halten und beugte mich über ihn, um ihn hochzuheben, aber in diesem Moment öffneten sich seine Augen. Und da geschah es.

Seine Augen verwandelten sich in die Augen des Teufels. Dunkle Augen mit blitzenden roten Pupillen. Ein Blitz, und dann James' Augen, die Augen von James' Mutter, sie alle richteten sich voller Angst auf mich.

Ich versuchte, weiterzuatmen, aber das ging nicht richtig. Die Wände fühlten sich dicker an. Ich hatte nie begriffen, was die Leute meinten, wenn sie sagten, die Decke falle ihnen auf den Kopf, aber so fühlte es sich jetzt an.

»James«, keuchte ich.

Er kam ins Zimmer, und ich sah, wie sich seine Augen weiteten, als er mir ins Gesicht schaute.

Ich erklärte ihm, wir müssten sofort das Haus verlassen.

»Ich bekomme keine Luft mehr«, sagte ich zu ihm. »Bitte vertraue mir einfach. Ich muss hier weg.«

Er reagierte nicht.

»Ich muss sofort von hier weg.«

»Okay«, sagte er. »Okay, lass uns gehen.«

Ich spürte, wie sich in meinem Kopf ein Fenster öffnete: Wir würden gehen. Uns würde nichts passieren. Ich hatte geglaubt, es wäre unmöglich, das Haus zu verlassen, aber James hatte gerade eine Tür geöffnet.

»Kann ich noch packen?«, fragte er. »Ist es in Ordnung, wenn ich unsere Sachen zusammenpacke, damit wir gehen können?«

»Ja, ja«, sagte ich. Ich keuchte und schluchzte. »Du musst mir jetzt gerade ins Gesicht schauen«, sagte ich. »Es ist ganz wichtig, dass du mich nicht anschaust, als wäre ich verrückt oder kurz vor einem Zusammenbruch, das schwöre ich.« Seine Augen waren immer noch voller Vertrauen, sie waren immer noch in Ordnung, aber ich wusste nicht, was ich tun würde, wenn sich James' Augen auch veränderten.

»Du musst jetzt genau wiederholen, was ich sage, Wort für Wort«, bat ich. Ich musste sichergehen, dass er mich ganz und gar verstand, dass es keine weiteren Missverständnisse geben würde. Keine Nebensprachen, ich musste sichergehen, dass wir alle dieselbe Sprache verwendeten und uns auf demselben Niveau befanden.

»Ja«, gab er zurück. »Ich werde genau wiederholen, was du sagst.«

»Wort für Wort«, drängte ich.

»Wort für Wort.«

Cato weinte leise, darum hob ich ihn hoch, aber ich schaute ihm nicht in die Augen. Ich saß auf dem Bett und hielt ihn in den Armen, während James systematisch unsere Sachen packte. Ein Fragespiel aus der Unterstufe fiel mir ein: Wem würdest du vor dem Sprung deinen Fallschirm anvertrauen? Und seit ich James kannte, hatte ich immer gewusst, dass er derjenige wäre, dem ich vertrauen würde.

Er sprach mit sich selbst, als er all unsere Sachen aufs Bett legte und sortierte. Irgendwie schaffte er es, innerhalb von Minuten unsere sämtlichen Taschen zu packen. Als wäre er die ganze Zeit darauf vorbereitet gewesen, jeden Moment fliehen zu können.

Und dann kam mir ein Gedanke. James' Tasche, die, die er immer bei sich hatte. Ich hatte ihn dafür geneckt, dass er nie ohne seinen Rucksack irgendwo hinging, aber vielleicht hatte es ja einen Grund dafür gegeben, dass er immer bereit zum Aufbruch war, immer bereit zur Flucht. War es seine Kindheit? Eine durch Stress und Angst klaustrophobische Kindheit? Er hatte mir immer erzählt, dass es zu seinen glücklichsten Erinnerungen gehörte, allein in die Stadt zu fahren und den Tag damit zu verbringen, in den Laden zu gehen und Comics zu lesen. Und jetzt sah ich eine neue Dimension in dieser Geschichte; ich hatte nie darüber nachgedacht, ich hatte nie erwogen, ihn zu fragen, warum er aus dem Haus ging, warum er allein sein wollte, aber jetzt begriff ich: So rief er sich ins Gedächtnis, dass er die Kontrolle hatte.

»Wir nehmen uns ein Hotel«, sagte er. »Oder willst du direkt zurück nach London?«

»Nein, nein«, gab ich zurück. »Mir geht's gleich wieder besser, kein Grund für eine Überreaktion. Ich muss einfach hier weg.«

Er nickte.

»Wiederhol das, bitte«, bettelte ich.

»Okay«, sagte er. »Kein Grund für eine Überreaktion. Du musst einfach hier weg.«

Er dachte kurz nach, und dann holte er sein Handy heraus und buchte ein Hotel, eines in wenigen Minuten Entfernung.

Ich spürte, wie sich das Gewicht hob, das Gewicht auf meiner Brust. Ich schaute Cato nicht an, das wagte ich nicht, aber ich spürte, wie er sich in meinen Armen regte. Was bedeutete es, dass sich seine Augen verändert hatten? Was ging da vor sich?

Aber jetzt würde alles gut werden. Wir gingen hier weg. Es

war mir unmöglich erschienen, aber wir taten es. Generationen der Pflichterfüllung und des Gehorsams, und wir gingen hier weg. Einfach so. Konnte meine Großmutter das spüren? Diese Befreiung? Wir gingen in einem Strom der Schleifen, wir entkamen dem Kreis, dem sich wiederholenden Muster aus Müttern und Söhnen, aus Angst. Ich dachte an die Geschichte von James' Mutter über ihren Bruder, der starb, weil ein Topf mit heißer Suppe auf ihn gefallen war, an meine Mutter, die man im Haus ihrer Schwiegereltern festgehalten hatte. Wir würden dieses Muster durchbrechen.

Ich konnte unten James' Eltern hören. Ich bekam mit, wie sie miteinander sprachen.

»Ich darf auf keinen Fall deinen Eltern begegnen«, sagte ich, und das Gewicht lag wieder auf mir. Ich begann zu keuchen, die Decke senkte sich wieder, ich fühlte mich erneut wie in der Falle. Wir würden in diesem Kreislauf bleiben, diesem Kreislauf, Kreislauf, diesem sich ewig wiederholenden Kreislauf.

»Du darfst auf keinen Fall meinen Eltern begegnen«, sagte er. »Okay.«

Er rannte nach unten, und ich hörte, wie er mit seinen Eltern sprach. Die Haustür öffnete sich, ich hörte, wie sie das Haus verließen und wegfuhren.

»Was hast du ihnen gesagt?«, wollte ich wissen.

»Mach dir deswegen keine Sorgen«, gab er zurück.

»Nein, es ist ganz wichtig, dass du ehrlich zu mir bist. Du musst es mir sagen«, drängte ich. »Ich muss sicher wissen, dass du mir glaubst. Dass du mir vertraust.«

»Ich habe ihnen einfach gesagt, dass wir wegmüssen und dass es ganz wichtig ist, dass sie für eine Weile das Haus verlassen.«

Ich konnte wieder atmen. Ich spürte Cato auf mir, seinen Herzschlag. Alles würde gut werden, wir würden hier herauskommen.

Ich wusste nicht, was da mit mir geschah, aber es war, als

hätte man die Welt heftig geschüttelt, wie eine Schneekugel, und ich hätte als Einzige meinen Gleichgewichtssinn behalten. Ich klammerte mich mit aller Kraft an James. Es war sehr wichtig für mich, dass er mir glaubte, mir versicherte, dass ich mich immer noch in der Wirklichkeit befand. Vielleicht hatte ich eine Panikattacke, vielleicht war alles nur ein Traum, da konnte ich nicht sicher sein. Warum zog sich die Welt so stark zusammen?

James lud das Gepäck ins zweite Auto, in den Wagen mit dem Klebeband an den Scheiben und am Kofferraum.

Er nahm mir Cato ab, bemerkte, dass meine Hände zitterten. Ich konnte Cato immer noch nicht ansehen. Ich rannte weg, weg von dem Haus, weg von diesem Ort.

Ich saß auf dem Beifahrersitz und versuchte, mich auf meine Atmung zu konzentrieren. Die Häuser wiederholten sich, diese Versionen von Vierteln, und ich musste daran denken, was Matt über sein Haus gesagt hatte, über die Häuser, die sich wiederholten, und ich dachte an *Die Zeitfalte* und an die Beschreibung der Häuser und die Kinder, die synchron in den Garagenauffahrten Bälle hüpfen ließen. Würden wir jemals entkommen können? Waren wir vielleicht für immer in diesem Moment gefangen? An diesem Ort?

Endlich durchquerten wir das Stadtzentrum. Ich rang noch nach Atem. Ich rechnete damit, dass sich der Himmel plötzlich öffnete.

Als wir das Hotel erreichten, sagte James, ich solle ihm den Check-in überlassen. Ich saß mit Cato auf der gemusterten Couch in der Lobby, zählte meine Atemzüge, hoffte, die Welt würde aufhören, so zu zittern. Zwei Koreaner in Anzügen kamen auf mich zu. »Wir suchen mein Handy«, sagte einer der beiden auf Koreanisch.

Sie suchten nach einem Handy? Ein Gedanke schoss mir durch den Kopf: Waren das Freunde von James' Eltern? Wurden wir observiert? Was, wenn James' Familie erfuhr, dass man uns in einem Hotel gesehen hatte? Würden sie mit dem Skandal umgehen können?

Das Hotel wirkte wie eine dieser schmuddeligen Absteigen aus Filmen, mit roten Teppichen und roten Raufasertapeten. Ich bildete mir ein, das Surren von Überwachungskameras zu hören. Zeichnete man uns auf? Ich stellte mir einen Raum voller Monitore vor und viele, viele Male unser Bild.

Man verfolgte uns, dachte ich. Was, wenn jetzt Leute auf mein Instagram-Konto schauten, auf mein Facebook-Konto, wenn sie alles analysierten, was wir taten? James' Cousins waren Facebook-Freunde von mir, war es das, was meine Schwiegermutter gemeint hatte, war das ihre Warnung, als sie sagte, es gebe so einiges Gerede? Mit zitternden Händen löschte ich Facebook und Instagram von meinem Telefon. Ich beschloss, dasselbe mit meinem WhatsApp-Verlauf zu tun. Sie hatten uns im Blick.

»Was machst du denn da?«, fragte James. Er schaute mich an. In der Hand hatte er den Zimmerschlüssel.

»Ich lösche alles«, sagte ich. »Ich brauche einfach ein bisschen Zeit für mich.«

Er nickte langsam.

Während wir die roten Flure entlanggingen, glaubte ich, Gemurmel aus den anderen Zimmern zu hören, hinter den Türen. Ich nahm das Surren von Kameras in den Ecken wahr. »Hier wollte ich immer schon mal übernachten«, sagte James.

Ich versuchte zu nicken. In meinen Armen regte sich Cato, und ich schaute auf ihn hinunter. Seine Augen waren Teufelsaugen.

MEINE ZIMMERGENOSSIN LIZ ist blond und über vierzig. Sie liegt die ganze Zeit zitternd im Bett und steht nur zu den Mahlzeiten auf; gähnend und sich die Augen reibend schlurft sie zum Essraum.

Neben ihrem Bett liegt ein Buch: *Ein Baum wächst in Brooklyn.*

Ich frage sie, ob ich es mir leihen darf.

»Klar«, sagt sie, aber dabei verengen sich ihre Augen. Ich merke, dass ich gerade gegen eine Regel verstoßen habe. Der persönliche Besitz anderer ist tabu.

»Nur ganz kurz«, sage ich schnell. »Es gehört zu meinen Lieblingsbüchern.«

»Ich habe schon gehört, dass es gut sein soll. Ich hatte aber noch nicht viel Zeit zum Lesen.«

Auf der zweiten Seite steckt ein Lesezeichen. Mit dem Daumen blättere ich das Buch durch. Es ist wunderbar sauber und unberührt; das fällt mir auf, weil alles auf der Station so abgenutzt wirkt.

Liz bittet mich, ihr laut vorzulesen. Mir zittert die Stimme, die Wörter purzeln vor meinen Augen von der Seite, aber einen Augenblick lang befinden wir uns beide auf der Feuerleiter einer Mietskaserne in New York.

»Das war schön«, sagt sie.

»Danke, dass ich in deinem Buch lesen durfte«, gebe ich zurück.

HEUTE ABEND PROBIERE ich etwas aus. Ich behalte die Flüssigkeit und die Tablette im Mund; ich schlucke nichts davon. Schnell gehe ich in mein Zimmer und spucke alles ins Waschbecken.

Ich will etwas spüren. Ich will nicht in einem Nebel einschlafen, ich will wissen, was vor sich geht.

Um mich herum nehme ich wahr, wie sich die Atmosphäre auf der Station verändert, weil sich alle für die Nacht bereit machen, sich beruhigen, betäubt sind. Alles wird langsamer, die Leute reden weniger, man hört den Fernseher, und dann tapern wir einer nach dem anderen zum Schlafen in unsere Zimmer. Ich gehöre zu den Letzten, aber ich gehe mit. Einen Schritt, noch einen Schritt, eins-zwei, eins-zwei. Über uns summen die Neonröhren.

Einen Augenblick lang werde ich daran erinnert, wie ich mit Cato in den Armen über die Wöchnerinnenstation getigert bin, wie ich ihm die Lieder vorgesungen habe, die meine Großmutter immer sang. Ich erinnere mich an das Geräusch der Beleuchtung, daran, wie er seinen Körper an meinen schmiegte, an das Versprechen, es würde einen Morgen geben. Ich drücke mir die verschränkten Arme ans Herz, in meiner Brust ist ein scharfer Schmerz, und ich will, dass er aufhört.

ALLE LICHTER AUF der Station sind gelöscht.
Ich kann Liz schnarchen hören.

Im Zimmer ist es dunkel, und ein Kleiderschrank in der Ecke wirft einen seltsamen Schatten. Mein Lattenrost ist aus Metall, ich kann spüren, wie mich seine Spitzen durch die Matratze piksen. Die Bettlaken sind dünn und rau, sie kratzen mich auf der Haut. Es ist dunkel, aber von den Türen fallen Lichtdreiecke herein. Aus weiter Ferne höre ich Geschrei und das leise Geräusch von Schritten. Ich bekomme mit, wie sich die Türen öffnen und schließen.

Ich fühle mich leer, und von ganz tief drinnen fühle ich etwas wie Sehnsucht. Ich drehe mich auf die Seite, fast erwarte ich Cato in einem Plastikbettchen neben mir, eingewickelt in seine Krankenhausdecke. Ich frage mich, ob er mitbekommt, dass ich weg bin. Der Gedanke verursacht mir Übelkeit. Ich hoffe, er merkt es nicht; es ist besser, wenn er vergisst. Ich versuche mir Catos Gesicht vorzustellen, aber ich kann es nicht, ich sehe nur seine Augen, James' Augen, die Augen von James' Mutter.

Ich höre die Stimme meiner Schwiegermutter, was hat sie immer gesagt? »Ich füge mich.« Sollte ich mich meinen Gedanken fügen? Ich glaube nicht, dass ich das kann, was auch immer das bedeutet.

Ich fühle mich sehr eingeengt, ich denke an die Schlösser an den Türen, daran, wie schwer sie sind. Ich versuche langsam meine Atemzüge zu zählen, und ich will an zu Hause denken, aber ich kann nicht.

Stattdessen denke ich an die Siedlung meines Großvaters in Korea und an die Sommer, die ich dort als Kind verbracht habe. Die Siedlung befand sich am Fuß eines Hügels, mit einem eigenen Gelände und einer Kirche, von Bambuswäldern umsäumt. Oben auf dem Hügel stand ein Haus aus rotem Ziegelstein.

Mit der Sommerhitze wurde es im Haus drückend. Wir blieben drinnen, stellten uns vor die Klimaanlage und spielten Schach mit den afrikanischen Steinfiguren, die uns kühl in der Hand lagen. Wenn es dämmerte, rannten wir im rückwärtigen Garten zwischen den schwarzen Marmorgrabsteinen herum. Die Namen standen auf Koreanisch darauf, die Gräber waren leer; sie repräsentierten die Eltern, die meine Großeltern in Nordkorea zurückgelassen hatten.

Wir legten uns auf den kühlen Marmor, pressten die Wange an den gemeißelten Stein. Ich konnte das Geräusch meines Herzschlags spüren, das Echo, das gegen die harte Fläche hämmerte.

Wir spielten in den Schatten, bis die Nacht hereinbrach.

Daran denke ich jetzt, während ich auf der Station die Schläge meines Herzens zähle. Die Dunkelheit ist wie Glas, helle Lichtsplitter dringen aus dem Flur in unser Zimmer. Und ich denke an meine Vorfahren, die mir so mysteriös erschienen. Ich kannte ihre Geschichten nicht. Meine einzige Verbindung zu ihnen ist in meiner DNA, in der Form meiner Hände, der Spiegelung meiner Augen. Was haben sie gefühlt? Was haben sie sich vorgestellt? War das hier schon einmal geschehen? Es fühlte sich so vertraut an, als wäre es in irgendeiner Form vorherbestimmt.

Und nicht weit von hier, in einer Dunkelheit wie dieser, schlafen James und Cato. Nicht bei mir. Aber auf demselben Längen- und Breitengrad auf diesem Globus. Ich denke an meine Tante, die immer mit den Füßen nach Norden schlief, in die Richtung, in der sie so gern gewesen wäre. Sie hatte ihren Ehemann und ihren Sohn im Norden zurückgelassen; ihr Sohn hatte damals gerade Laufen gelernt. In einem schicksalhaften Augenblick wurden sie voneinander getrennt und nie wieder vereint. Meine Großtante hat sich das nie verziehen: Warum hatte sie darauf bestanden, vorauszufahren? Sie hätte warten sollen. Sie starb, ohne jemals wieder geheiratet zu haben; jeden Tag hoffte sie, die Zeit für ein Wiedersehen wäre gekommen. Sie würden sich wiedersehen, sagte sie. Das wusste sie. Ihre einzige Sorge bestand darin, ihr Sohn würde sie mit ihren weißen Haaren nicht wiedererkennen.

Ich denke an die Liebe, an meine Faszination für Liebesgeschichten und an die Warnung meiner Großmutter. Ich hatte immer geglaubt, ihre Worte hätten Männern wie Drew gegolten, der Gewalt, der Grausamkeit, der Emotion, die sich als Liebe ausgab, aber ich glaube, sie meinte etwas Unmittelbareres. Sie meinte, was sie sagte. Es war eine Warnung vor dem Triumph der Liebe, denn etwas so Schönes, so Unmittelbares kann nur endlich sein. Wenn man sein Herz entblößt, bedeutet das, Leiden zu kennen, Verletzlichkeit. Die Liebe ist eine zerstörerische Kraft.

Dadurch wird sie schön: Man kennt Sterblichkeit und Versagen und vollzieht trotzdem den Schritt in den Abgrund.

ALS WIR DAS Hotelzimmer betraten, wollte ich sofort wieder gehen. Nichts stimmte hier. Die Wände waren zu rot, sie summten förmlich. Es gab Plastikblumen, die nach Atem, nach Leben rangen. Ein Fernsehbildschirm schaute aus der Ecke hervor wie ein Schatten. Ich konnte ein Flüstern aus dem Korridor hören. Meine Atmung fühlte sich wieder unregelmäßig an.

James begann mit dem Auspacken.

»Bitte schlaf jetzt«, flehte er mich an. »Ich möchte einfach, dass du dich etwas ausruhst. Und dann können wir uns unterhalten.«

Ich schüttelte den Kopf. »Nein.« Schlafen war unmöglich. Ich konnte auf keinen Fall in diesem Zimmer bleiben.

»Ich kann nicht!«, schrie ich. Um mich herum rannten die Muster über die Wand, sie holperten und stolperten über das Rot. Das Zimmer drehte sich, nur wir standen still. Ich bildete mir ein, Gestalten aus dem Raum flüchten zu sehen, nichts wie weg, so schnell sie nur konnten. Ich fühlte mich wie in der Falle, ich war wieder auf einem Balkon, ich wollte springen. Erkannte James denn nicht, was hier auf dem Spiel stand? Die Welt erbebte, und aus irgendeinem Grund musste ich fliehen, musste laufen, musste weg von diesem erstickenden Gefühl. Es fühlte sich an, als drehten und drehten sich die Wände, als wäre ich in einem Spiegel aus reflektierenden Bildern gefangen, aus reflektierenden Leben. Ich wollte James nichts von Catos Augen sagen, weil ich nicht wusste, was ich tun würde, wenn auch James mich mit Angst im Blick anschaute.

Ich versuchte tief Atem zu holen. James beobachtete mich.

»Ich muss Teddy anrufen«, sagte ich. »Er wird es verstehen.«

Und er *würde* es verstehen, dachte ich. Er war der Einzige, der das konnte. Ich wusste, dass er mich um meiner selbst willen sah. Nicht als Mutter. Nicht als Ehefrau. Nur als Catherine. Noona.

Ich nahm mein Handy und ging ins Bad, um Teddy anzurufen. In Seattle war es fünf Uhr morgens, aber er nahm das Gespräch an. »Hi, Noona.«

»Teddy«, sagte ich.

Mein Atem kam stoßweise. Teddy wartete.

»Ich bekomme keine Luft, Teddy«, sagte ich. »Ich weiß nicht, was hier los ist. Hier läuft irgendetwas ganz und gar falsch. Alles kommt immer näher. Ich weiß nicht, was hier vor sich geht, aber alles ist irgendwie fremd, fast, als wäre das alles schon einmal passiert.«

Eine Pause entstand.

»Weißt du, was ich meine?«

»Ja.«

»Was machst du, wenn du dieses Gefühl hast?«, fragte ich.

»Na ja, das Wichtigste ist, dass du einen Grund zum Lachen findest. Du musst das Ganze einfach absurd finden.«

»Ich versuche ja zu lachen«, gab ich zurück. »Aber es scheint einfach alles zu ernst. Zu dunkel. Ich weiß nicht genau, was echt ist und was nicht.«

»Okay«, sagte er. Das kannte ich schon von Teddy. Ich musste abwarten. Ich betrachtete mich im Badezimmerspiegel. Ich sah aus wie immer, ganz normal.

»Noona, du musst jetzt ruhig bleiben. Wo bist du gerade?«

»Ich bin in einem Hotel, mit James … und Cato«, antwortete ich.

»In einem Hotel?«

Die Worte purzelten förmlich aus mir heraus, als ich ihm erzählte, dass wir das Haus von James' Eltern verlassen hatten, dass James das Unmögliche gelungen war und er uns von dort weggeholt hatte; er hatte die Regeln des Pflichtbewusstseins und Gehorsams gebrochen, wir hatten das Unmögliche geschafft. Ich war die Tochter eines Blinden im Haus eines Tauben gewesen, und wir hatten das Unmögliche geschafft, aber irgendetwas, irgendetwas stimmte immer noch nicht.

»Noona, kann ich mit James sprechen?«, fragte Teddy.

James, der sehr besorgt war, saß mit Cato auf dem Bett. Er sah mich mit müdem Blick an, aber seine Augen waren immer noch seine Augen, es lag immer noch Vertrauen darin.

»Für dich, Teddy«, sagte ich.

James gab mir Cato und verließ das Zimmer. Ich saß mit meinem Kopf an Catos gelehnt da, ich konnte seinen warmen Atem an meiner Wange spüren. Seine Haut war weich, weicher als Puder, er vertraute mir immer noch, lehnte sich immer noch an mich.

James kam zurück und reichte mir das Handy. Er schenkte mir ein halbes Lächeln.

»Noona«, sagte Teddy. »Ich denke, du musst jetzt schlafen. Ich kenne das von mir selbst. Wenn ich nicht schlafe, wird mir ganz komisch im Kopf.«

»Ja«, sagte ich, »das denke ich auch, aber ich kann jetzt nicht sofort schlafen. Ich muss atmen, ich muss herumlaufen. Ich kann in diesem Zimmer einfach nicht atmen!« Ich konnte meine eigene Stimme in meinem Kopf hören, und ich klang verzweifelt.

»Okay, Noona, bleib jetzt ganz ruhig. Das kommt schon alles in Ordnung. Hör einfach auf das, was James sagt. Was er auch sagt, hör einfach auf ihn.«

Ich stellte mir Teddy als Kind vor, als kleinen Jungen, meinen Fuchsbaubruder.

»Weißt du, Teddy, du warst immer mein Fuchsbaubruder.«

Er musste lachen. »Ich weiß, du hast recht. Noona, bald geht es dir besser.«

Ich drückte auf den Aus-Knopf und schaute James an. Er sah erschöpft und verunsichert aus.

Ich wollte Teddy sehen, ihn bitten, zu uns zu fliegen, mich wieder daran zu erinnern, dass alles in Ordnung kommen würde. »Vielleicht wäre es gut, wenn Teddy herkommt«, sagte James zu mir, als könnte er meine Gedanken lesen.

»Nein«, antwortete ich. »Nein, wir dürfen ihm keine Umstände machen.«

James versuchte ein Lächeln. »Wenn Schlafen erst mal nicht geht, können wir eigentlich genauso gut eine kleine Tour durch meine Heimatstadt machen«, sagte er. Darüber hatten wir schon gesprochen: über seine Kindheit, darüber, wie er mich zu einem Highschool-Date eingeladen hätte, wenn wir uns damals begegnet wären. »Lass uns einfach ein Highschool-Date machen«, schlug er vor. »Cato können wir ja mitnehmen.«

Ja, dachte ich. Ja, das konnten wir tun. Ich konnte es. Es fühlte sich an wie ein Test, das Zimmer zu verlassen, aber wir traten in den Flur hinaus, und ich konnte mein eigenes Herz spüren wie eine geballte Faust in meiner Brust.

Sofort empfand ich Erleichterung; alles würde gut werden, und es würde mir besser gehen. Vorsichtig brachten wir Cato ins Auto; er schaute mich unschuldig an, und in seinem Blick lag nicht einmal eine Andeutung des Diabolischen, das zuvor in seinen Augen aufgeleuchtet hatte. Er gluckste, und ich lächelte zurück. Alles würde gut werden. James fuhr, ich saß hinten neben Cato, mit einer Hand auf seinem Bein. Wir fuhren die Straßen von Tenafly hinunter, vorbei an den Bagel-Shops, Delikatessenläden und Restaurants.

Wir stellten das Auto in einer Seitenstraße ab und holten Cato im Babysitz heraus.

James führte mich zu dem Drogerieladen, in dem er immer Comichefte gelesen hatte. »Hier bin ich als Kind ständig hergekommen«, erzählte er. Er lächelte, aber als wir den Laden betraten, sah er erschöpft aus. »Lass uns ein paar Vorräte kaufen«, sagte er. Er bewegte sich langsam, wie im Traum. Vielleicht spürte er die Last unserer Tat, dachte ich. Vielleicht spürte er die Last, gegangen zu sein.

Ich betrachtete James eingehend, wie er da vor den Regalen stand. Mir fiel auf, dass ein Ekzem sein Gesicht und seine Hände bedeckte. Jetzt zog er einen Inhalator hervor; in London hatte er nie einen gebraucht, aber nach ein paar Tagen in New Jersey war sein Asthma zurückgekommen. Er nahm einen tiefen Zug. »Hier habe ich viele Stunden verbracht«, sagte er. Und plötzlich sah ich ihn als kleinen Jungen mit einem riesigen Rucksack, der im Gang eines Ladens Zuflucht fand, mit aufgesprungenen Lippen und strubbeligem Haar, weg vom Lärm, weg von den Diagnosen.

Langsam wurden mir die Farben der Drogerie zu grell. Was passierte denn jetzt? Ich spürte, wie sich die Wände bewegten, sich um mich schlossen, pulsierten.

Nun erkannte ich Dämonengesichter in den Gängen des Ladens; eine ältere Frau mit einem Rollator starrte mich an, und ihr Gesicht war verzerrt. Ein Auge quoll ihr heraus, die Augenhöhle war ungeschützt, ohne Lid, und sie hatte eine lange Hakennase. Was ging hier vor sich? Ich konnte nicht genau sagen, ob es vielleicht nur meine Einbildung war. Ich schaute auf die Regale, und es sah aus, als würden auch die Produkte darin pulsieren; die Farben waren lebendig, zu lebendig. Die Leuchtschrift der Apothekenschilder blinkte mich an: »Linderung«, »Schmerz«, »frei«. Was passierte hier? Träumte ich das alles nur?

Ich wandte mich zu James hin, der sich immer noch auf das Einkaufen konzentrierte und nicht zu bemerken schien, was vor sich ging. Langsam bewegte er sich auf mich zu und lächelte mich wieder an. Ich spürte, wie mir die Kehle eng wurde. »Ich muss ins Hotel zurück«, sagte ich.

»Okay«, erwiderte er. Er wirkte erleichtert. »Lass uns schlafen gehen, ich bin völlig fertig. Ich glaube, Cato ist auch sehr müde.« Ich schaute zu Cato hinüber, der friedlich in seinem Kinderwagen schlief, und dann wurde es mir bewusst: Cato – ich hatte ihn völlig vergessen.

Wir verließen den Laden, ohne etwas gekauft zu haben. Rasch ging ich zur Tür. Draußen schüttete es. Der Himmel war dunkel. Ohne Donner und Blitze, ohne Warnung brach das Unwetter einfach los. Wann hatte das angefangen? Der Regen war dunkel, er prasselte auf die Erde.

»Was machen wir jetzt?«, fragte ich. Ich spürte den Blick der alten Frau hinter uns, sie starrte mich an. Es klang, als versuchte sie, mit mir zu sprechen. Ich ignorierte sie.

James schien den Regen gar nicht zu bemerken. Zögernd stand er da. »Lass uns einfach gehen«, meinte er, und er zog einen Regenschirm unter dem Kinderwagen hervor. Langsam marschierten wir los, hielten den Schirm über den Kinderwagen und taten alles, damit Cato nicht nass wurde. Auf dem Weg zum Auto fragte ich mich, ob ich das alles träumte. War das eine Prüfung? Sollten wir abwarten, bis der Sturm vorbei war? Wie würde sich James' Vater bei dem Gedanken fühlen, dass uns seine Ängste dazu gebracht hatten, das Haus zu verlassen, fragte ich mich, nur damit wir dann bei einem Unfall zu Tode kamen? Das wäre seine ganz persönliche Hölle, dachte ich.

James holte tief Luft, bevor er den Motor anließ.

Im Auto sah ich die scharfen und zugleich verschwommenen Blitze und fing an zu zählen, konnte aber den Donner nicht hören. Es regnete so heftig, dass alle anderen Geräusche überlagert wurden. Darum zählte ich stattdessen meine Atemzüge. Ich konnte spüren, wie Cato in seinem Sitz neben mir ruhig Luft holte. Die Augen hatte er geschlossen, er war ganz entspannt. Ich konnte spüren, dass James sich konzentrierte, so gut er nur konnte. Es regnete immer heftiger, sodass wir nur die Lichter der vor uns fahrenden Autos erkennen konnten. Ich dachte an das Zitat aus dem Charlie-Brown-Comic: »Die Eltern sitzen vorne, und man selbst kann auf dem Rücksitz einschlafen.« Und ich dachte, wenn ich jetzt sterben müsste, geschähe das im Bewusstsein des Friedens. Catos Hände umklammerten meinen Finger. Wir waren in Sicherheit. Ich vertraute James, ich wusste, er würde uns unbeschadet zurückbringen.

Es fühlte sich an, als würde ich schweben, ganz ruhig. »Ich habe das Gefühl, wir wären irgendetwas entkommen«, sagte James, als wir die Lobby betraten.

»Ja«, entgegnete ich. Die Hotellobby fühlte sich falsch an, wie ein Blitz, der durch meinen Körper fuhr. Überall drängten sich die Menschen, so viele Menschen, und alle wandten den Kopf, um mich anzuschauen. Warum starrten sie mich an? Als ich mir einen Weg durch die Menge bahnte, stießen sie gegen mich, schubsten mich herum. Manche von ihnen hatten verzerrte Gesichter wie die Frau in der Drogerie, andere lächelten mich mit glänzenden Blicken an, und dann war da Catos Gesicht in der Menge, aber es war zu einem Dämonengesicht verzerrt, mit einem entstellten Mund und tanzenden Augen.

Ich schloss meine. Was war das für ein Trick? Ich weigerte mich, darauf hereinzufallen. Ich klammerte mich an James' Arm, und als wir vor unserem Hotelzimmer standen, rannte ich hinein und schloss die Tür hinter uns. Der Raum klang, als würde er atmen.

James war völlig erschöpft, aber er wickelte Cato, reichte ihn mir und saß beim Stillen neben uns. Cato war ruhig; ich vermied es, ihn anzuschauen, aber wenn ich es doch tat, sprang mich jedes Mal sein Teufelsblick an. Ich schloss die Augen.

»Was ist denn los?«, fragte James.

»Nichts«, sagte ich rasch.

Wir schlossen die schweren Vorhänge. James brachte Cato in sein Bettchen, und dann legten wir uns hin. Ich versuchte zu schlafen. Die Gedanken rasten mir durch den Kopf. Neben mir konnte ich James schnarchen hören, und da waren Catos regelmäßige Atemzüge. Ich muss es einfach bis morgen schaffen, sagte ich mir. Mit dem Morgen kommt ein neuer Tag. Die alte Welt muss einfach zerstört werden, damit eine neue entstehen kann, man muss die Mauern niederreißen, um sie neu aufbauen zu können, dachte ich.

Ich weiß nicht genau, ob ich dann geschlafen habe, aber im nächsten Moment waren meine Augen offen, und ich hörte eine Stimme.

Es war eine Stimme in meinem Kopf, meine eigene Stimme, doch in ihr lagen Klarheit und Kraft. Jedes Mal, wenn sie erklang, füllte sich das Zimmer mit Licht. Woher kam dieses Licht? Die Vorhänge waren immer noch geschlossen. Im Zimmer herrschte Dunkelheit, aber das Licht versuchte, sie zu bekämpfen. Irgendwie spürte ich es instinktiv, irgendwie wusste ich, es war die Stimme Gottes. Ich nahm seine Gegenwart im Licht wahr, im Sonnenaufgang.

Sofort kam eine Ruhe über mich.

»Gott?«

»Dein Sohn muss sterben.« Die Stimme war schlicht, geradeheraus. Das Licht schien jetzt nur noch schwach, doch ich spürte, dass es kämpfte.

»Was?« Panik durchflutete mich. »Bitte, nein, bitte nicht.«

»Versuchst du etwa mit mir zu rechten?«

»Nein, ich versuche nicht zu rechten.« Ich fing an zu weinen. Ich fühlte mich hilflos. Was bedeutete das? Was ging hier vor sich? Ich verstand das alles nicht. Ich hatte geglaubt, wir wären sicher, ich hatte geglaubt, wir hätten es geschafft. Uns war das Unmögliche gelungen, wir hatten das Haus verlassen, ich dachte, das wäre die Prüfung gewesen, weiter gäbe es nichts. Was, wenn ich jetzt wirklich rechtete? Es unterlag nicht meiner Kontrolle, nichts von all dem hier unterlag meiner Kontrolle. Ich wusste nicht, wie ich diesen Traum, diesen Albtraum beenden sollte. Ich beschloss, allem seinen Lauf zu lassen. Wenn darin der Preis bestand, würde ich es akzeptieren.

»Gut«, sagte ich. »Wenn das geschehen soll, nehme ich es an. Ich akzeptiere es.« Ich zögerte, war außer mir vor Entsetzen, doch dann spürte ich, wie Dunkelheit über mich kam. Und dann spürte ich eine Leere, als hätte sich eine Hand über mein Gesicht gelegt und mich erstickt. Und dann war da ein schwacher Lichtschein, ich konnte das Geräusch von Catos Atemzügen hören, es klang gleichmäßig, aber dann hörte es auf, und es gab nur noch das Geräusch des Zimmers. Und auf irgendeine Weise wusste ich, ohne ihn auch nur anzusehen, dass er gestorben war.

Ich betete. Ich hatte seit meiner Kindheit nicht mehr gebetet. Der Glaube war etwas, das ich vorher gespürt hatte, allgegenwärtig wie ein Schatten, aber seitdem war ich ihm nicht nachgejagt. Ich betete um Erbarmen. Ich betete darum, keine Angst mehr zu haben. Ich wollte nur nicht mehr kämpfen, ich wollte alles akzeptieren. Dann hörte ich Cato wieder atmen; er war zurück, er war zurück. Ich spürte das Licht, kühl und empfindlich, und dann spürte ich Dunkelheit, wieder das Ersticktwerden. Und wieder wachte ich auf, diesmal lag ich mit dem Gesicht nach unten in die Matratze gepresst.

Die Stimme war wieder in meinem Kopf. »Dein Sohn muss sterben, und dein Mann muss die Schuld daran tragen.«

»Das wird ihn zugrunde richten«, sagte ich. Ich dachte an den Großvater, der die Verantwortung dafür trug, dass der Suppentopf auf seinen Sohn gefallen war. Er hatte mit der Schuld am Tod seines Erstgeborenen leben müssen. Er war inzwischen 102 Jahre alt, so viele Jahre hatte er mit der Schuld leben müssen. Wie sollte James, dieser unverbesserliche Optimist, das überleben?

»Ja, es wird ihn zugrunde richten, aber es wird ihn auch

stärker machen. Du musst bei ihm sein und ihn unterstützen. Du bist seine Beatrice.« Und dann verstummte die Stimme. Ich konnte die Endgültigkeit in diesen letzten Worten spüren. Beatrice, ich war James' Beatrice. James war also Dante. Mir kam ein Gedanke. Bedeutete das, dass wir uns in der Hölle befanden? Waren wir in dem Gewitter gestorben, im Auto, und in der Hölle aufgewacht? Wie viele Kreise der Hölle würden wir durchqueren müssen, um an ihr Ende zu kommen?

Ich lag da und ging die Beweise durch, die ich am vergangenen Tag gesammelt hatte. Was bedeutete die Dunkelheit? Was bedeuteten die Dämonen? Die verzerrten Gesichter? Träumte ich? War ich tot? War ich in der Hölle? Konnte ich darum nicht schlafen? Fühlte es sich darum so an, als würde die Dunkelheit wie mit Händen gegen mich drücken?

Ich begann weiterzudenken, über diesen Tag hinaus, und jetzt sah ich Muster: Märchen, die Geschichte der drei Brüder, Ost und West, das Baby, das auf einer Feier fallen gelassen wurde und zu Tode kam; das Baby, das starb, als ein Topf Suppe auf es fiel. James' Vater, der Taube, mein eigener Vater, der Blinde. James' Mutter, ein Spiegelbild meiner selbst, Cato, der aufwuchs, um wie James zu sein, und im Zentrum, immer im Zentrum James, James und ich, ich und James.

Es war auf seltsame Weise erhebend, diese Muster zu erkennen, als setzte man eine Geschichte zusammen, die zuvor nur aus Einzelstücken bestanden hatte. Und durch meinen Schrecken und meine Furcht hindurch offenbarte sich mir ihre Schönheit, wurden die Muster des Universums sichtbar. Ich spürte, dass darin eine Gefahr lag, in dieser unmittelbaren Energie, diesem berauschenden Gefühl, und einen Augenblick lang wünschte ich mir, ich könnte mich hineinstürzen, mich einfach in den Wahnsinn fallen lassen. Ich fühlte mich, als hätte ich einen Blick auf eine andere Dimension erhascht, auf die Leere, auf die Wahrheit, auf die Möglichkeit. Dieses Gefühl war wunderschön, und zugleich war es grauenerregend. Nie würde ich imstande sein, es zu beherrschen, das wusste ich, nie würde ich imstande sein, es zu kontrollieren.

Ich fühlte mich wie Ikarus, ich keuchte in einem Gefühl der ehrfürchtigen, alle Grenzen überschreitenden Angst.

Denn plötzlich hatte ich keine Angst mehr. Es lag nicht in meiner Macht, ich hatte keine Macht darüber. Ich füge mich, dachte ich. Und als ich mich fügte, fühlte ich mich unbesiegbar, denn als ich über die Furcht, über die unglaubliche Angst hinausschaute, konnte ich nur noch Liebe sehen. Meine Liebe zu James, meine Liebe zu Cato. Das war Liebe, sie gehörte in höhere Sphären, in höhere als alle sonstigen Kräfte. War es das, wovor mich meine Großmutter gewarnt hatte? Vor der Kraft, die die Liebe war, und davor, dass ich nur den Verlust kennen würde.

Ich versuchte mir vorzustellen, Cato zu verlieren; ich wusste, das würde geschehen. Ich konnte mir den scharfen, brennenden Schmerz dieses Verlusts nicht vorstellen. Die Verzweiflung. Die zerstörerische Liebe. Ich würde für James da sein müssen.

Im nächsten Augenblick hörte ich, wie James neben mir aufwachte. Er lächelte mit müdem Blick, und er schaute mich besorgt an.

»Hast du überhaupt geschlafen?«, erkundigte er sich.

»Ja, habe ich«, sagte ich. »Ehrlich gesagt bin ich nicht sicher«, gab ich dann zu. Ich sah, wie James' Lächeln verschwand, während er mich ansah. Er warf mir einen prüfenden Blick zu; er machte nicht mehr den Eindruck, als würde er mir vertrauen.

»Oh, Cat«, sagte James. Ich lag nicht mehr im Bett, ich stand davor, dann lief ich durch den Raum. Ich fühlte mich machtvoll; indem ich mich gefügt hatte, hatte ich den Sieg davongetragen. Ich würde heute Schmerzen empfinden, ich würde einen Verlust erleben, aber ich war bereit dafür, ich hatte es akzeptiert. Ich war bereit zu springen.

James schaute mich besorgt an. »Cat«, sagte er. Vielleicht hatte ich meine Gedanken laut ausgesprochen. Ich spürte, wie mein Körper Energie ausstrahlte, wie er Licht ausstrahlte. Ich leuchtete; ich war lebendig. Ich wollte draußen sein, den Wind auf mir spüren, schreien.

»Ich muss mit Teddy sprechen«, kündigte ich an. »Ich muss mit Teddy sprechen.« Ich musste alles jemandem erklären, der mir zuhören würde. In James' Gesicht war nun Panik zu lesen, ich wollte ihm keine Angst einjagen.

»Ich will nach draußen«, sagte ich. »Ich will raus aus diesem Zimmer.«

»Nein«, gab James zurück. »Wir bleiben hier. Ich will, dass wir reden, ich will jetzt wissen, was hier vor sich geht.«

»Es gibt nichts zu sagen«, erwiderte ich. »Kein Grund für eine Überreaktion.«

Das Gefühl des Ersticktwerdens war zurückgekehrt. Und jetzt lief James durch das Hotelzimmer, auf und ab, auf und ab über den roten Teppich.

»Cat«, sagte er, »ich glaube, ich sollte meine Eltern anrufen, weil ich möchte, dass sie sich um Cato kümmern. Ich möchte, dass du heute ein wenig Schlaf abbekommst.«

Ich nickte; ich hätte alles getan, um James zu helfen. Seine Stimme hallte im Raum wider, als Echo und wieder als Echo. Hier stimmte etwas nicht.

»Ist es in Ordnung für dich, wenn ich sie anrufe?«, fragte James.

Ich nickte wieder.

Er verließ das Zimmer. Mir fiel auf, dass er Cato mitnahm.

Ich rief Teddy an. Die Unterhaltung war bruchstückhaft, aber ich erinnere mich daran, dass ich ihm sagte, alles werde gut werden. Ich war Beatrice; im Augenblick wusste ich nicht, was das bedeutete, aber ich wusste, dass ich Beatrice war und dass es in meiner Verantwortung lag, uns hier herauszubekommen.

»Weißt du noch?«, fragte ich. »Weißt du noch, wie wir als Kinder Drachen haben steigen lassen?«

»Ja«, sagte er.

»Keine Angst«, beruhigte ich ihn. »Du wirst eine lange Reise machen, Teddy. Du wirst um die ganze Welt reisen.« In der Leitung herrschte Stille, als ich ihm die Reise beschrieb, die er bereits vor einigen Jahren absolviert hatte, aber dieser Teddy wusste nichts davon. Das war ein anderes Leben, eine Version, die er nicht kannte.

Dann erklang eine leise Stimme, und ich konnte ihn weinen hören. »Okay, Noona«, sagte er.

»Du wirst so viele Orte besuchen! Du wirst all deine Sachen verkaufen, und dann nimmst du dir ein Zelt und einen Rucksack und läufst los«, sagte ich. »Und du wirst dir die Haare wachsen lassen, richtig lang, länger als meine.«

»Okay, Noona«, antwortete er, und ich konnte spüren, dass er versuchte, mit dem Weinen aufzuhören. »Du machst einfach alles, was James dir sagt. Er wird sich um dich kümmern. Alles wird gut.«

PLÖTZLICH ERSCHEINEN GANZ viele Neuankömmlinge auf der Station. Will sagt, das liege am Valentinstag. Ich bin nicht ganz sicher, was das bedeutet.

Da ist Persephone, eine Frau über fünfzig mit einer strahlend blonden Perücke. Sie ist Wahrsagerin, erklärt sie uns. Sie kichert und lacht über alles, als wäre die ganze Abteilung ein neu entdecktes Vergnügen. »Ach, wie amüsant!«, sagt sie zu allem. Meine Pantoffeln findet sie wunderschön. Sie will auch so ein Paar haben, aber die gibt es schon sehr lange nicht mehr. Ich erzähle ihr, dass ich meine aus dem Mülleimer gefischt habe.

Ich frage mich, ob die Neuankömmlinge nach einer Zwangseinweisung auf der Station sind wie ich. Ich kann nicht erkennen, ob sie hier sein oder gehen wollen. Sie erscheinen ohne jede Ankündigung, sind plötzlich im Essraum, im Fernsehraum. Manche von ihnen grüßen Tamyra und Will mit einer desinteressierten Vertrautheit, als wären sie davon ausgegangen, die beiden hier vorzufinden. Offizielle Vorstellungen gibt es nicht; ich vermute, die Angestellten haben viel zu tun. Namen lernen wir mit der Zeit und zufällig und manche nie.

Zu den Neuankömmlingen gehört eine verhuscht wirkende Koreanerin. Sie hat eine Bibel unter dem Arm, und den Kopf hält sie gesenkt. Es scheint, als würde sie etwas zu mir sagen wollen, aber als sie sieht, wie ich mit Tamyra spreche, macht sie den Mund wieder zu und geht weg.

Dann ist da Lorena, eine hübsche Collegestudentin mit vielen Piercings in den Ohren. Sie erscheint in einem Krankenhaushemd; um die Handgelenke trägt sie dicke Baumwollverbände.

Sie bewegt sich zögernd wie ein Spatz. Mir kommt der Gedanke, dass sie wie ein Beutetier aussieht. Dave bellt sie an und verzieht spöttisch das Gesicht, als sie vor Schreck aufspringt. Im Fernsehraum setzt sie sich dankbar neben mich, als hätte sie bei mir Sicherheit gefunden.

»Wie ist es denn hier?«, fragt sie mich.

Ich weiß nicht genau, was ich sagen soll. Was wäre denn die richtige Antwort? Mir ist bewusst, dass die Angestellten zuhören.

»Ganz okay«, sage ich. »Alle sind freundlich.«

»Fühlst du dich hier sicher?«, fragt sie. Ich sehe, wie Tamyra die Augen verdreht.

»Ja, ja, auf alle Fälle.« Ich weiß, dass sie Angst hat, und ich wollte, ich wüsste, wie ich sie noch beruhigen könnte. Sei einfach schlau, denke ich. Stell nicht ständig solche Fragen. Pass auf.

Und dann fragt sie: »Warum bist du hier?« Und alle halten inne, beide Angestellten schauen von ihren Handys auf.

Ich fange an zu stammeln. »Ich … ich bin krank geworden«, sage ich. »Ich habe ein Baby bekommen, und dann, na ja, dann habe ich eine Reise gemacht, und dabei bin ich krank geworden. Ich hatte viel Stress wegen der Familie meines Mannes, und ich konnte nicht schlafen.« Die Worte purzeln nur so aus mir heraus. Wie kann ich alles erklären? Ich weiß nicht genau, wo ich anfangen soll.

»Wir schauen jetzt dieses verdammte Olympia«, verkündet Tamyra. Ich lächle sie dankbar an. Sie erwidert mein Lächeln nicht.

IM HOTEL VERBOG sich die Zeit. Ich sah vor mir, wie sich Dinge vervielfachten, mein Realitätsbewusstsein zerbrach in Stücke, es war, als bildete ich Erinnerungen, die sich verdoppelten, doch in jeder Verdopplung war etwas ein klein wenig anders.

Ich sah James durch das Hotelzimmer gehen. Cato lag in seinen Armen.

Ich sah James in einer Endlosschleife durch das Hotelzimmer gehen.

Ich sah, wie er zitterte, die Leiche unseres Sohnes in den Armen.

Ich sah ihn wieder und wieder, mit demselben Ergebnis: Unser Sohn war tot.

Kopieren Einfügen Kopieren Einfügen Kopieren Einfügen. Gezwungen, das Hotelzimmer in einer Endlosschleife zu durchqueren, seinen Sohn am Leben erhalten zu versuchen, was ihm aber nicht gelang. Mein Körper auf dem Bett des Hotelzimmers. Das sah ich, Hunderte von Malen, in immer kleiner werdenden Bildern, wie Thumbnails auf einem Computerbildschirm, einen Miniaturjames, der ewig Runden drehte, während er Cato in den Armen hielt.

Ich konnte nicht schreien, ich konnte mich nicht bewegen, ich bedeckte mir die Ohren mit den Händen, die Augen, ich wollte es nicht mehr sehen. Ich wollte es nicht mehr erleben. Aber es hörte nicht auf, ich erlebte es immer und immer wieder.

Ich konnte James' Eltern auf dem Flur hören, auf dem Flur mit der roten Tapete.

James eilte mit Cato in den Armen hinaus, ich fing an zu schreien. »Ich weiß, ich weiß«, schrie ich. »Wir haben versagt. Wir sind in eurer Version der Hölle.« Ich sah, dass das Gesicht von James' Mutter von Sorgenfalten durchzogen war, ihr Blick noch immer ein Pfeilblick. Ich sah das Gesicht seines Vaters, wie sich seine Arme zu mir hinstreckten.

Irgendwo schrie James etwas, und ich konnte spüren, wie er mich bei den Schultern packte, um mich ins Zimmer zurückzuziehen. Er schluchzte. »Nein, nein. Geht einfach, geht einfach.«

James schloss die Tür, doch ich konnte sie immer noch auf dem roten Flur stehen sehen, als würde mir eine Projektion auf einer Leinwand gezeigt. Meine Schwiegermutter hielt Cato ganz fest.

Ich zerbrach in Stücke, zersplitterte in viele verschiedene Versionen.

Und dann, als hätte jemand in meinem Kopf die Vorspultaste gedrückt, befand ich mich in einer anderen Szene: James weinte im Auto. »Wir fahren ins Krankenhaus«, erklärte er. Er sprach schnell, er gab mir einen Kuss. Und dann lächelte er, und ich sah den Jungen von der Hochzeit vor mir, den Jungen, der mir ein Seil zugeworfen hatte, der mich gesehen und ans Ufer gezogen hatte. »Vertraust du mir?«, fragte er.

Ich antwortete: »Ja, ich vertraue dir.«

Während James das Auto lenkte, sah ich unser Leben wieder und wieder vor mir: Wir lernten uns auf einer Hochzeit kennen, auf einer Party, in einer Bibliothek, auf der Straße. Ich sah, wie wir zusammen von Felsen sprangen, ich sah, wie wir alt wurden, erhaschte kurze Blicke. Wir hatten all diese Leben gelebt, waren uns immer begegnet, wir hatten uns immer ineinander verliebt, aber immer endete es hier. Am selben Ort, auf diesem Parkplatz, vor dem Krankenhaus. Immer wieder.

James küsste mich mit Nachdruck. »Lass uns reingehen«, sagte er.

Als wir das Krankenhaus betraten, überkam mich das Gefühl, auf einem Filmset zu sein. Jemand kümmerte sich um die Beleuchtung, und es liefen Leute mit Kameras vorbei. Ach, dachte ich, jetzt verstehe ich. Das hier war ein Filmset, ein Filmset der Hölle, und es sollte die Stelle des Fegefeuers einnehmen. Am Empfang saß eine Dämonin, mit tintendunklen Augen und einem spitzen, verzerrten Gesicht. Sie zwinkerte mir zu. Ihre Augen funkelten vor Vergnügen.

James stand am Schalter und füllte Formulare aus.

»Okay, was muss ich jetzt machen?«, fragte ich laut. »Das war ja wirklich gut, aber wie kann ich diese Realität durchbrechen?« Ich wandte mich an die Dämonen um mich herum, an die auf den Stühlen, an die mit den Armen in der Schlinge, an das Mädchen, das mich, ohne zu blinzeln, anschaute.

James versuchte, mich zum Schweigen zu bringen.

Ich setzte mich. Man würde uns nie aufrufen, dieses Krankenhaus war ein Filmset. Wir befanden uns im Fegefeuer, und James begriff das nicht. Man würde uns nie aufrufen, wir würden bis in alle Ewigkeit hier sitzen.

Ich versuchte einen Fluchtplan zu entwerfen. Wie konnte ich James helfen? Ich war Beatrice, ich musste diejenige sein, die ihn führte, ihn durch die Kreise der Hölle führte, aber worin bestand meine Aufgabe? Ich versuchte, in meinem Kopf eine Stimme zu finden, doch da war keine. Vielleicht sollte ich gehen, vielleicht sollte ich neu anfangen, damit wir noch einmal von vorne beginnen und es diesmal besser machen konnten. Ich musste hier raus. Ich ging verschiedene Möglichkeiten durch, wo konnte ich hin? Wie sollte ich es schaffen? Aber dann schaute ich zu James hinüber, wie er erschöpft dasaß, mit Sorgenfalten im Gesicht, während er in sein Handy tippte. Das summte immer wieder mit neuen Textnachrichten. Ich musste diesen Ort verlassen, damit wir noch mal anfangen konnten, aber ohne James würde ich nicht gehen. Ich schaute zum Rezeptionsschalter hinüber, und die Schwester zwinkerte mir wieder zu.

James hatte ganz aufgesprungene Lippen. Da wurde mir bewusst, dass er seit dem Morgen nichts mehr gegessen oder getrunken hatte.

Ich nahm ihm das Handy weg und warf es durch die Gegend, um zu sehen, ob ich so seine Aufmerksamkeit bekommen würde.

Das Mädchen, das ich angestarrt hatte, hob es leise auf und gab es James zurück. »Cat«, sagte James. »Bitte.« Sein Tonfall war sanft. »Bitte setz dich hin.«

Der Raum drehte sich jetzt um mich, die Zeit verging zu schnell, alles geschah gleichzeitig, und jeder Augenblick pulsierte nur so vor Energie. Ich brach vor ihm zusammen; ich konnte mich einfach nicht länger aufrecht halten. Ich hörte James schreien. »Kann mir bitte jemand helfen? Hilfe, bitte. Bitte.«

»Helft ihm doch«, schrie ich. »Warum hilft ihm denn niemand?«

Ich begann, an meiner Kleidung zu zerren und zu brüllen. Ich zog an meinen Haaren, so fest ich konnte. Wenn ich mir wehtat, wenn ich das schaffte, konnte ich vielleicht James' Realität durchbrechen. Ich konnte ihm klarmachen, dass wir uns im Fegefeuer befanden. Dass wir diesen Ort verlassen mussten. Ich spürte, wie die Dämonen auf mich zueilten, wie sie in freudiger Aufregung ihre Gesichter über mich hielten, wie sie ihre Hände auf mich niederdrückten, als sie mir den Knöchel verdrehten und mich endgültig zu Fall brachten.

Ich wehrte mich schreiend. Ich kämpfte mit aller Kraft, ich schlug wild um mich. Ich kratzte, ich biss, ich trat. Irgendwo außerhalb meiner Reichweite hörte ich James. Spürte, wie mich die Hände in die Hölle hinabzogen. Was würde mit mir geschehen? Ich hatte versagt. Ich hatte James im Stich gelassen. Die Schwester von der Rezeption war dabei, sie zwinkerte mir lachend zu.

Und plötzlich musste ich an eine Irrenanstalt denken. Ich begriff, dass hier mein Schicksal lag, als wäre es bereits geschehen; mein Schicksal bestand darin, für alle Ewigkeit in eine Irrenanstalt gesteckt zu werden. Man brachte Gurte an meinen Handgelenken an. In der Ferne hörte ich James' Stimme wie durch einen Tunnel. Ich versuchte, eine Dämonenkrankenschwester mit der Kette ihres Namensschildes zu erdrosseln. Ich dachte an James' Mutter: Vielleicht hatte sie das hier auch schon durchgemacht. »Ich füge mich«, schrie ich.

ICH ERINNERE MICH an Lichter, grelle Lichter. Ich sah einen Operationstisch, ich sah Dämonen, die sich über mich beugten, sich die Lippen leckten und in die Hände klatschten. Ich würde verschlungen werden, ich würde aufgeschnitten werden, ich würde in Ketten gelegt werden. Dämonen zerrten an mir, rissen an meinen Kleidungsstücken.

Und dann schob man mich rasend schnell durch einen Korridor. Das erinnerte mich daran, wie man mich in den Operationssaal gefahren hatte. Würde man mich wieder operieren? Würde ich wieder ein Kind zur Welt bringen? Worin würde mein Schicksal bestehen? Wenn ich James nur dazu hätte bringen können, mit mir diesen Ort zu verlassen ... Nächstes Mal, dachte ich. In diesem Leben hatte ich versagt; meine Aufgabe hatte darin bestanden, James dazu zu bewegen, mir zu glauben. Nächstes Mal.

Um mich herum konnte ich Stimmen hören; die von Freunden, Freunden vom College, Freunden aus meiner Kindheit. Waren sie bei mir? Ich hatte die Augen geöffnet, konnte jedoch nur Hell und dann Dunkel wahrnehmen. Ich hörte Reginas Stimme, die Stimme einer Freundin von mir, die auch einen Sohn hatte, und sie sagte: »Was ist denn los mit ihr? Lasst sie uns ins Zimmer bringen.«

Im nächsten Augenblick befand ich mich in einem grellweißen Raum, und ich trug ein Krankenhaushemd. Das Licht war so hell, dass es mir in den Augen wehtat. Man hatte eine Metallabtrennung rund um den Raum angebracht, Metallstücke wie ein Akkordeon. Im inneren Bereich befanden sich nur ein Tisch und ein Stuhl. Ich versuchte, mich auf dem Bett zu bewegen, und hörte das Geräusch schwingenden Metalls. Woher kam das? Vom Wind? Aber das hier war ein Raum, hier konnte es keinen Wind geben.

Ich war immer noch fixiert, die Gurte wanden sich um meine Handgelenke. Ein hochgewachsener Mann mit Dreadlocks und einer Brille lächelte mich an. Ich sah sein Namensschild, auf dem »Nmandi, Pfleger« stand. Die Lichter waren grell, sie schmerzten in meinen Augen. Ich muss tot sein, dachte ich.

Er hielt meine Hand. Sein Griff war stark, gleichmäßig. Er sah so verständnisvoll aus, dass mich ein Gefühl des Friedens überkam. Er war kein Dämon, das wusste ich. Er stand auf meiner Seite.

»Glauben Sie an Gott?«, fragte ich ihn. »Glauben Sie an den Himmel?«

Er schaute mich an. »Fifty-fifty«, antwortete er. »Aber das ist in Ordnung für mich.« »Ich bin Pfleger hier«, fuhr er fort.

»Pfleger, das ist nur ein Etikett, das Ihnen die Gesellschaft verpasst hat. Nur das, was auf Ihrem Namensschild steht. Ich erkenne Sie«, sagte ich.

Und dann erkannte ich ihn, Nmandi, der mit den Händen sprach: Er trug die Seele meiner Freundin Regina in sich. Ich konnte sehen, dass er außerdem der Verfasser des Buches *Bevor ich jetzt gehe* war, ein Mann, der Menschen im Angesicht des Todes half, weniger Angst zu empfinden. »Der Pfleger«, derjenige, der seiner Gemeinde Geschenke machte, der die Hände der Sterbenden hielt und die Trauernden tröstete. Ich erkannte ihn im tiefsten Sinne des Wortes.

Und dann wurde mir klar: Wenn wir uns noch immer in der Hölle befanden, musste Nmandi der Erzengel Michael sein, gekommen, um uns aus der Hölle zu erretten, vor den Dämonen.

Er lächelte mich sanft an und hielt meine fixierten Hände.

»Ich werde Ihnen jetzt die Gurte abnehmen«, sagte er, »aber

das geht nur, wenn Sie sich benehmen und ruhig bleiben. Und dann kann ich Ihren Mann hereinholen. Denken Sie daran, Sie sind wie eine Patientin gekleidet, deswegen wird er Sie als Patientin wahrnehmen. Ich werde niemanden ins Zimmer lassen, wenn Sie das nicht wollen. Dieses Zimmer ist ein sicherer Raum.«

Vorsichtig löste er meine Fixierungen. An meinen Handgelenken befanden sich Einkerbungen, weil ich mich gegen sie gewehrt hatte. Er bedeckte meine Beine mit einem Laken.

Er verließ den Raum, und als er zurückkehrte, war James bei ihm. James wirkte ausgezehrt und stand zögernd in einer Ecke.

»Weiß er es?«, fragte ich Nmandi. Und damit meinte ich, ob James wusste, dass wir in der Hölle waren.

»Ich weiß alles«, sagte James. Er weinte. »Bitte hör auf, Cat, bitte hör auf. Du kannst jetzt aufhören.«

Was hatte er damit gemeint, als er sagte, er wisse alles? Wusste er, dass wir in der Hölle waren? Wusste er, dass es Versionen seines Lebens gab, in denen er für alle Ewigkeit in einem Hotelzimmer gefangen saß? Hatte ich seine Fähigkeit zur Flucht zunichtegemacht? Hatte ich ihn im Stich gelassen? Vielleicht wusste er es, und das bedeutete, dass er alles versucht hatte, damit wir weitermachen konnten, damit wir der Hölle entkamen, nicht mehr diese Zeitschleife durchleben mussten, wieder und wieder. Machte ich etwas falsch? Ich war Beatrice. Worin bestand meine Aufgabe? Ich füge mich, dachte ich.

»Ich glaube, Sie sind bereit, hier rauszukommen. Meine Schicht endet bald, und dann muss ich weg, deswegen möchte ich Ihnen dabei helfen, diesen Raum zu verlassen«, sagte Nmandi. Er hielt inne. »Ich glaube, Sie und Ihr Mann können hier rausgehen, aber Sie müssen es zusammen tun, als Team.« Er verschränkte die Finger ineinander wie die Streben einer Brücke. »James ist Ihr Anker.«

Dann wiederholte er: »Alles, was in diesem Raum vor sich

geht, geschieht in Ihrem sicheren Bereich.« Er legte die Regeln für mich fest. »Sie müssen sich jetzt benehmen«, sagte er. »Sie dürfen nicht schreien, Sie müssen sich gut betragen, sonst wird man Sie wieder fixieren. Denken Sie daran, es schauen Leute zu. Denken Sie daran, dass Sie wie eine Patientin aussehen.« Ich nickte. Ich versuchte, mir jedes seiner Worte zu merken.

Nmandi verließ das Zimmer.

James versuchte zu lächeln.

»Es tut mir leid«, sagte ich. Es tat mir wirklich leid. Alles tat mir leid: dass ich nicht zugehört hatte, dass ich James' Fluchtplan ruiniert hatte. Ich hätte ihm trauen sollen. Ich hätte mich ergeben sollen.

»Sag das nicht«, erwiderte er. »*Mir* tut es leid, dass ich dir nicht zugehört habe. Es tut mir leid, dass ich es nicht begriffen habe. Ich werde dich hier rausholen, aber du musst mir vertrauen.« Was meinte er mit »hier«? Wusste er, dass wir gerade über die Hölle sprächen? Wusste er, dass wir uns an den Abstieg würden machen müssen?

»Wo sind wir denn hier?«, erkundigte ich mich vorsichtig. Das war ein Test.

»Im Krankenhaus, in der Notaufnahme«, antwortete er. Aha, dachte ich, er weiß es also immer noch nicht.

Und in seinem Gesicht sah ich die Verzweiflung. »Ich gehe jetzt und spreche mit dem Pflegepersonal, aber du musst unbedingt schlafen. Ich komme wieder. Und dann gehen wir nach Hause.«

»Es fühlt sich an, als würden wir beobachtet«, sagte ich. Ich suchte in den Ecken des Raumes nach Kameras. Ich glaubte sie surren hören zu können. Von draußen drang Lärm herein, da waren Stimmen und ein Stöhnen. »Wir werden beobachtet«, sagte ich. Und dann hatte ich eine Vision von uns beiden, von unserem Spiegelbild in einer Kameralinse, die aus meiner Perspektive heraus in den Zoom ging; ich konnte uns sehen, wie James meine Hand hielt, wie er vor den Akkordeonwänden aus Metall am Bett stand, und mich, wie ich auf dem Bett lag, mit ausgestreckten Händen, die Fixiergurte neben mir. Ich schaute zur Tür hinüber. Sie hatte eine Glasscheibe mit einem Rollo. Es war hochgezogen. Vor dem Fenster erschien ein helles Licht, und ich sah einen langen Tisch mit Menschen, die auf Bildschirme schauten und in Telefone sprachen. Ich entdeckte Nmandi. Er redete mit einem der Dämonen, der dunkle Schlitzaugen und verzerrte Gesichtszüge hatte. Nmandi gestikulierte wild und deutete zu uns herüber. Plötzlich erschien ein Gesicht im Fenster, das Gesicht eines Dämons, der zu uns hereinspähte. Er kann nicht ins Zimmer kommen, dachte ich. Das hier ist ein sicherer Raum.

»Ja, wahrscheinlich werden wir beobachtet. Ich glaube, das hier ist ein Beobachtungszimmer«, meinte James.

Er gab mir einen Kuss. »Warum schläfst du nicht ein wenig, und ich spreche mit dem Personal, damit wir hier rauskönnen. Schlaf jetzt.«

»Schlaf jetzt.« James' Worte erzeugten eine Resonanz in mir wie die meines Bruders Teddy: »Hör einfach auf James.« Er ging aus dem Zimmer, und die Tür ließ er hinter sich offen stehen.

Ich lag auf dem Bett und versuchte zu schlafen, aber ich konnte die Krankenhausgeräusche hören, bei jeder Bewegung hörte ich Metall. Ich war wieder auf der Wöchnerinnenstation, lauschte dem Weinen der Babys, den Herzschlagmonitoren, dem Geflüster. Aber wo war Cato? Er war nicht hier. Über mir konnte ich eine Kamera surren hören. Geistig gesund, dachte ich. *Ich muss geistig gesund wirken.*

Und dann, als hätte sich ein Nebel von mir gelöst, war ich nicht länger in der Hölle, ich war in einem Krankenhauszimmer. Ich war klar im Kopf, ich konnte erkennen, dass sich rund um mich herum eine Metallabtrennung mit einer Tür befand. Jedes Mal, wenn ich mich bewegte, gab die Abtrennung ein

Geräusch wie das Öffnen und Schließen eines Tores von sich. Ich trug ein Krankenhaushemd, ich hatte Einkerbungen an den Handgelenken. Mir tat der Knöchel weh; ich musste ihn mir verdreht haben. Ich lag in einem Krankenhausbett, einem mit Gittern und Ledergurten an den Seiten. Ich fragte mich, ob es James gelingen würde, uns aus dem Krankenhaus zu bekommen, ich fragte mich, welche Auswirkungen das möglicherweise auf meine Reiseversicherung hatte. Ich dachte an eine Heimkehr, eine Heimkehr nach London. Himmel, dachte ich. Was für ein Chaos. Ich habe ein richtiges Chaos veranstaltet. Ich musste alles in Ordnung bringen. Was sollten James' Eltern nur denken? Wie mussten sie sich fühlen? Wo war Cato? Panik stieg in mir auf. Ich musste hier raus.

Ich wollte aufstehen, zur Tür hinausrennen, aber ich erinnerte mich an Nmandis Worte: »Sie sehen aus wie eine Patientin, Sie müssen sich benehmen.« Ich lag steif da, aber ich konnte nicht schlafen. Meine Augen wollten sich einfach nicht schließen. Ich stand auf und zog die Laken gerade, denn sie waren verdreht und zerknittert. Würde ich wie eine Geisteskranke wirken, wenn ich das Bett machte? Vielleicht sollte ich einfach liegen bleiben, bis James wiederkam? Ich legte mich wieder hin, aber ich konnte nicht liegen bleiben. Ich stand wieder auf, richtete das Bett und legte mich wieder hin. James hatte gesagt, dass das hier ein Beobachtungszimmer war. Was beobachteten sie denn? Sah ich aus wie eine Geisteskranke? Ich stand wieder auf; in meinem Knöchel klopfte es. Das war vorher nicht so gewesen. Ich hinkte jetzt. Würden sie glauben, ich wäre geisteskrank, weil ich hinkte? Warum hinkte ich überhaupt? Ich ordnete die Bettlaken.

Ich sah lächerlich aus. Ich versuchte, mich wieder hinzulegen und mich nicht zu bewegen, aber meine Augen blieben geöffnet, ich hörte alle Krankenhausgeräusche ganz deutlich. Ich wartete. Ich zählte, aber bei zehn musste ich jedes Mal wieder von vorn anfangen.

James hatte die Tür offen stehen lassen. Wo war James?

Ein Asiate lag auf einer Trage vor dem Raum. Er wirkte ausgemergelt, mit eingefallenen Wangen, dünnem Gesicht; er saß jetzt auf der Trage und starrte mich an. Er fluchte auf Koreanisch. »Scheiße, Scheiße.« Ein Gedanke blitzte in meinem Kopf auf. War das James? Versuchte James, mit mir zu reden? »Warum schläft sie nicht?«, murmelte der Mann auf Koreanisch. Nein, nein, das konnte nicht James sein; wir befanden uns in einem Krankenhaus, das da war ein anderer Patient. Wo war James? Ich trat aus der Tür, um nach ihm zu suchen.

»Sie dürfen nicht hier draußen sein«, sagte eine Schwester zu mir. »Sie müssen zurück in Ihr Zimmer gehen.«

»Ich suche meinen Mann.«

Sie schaute mich neugierig an. »Wo ist er denn?«

»Das weiß ich nicht genau«, antwortete ich. »Er kümmert sich darum, dass wir gehen können. Wir leben in London.«

»Hmmmm«, meinte sie. »Welchen Tag haben wir denn heute?«

»Das weiß ich nicht.« Ich wusste wirklich nicht, welcher Tag heute war. »Aber ich muss zu meinem Sohn zurück, er wartet auf mich.«

»Hmmmm, wie alt ist denn Ihr Sohn?«, fragte sie.

»Er ist am 4. November 2017 geboren«, sagte ich.

»Und wie alt ist er jetzt?«

»Seine Hundert-Tage-Feier findet diesen Samstag statt«, antwortete ich.

»Warum schlafen Sie nicht ein wenig?«, schlug die Schwester vor.

»Ich kann nicht schlafen«, erklärte ich. »Hier erinnert mich alles zu sehr an das Krankenhaus in London, und die Geräusche und die Lichter halten mich wach.«

»Sie waren schon einmal in einem Krankenhaus?«, erkundigte sie sich.

Ich verstand die Frage nicht. Ich war schon einmal in einem Krankenhaus gewesen, auf der Wöchnerinnenstation. »Ja?«, gab ich zögernd zurück.

Die Schwester lächelte mich an, und ihr Blick wirkte traurig. Ich denke, ich hätte erklären sollen, was ich mit der Hundert-Tage-Feier meinte. »Gehen Sie jetzt zurück in Ihr Zimmer«, sagte die Schwester sanft. »Warten Sie einfach auf Ihren Mann. Der kommt gleich wieder, und dann bespricht er alles mit Ihnen.« Aus dem Augenwinkel sah ich, wie Nmandi in meine Richtung den Kopf schüttelte und sich entfernte.

Warum schaute mich die Schwester so traurig an, warum ging Nmandi weg? War ich noch immer in der Hölle? War das hier vielleicht doch kein Krankenhaus? Meine Gedanken stürmten auf mich ein, und ich dachte an die Ereignisse zurück, an meine Erinnerungen. Hatte ich recht gehabt? Wie viel Zeit war inzwischen vergangen? Ich hatte jedes Gefühl dafür verloren. Hatten wir nicht mehr das Jahr 2018? Befand ich mich vielleicht auf der Wöchnerinnenstation? Hatte ich ein Baby bekommen? Wo war der Operationssaal? Womöglich hatte ich das Baby verloren? Cato? *Gab* es gar kein Baby? Die Gedanken rasten mir durch den Kopf, einer nach dem anderen.

Die Schwester ging mit mir in mein Zimmer zurück und schloss die Tür. Noch immer konnte ich die Geräusche von draußen hören, ich meinte ein Lachen wahrzunehmen. Das Ganze war ein Trick. Ich war nicht im Krankenhaus, ich war immer noch in der Hölle. Ich musste versagt haben.

Ich versuchte, im Bett liegen zu bleiben, doch stattdessen tigerte ich durch den Raum, und dabei hinkte ich. Wo war James? Wie viel Zeit war vergangen? Die Vorderseite meines Krankenhaushemdes war nass. Was bedeutete das? Es war Milch. Ich presste die verschränkten Arme vor die Brust; meine Brüste taten weh. Wo war Cato? Er musste Hunger haben. Wie lange war es her, dass er gestillt worden war? Ich musste zu Cato.

Ich sah, wie besorgte Gesichter ins Zimmer schauten. Manchmal Krankenschwestern, manchmal Nmandi, manchmal Dämonen.

»Scheiße, Scheiße«, hörte ich eine Männerstimme auf Koreanisch murmeln. »Warum schläft sie denn nicht?«

Vielleicht war der Mann James. Vielleicht hatte James seinen Neustart bereits hinter sich, und weil ich nicht auch neu startete, hatte er ein ganzes Leben durchlebt und siechte nun in einem Krankenhausbett dahin. Warum sprach James Koreanisch? War es ein Code? Ein Zeichen?

»Du musst dich einfach fügen«, hatte meine Schwiegermutter gesagt. War es das, was sie gemeint hatte? Warum konnte ich nicht schlafen? Warum sagte James ständig, ich müsse schlafen? Ich tigerte herum, immer und immer weiter, und dabei sprach ich leise mit mir selbst. Ich konnte mich auf einem Sicherheitsmonitor sehen, mit meinem langen Haar und im Krankenhaushemd, wie ich barfuß in einem kleinen Krankenhauszimmer herumtigerte. Auf dem Bett entdeckte ich Blutflecken.

IN DEM PFLEGEHEIM in Virginia, in dem ich Geige spielte, gab es eine Frau, die immer darum bat, ihre Eltern anrufen zu dürfen. »Philadelphia«, sagte sie dann. »Ich möchte meine Mutter in Philadelphia anrufen, sicher macht sie sich Sorgen um mich.«

»Später, jetzt ist gerade kein Telefon frei«, antworteten die Angestellten dann. Sie lächelten einander wissend zu, aber nach der dritten oder vierten Frage ignorierten sie die Frau einfach.

Es gab auch eine Koreanerin namens Na-hee. Sie erinnerte mich an meine Großmutter. Koreanisch sprach sie mit demselben melodischen Satoori-Akzent der Inselbevölkerung. Weil sie kein Englisch beherrschte, saß ich immer bei ihr und unterhielt mich auf Koreanisch mit ihr. Zuerst schwieg sie bei meinem Besuch, aber als ich zum zweiten Mal kam, begrüßte sie mich wie eine Tochter.

»Warum ist dein Haar jetzt so lang?«, wollte sie wissen. »Und warum ist es so nass vom Regen?«

Es hatte an diesem Tag nicht geregnet.

Sie zeigte mir ihre Puppe, ein kaputtes Ding mit strähnigen Haaren und halb geschlossenen Augen.

Ich wusste nicht genau, ob sie genauso schlimm dran war wie die anderen; vielleicht lag es auch an der Sprachbarriere, aber sie befolgte die Anweisungen der Pflegekräfte ohne Widerwillen und benahm sich gehorsam wie ein Kind. Allerdings erzählte mir das Personal, sie habe eine andere Bewohnerin gebissen, die ihr die Puppe wegnehmen wollte.

Bei einem Besuch war die Frau völlig klar.

»Lass uns in mein Zimmer gehen«, meinte sie. »Dann zeige ich dir die Aussicht von meinem Fenster.« Drinnen war es schattig, auf dem Tisch lag ein Perlmuttkamm, und da stand eine Schachtel mit koreanischem Knabberzeug. Sie gab mir davon. »Du isst viel zu wenig«, sagte sie, und ich musste lächeln, weil sie genauso klang wie meine Großmutter.

»Als ich ein Kind war, hatten wir einen Baum. Mein Bruder hat ihn geliebt. Meine Tochter klettert auch für ihr Leben gern auf Bäume.«

Sie stand am Fenster, und ihr Profil sah aus wie das meiner Mutter, mit einer stark ausgeprägten Nase und hohen Wangenknochen.

Sie wandte sich zu mir um, und ich sah, dass sie wusste, ich war eine Fremde.

Nach diesem Besuch sprach sie nicht mehr mit mir und ignorierte mich, wenn ich den Raum betrat. Wahrscheinlich wollte sie nicht mehr so tun, als ob.

Bei meinem letzten Besuch setzte ich mich zu der Frau, die immer ihre Eltern anrufen wollte. Sie hatte gerade eine Maniküre bekommen, und ihre Nägel waren in einem silbrigen Korallenrosa bemalt. Sie hielt meine Hände in ihren, als würden wir einander seit Jahren kennen.

»Aufwachen, den ganzen Tag in einem Sessel sitzen und dann schlafen gehen. Das ist doch kein Leben. Ich bin es gewohnt, immer auf Achse zu sein, immer, immer«, sagte sie.

Sie schüttelte den Kopf, und ich sah, dass sie den Tränen nahe war.

Sie versuchte sie zu unterdrücken, doch ihre Augen glänzten.

»Seien Sie nicht traurig«, bat ich sie.

»Ich weiß«, gab sie zurück. »Ich sollte nicht traurig sein.«

Als ich ging, lächelte sie so sehr, dass ihr die Augen überliefen.

WIR SITZEN IM Essraum. Will fragt: »Jean, hast du an meine Valentinskarte gedacht?«

Sie schüttelt den Kopf, aber dabei zwinkert sie ihm zu.

Später holt Jean einen Kuchen herein, den sie für uns gekauft hat. Alle sind gut gelaunt, und die Angestellten lachen, während sie den Kuchen auf den Tisch stellen. Es ist ein Blechkuchen mit der Aufschrift »Happy Birthday« und roten und grünen Marzipanrosen. Jean schneidet ihn in Vierecke. »Und keinen Streit wegen der Blumen«, ordnet sie an.

Wir essen mit den Händen, lecken uns den fluffigen Zucker von den Fingern.

»Alles Gute zum Valentinstag.« Ich erinnere mich an meinen letzten Valentinstag mit James. Ich denke an die Worte in seinem Valentinsbrief: »Ich liebe dich, grenzenlos, bedingungslos, immerzu, ich liebe dich. Sei die Meine. Ich bin schon längst der Deine.«

Und weil ich glaube, das sollte ich tun, schreibe ich Cato auf einem Stück rosa Tonpapier einen Valentinsgruß.

Lieber Cato, heute ist dein erster Valentinstag. Später einmal, wenn du älter bist, werde ich davon erzählen. Aber jetzt sollst du eins wissen – dass ich dich liebe.

NOONA.« ICH HÖRTE die Stimme meiner Mutter. Die Tür öffnete sich.

»Wir sind da, ich bin es, ich bin sieben Stunden gefahren, um dich sehen zu können.« Sie klang, als würde sie weinen.

Mein Vater stand verdrossen neben ihr.

»Noona. Wir sind da, ich bin es, ich bin sieben Stunden gefahren, um dich sehen zu können.«

James stand neben ihr und schaute mich besorgt an.

Die Tür öffnete sich wieder und wieder. »Noona. Wir sind da, ich bin es, ich bin sieben Stunden gefahren, um dich sehen zu können.« Meine Mutter sagte das jedes Mal, und immer stand sie an einer anderen Stelle im Zimmer. Manchmal weinte sie, manchmal hielt sie meine Hand, manchmal klang sie verärgert.

Was war das für ein Trick, dachte ich. Eine Halluzination. Ein Spiegeltrick. Welche dieser Gestalten war meine Mutter?

Ich verlor den Überblick darüber, wie oft sie den Raum betreten hatten, Hunderte Male, sie schlurften herein, sie schlurften wieder heraus. Ich konnte die Schritte meines Vaters in seinen Stiefeln hören. Als ich ihnen in die Gesichter schaute, waren diese verschwommen, als hätte jemand einen Radiergummi genommen und sie ausgewischt.

Ich schrie.

Ich war also in der Hölle. Ich entschied, dass es sich bei der Hölle um eine Computersimulation handelte, eine Simulation der unendlichen Möglichkeiten, und jetzt, wo wir diesen Moment erreicht hatten, waren wir in einer unendlichen Zeitschleife gefangen. Bestand darin mein Schicksal? Ich versuchte, einen Sinn in den Geschichten meines Lebens zu erkennen, in den Figuren. Ich versuchte Muster zu finden; das würde mir doch sicher gelingen. Wenn wir in einer endlosen Zeitschleife gefangen waren, wer war ich dann? Wer war James?

Ich dachte an James' Großvater und daran, wie er mich angestrahlt hatte, genau wie James während unserer ersten Unterhaltung. Er hatte seinen Erstgeborenen verloren, aber er hatte so viele Enkel und Urenkel, dass er gar nicht wusste, wie viele es waren. War das eine Version von James' Leben gewesen? Hatte sich sein Großvater aus diesem Grund so sehr darüber gefreut, mich und Cato zu sehen? War das in einer anderen Version unserer Leben James gewesen?

Und wer war ich dann? James' Großvater hatte drei Ehefrauen überlebt, war ich die erste von ihnen? Ich hatte nie erfahren, was James' Großmutter zugestoßen war, der ersten Ehefrau – hatte man sie in ein Krankenhaus gebracht wie mich? War ich das?

Die Gedanken und Erinnerungen überfluteten mich, und jeder und jede von ihnen brachte eine andere Antwort, die wiederum mit anderen ein Muster bildete. War es das, was geschah? Setzte sich die Welt in einem unendlichen Muster fort? Wir alle waren in diesem Kreislauf gefangen, und wir machten dieselben Fehler wie immer. Warum hatte ich so lange gebraucht, um das zu erkennen? Wenn ich Beatrice war, musste ich versagt haben; das hier war meine Strafe, die erste Ehefrau, gefangen in einem Krankenhauszimmer, für alle Ewigkeit vergessen. Ich war Ariadne, die das Labyrinth zu bezwingen versuchte, den Minotaurus, doch Theseus würde mich zurücklassen.

Ich erinnerte mich an die Geschichte einer Freundin, die herausgefunden hatte, dass ihr Vater eine erste Ehefrau gehabt hatte, die nun in einer Irrenanstalt lebte. Er hatte sie verlassen und wieder geheiratet. Jedes Jahr schickte er Geld, und sie blieb dort, von ihrer Familie verlassen, sie wartete, und sie wusste nicht, dass inzwischen Zeit vergangen war. War ich das? War ich diese Ehefrau? Ich füge mich, dachte ich.

Meine Eltern waren wieder im Zimmer. Meine Mutter wirkte wie ausgehöhlt, sie hielt Blumen in den Händen.

Der Trenchcoat meines Vaters sah aus wie die Uniformjacke eines Generals. O Gott, dachte ich. Der Holocaust. Es fängt wieder an. Außerhalb des Zimmers konnte ich eine anschwellende Woge aus Stimmen hören. Die Seelen der Verstorbenen, dachte ich. Ich nahm das Geräusch eines sich schließenden Metalltores wahr, die Wände schlossen sich enger um mich. O Gott, dachte ich. Wir konnten es nicht stoppen. Wir konnten nicht verhindern, dass es wieder geschah. Wieder und wieder.

»Tut das sehr weh?«, fragte mich ein Mann. Meine Brüste liefen aus. Warum?

Wer war ich? Ich kannte diesen Mann. Sein Name fiel mir wieder ein. James. Das war James.

Warum schaute er mich so betroffen an? Er sah aus, als wäre *er* derjenige, der unter Schmerzen litt.

Schaute ich gerade in einen Spiegel? War ich James? Die Zeit schien sich selbst zu reflektieren, Spiegelbilder von Ereignissen passierten wieder und wieder, aber mit geringfügigen Variationen. Vielleicht saß ich ja einem Spiegel gegenüber und blickte in mein eigenes Spiegelbild. Bedeutete das, dass alles, was ich sah, nur ein Spiegelbild dessen war, was ich erlebte? Ich begann die Welt zu imitieren, die ich um mich herum wahrnahm; ich war ein Spiegelbild.

James versuchte mich mit einem Löffel zu füttern; er öffnete weit den Mund und bedeutete mir durch Gesten, ich solle meinen öffnen. Moment. Ich war nicht James. Das konnte nicht stimmen. Wo war das Baby? War ich das Baby? Hatte ich das Baby verloren? Schaute mich James aus diesem Grund so sanft an?

»Musst du zur Toilette?«, fragte er mich.

Ich nickte, mein Spiegelbild in seinen Augen, ich schaute ihn an, wie er mich ansah, wie ich ihn ansah. Wir wurden dort unendlich viele Male gespiegelt.

»Ich bin dein Mann«, sagte James. »Wiederhol das.«

»Ich bin dein Mann«, sagte ich. Ich war also James.

»Nein, sag, dass ich dein Mann bin.«

»Du bist mein Mann?«

»Ja, gut.« Er wirkte erleichtert. »Und du bist …«

»Ich bin …« Ich hielt inne. »Cato?«

»Nein! Nein, du bist Cat!«, sagte er.

»Oh.«

Er begann, mit schnurgeraden Linien einen Stammbaum für mich zu zeichnen. Wie nebenbei fiel mir auf, dass die Wörter verschwommen waren. Ich konnte nicht lesen.

Wie sollte ich dieser Zeitschleife entkommen? Ich verstand nicht, wie wir einen Neustart durchführen konnten. Ich dachte, vielleicht müssten wir schlafen, schlafen und wieder aufwachen, die alte Welt zerstören und in einer neuen zu leben beginnen. Wir mussten irgendwie den Ausgang finden, wir mussten den Ausgang finden und aufwachen.

Ich versuchte mit meinen Eltern zu sprechen, ihnen die Sache mit der Simulation zu erklären, ihnen zu vermitteln, dass wir uns in der Hölle befanden. Vielleicht würden sie mich verstehen, denn sie hatten das schließlich schon einmal durchgemacht, oder? Hatte mir meine Mutter nicht aus diesem Grund diese ganzen Geschichten erzählt? Hatte mir mein Vater nicht darum Bücher über Mythologie gegeben? Ergaben sich nicht daraus all seine Regeln? Sie mussten unbedingt begreifen, dass wir in der Falle saßen, in einer endlosen Zeitschleife, dass wir dieses Mal versagt hatten und einen Ausgang finden mussten.

Meine Mutter hatte mir die Hand auf die Stirn gelegt, glättete mir das Haar; es war wie ihres, lang und dunkel wie Tinte.

»Omma«, sagte ich. »James weiß das nicht, aber wir müssen dafür sorgen, dass er schläft. Ich habe versucht zu schlafen.«

»Ja«, sagte sie. »Bitte, bitte schlaf jetzt.«

»Ich kann nicht. James muss zuerst schlafen.«

»James schläft gerade, er schläft.«

»Nein, nicht nur schlafen, *richtig* schlafen, er muss einen Neustart durchführen. Wir müssen bei der Simulation einen Neustart durchführen.« Ich sah ihr Gesicht, es wurde immer verschwommener. Verunsicherung zeigte sich darin. Sie sagte nichts, strich mir nur immer übers Haar. Warum reagierte sie nicht? Ich verspürte Wut. Warum begriff sie nicht, was los war? »Du musst mir glauben. Glaubst du denn deiner eigenen Tochter nicht?« Ich begann zu weinen.

Sie schüttelte heftig den Kopf und blinzelte Tränen weg. »Hör auf damit, du klingst nicht wie meine Tochter. Meine Tochter würde nie solche Dinge sagen.«

Und da wusste ich es, während ich sie ansah: Sie war nicht meine Mutter. Nicht meine richtige Mutter. Sie war eine verzerrte Version, eine Illusion in dieser gespiegelten Welt.

»Ich dachte, du bist echt, aber ich habe immer gewusst, dass du ein Teufel bist«, sagte ich.

Ich schloss die Augen; ich konnte niemandem trauen.

Ich schloss die Augen; überall Leute auf fahrbaren Tragen, ich konnte Stöhnen und Schreien hören. Menschen erschienen und wurden wenige Augenblicke später wieder davongeschoben. Ganz schön viel Betrieb in der Hölle, dachte ich. Meine »Mutter« ging mehrmals mit mir zur Toilette; ich kam an dem Zimmer mit den Ärzten und Pflegekräften vorbei. Manchmal sahen sie aus, als gehörten sie in ein Krankenhaus, dann wieder waren ihre Gesichter verzerrt, von Grimassen entstellt, ich sah sie in ihrer wahren Gestalt.

Einer der Patienten auf einer Trage war wie ein Rabbiner gekleidet. »Es tut mir leid«, sagte ich zu ihm. »Das mit dem Holocaust tut mir leid. Ich habe versucht, das meinem Vater zu sagen, aber er hat mir einfach nicht zugehört.« Meine »Mutter« versuchte mich zum Schweigen zu bringen.

Oft sah ich, wie Nmandi mit den Menschen auf den Tragen sprach. Und er wandte sich zu mir um und lächelte mich durch die Scheibe in der Tür sanft an. Manchmal winkte ich ihm hektisch, aber er wandte mir den Rücken zu und winkte nicht zurück. Ja, Michael, ich habe versagt, dachte ich dann. Was hielt er wohl von mir? Ob er enttäuscht war?

Vor dem Zimmer standen zwei Security-Leute. Ich fand heraus, dass sie Fred und Lane hießen; beide waren kräftige Kerle, aber sie sprachen sanft und langsam mit mir. Ich wusste, wer sie wirklich waren.

»Mach dir keine Sorgen«, sagte ich hilfsbereit zu Fred. »In einem anderen Leben bist du eine Legende, ein echter Held, du erfindest sogar einen Grill.«

»Still jetzt«, versuchte mich James zum Schweigen zu bringen.

Zu Lane machte ich Boxbewegungen. »Ich habe jede Minute des Trainings gehasst, aber ich habe mir gesagt, besser jetzt leiden, dann ist man dafür den Rest seines Lebens ein Champion.«

»Klingt nach einem coolen Motto«, sagte Lane.

»Na, und ob! In einem anderen Leben – da bist du ein Star. Also mach dir keine Sorgen wegen diesem Leben hier.«

Lane lächelte mich an und schüttelte den Kopf.

Manchmal sah ich Teddy, als Pfleger oder Arzt verkleidet. »Teddy«, schrie ich dann. »Hilf mir.« Er war mein Fuchsbaubruder, vielleicht war er das auch immer gewesen; ich dachte an unsere Kindheit, wie wir miteinander geflüstert hatten, während wir darauf warteten, dass sich die Wut meines Vaters legte. Wir wussten, irgendwann wären wir in Sicherheit, der Moment wurde vorgespult, wie bei den VCR-Videorekordern.

»Teddy ist in Seattle«, sagte meine falsche Mutter. »Noona, er ist in Seattle. Er ist nicht hier.«

Sie reichte mir ein Handy.

»Noona?« Teddys Stimme klang undeutlich. Ich wusste, dass wir nicht ungestört sprechen konnten – man beobachtete uns. Ich sah das Gesicht meiner Mutter, das mich alarmiert betrachtete. Ich wandte mich von ihr ab.

»Fuchsbaukinder«, sagte ich. Das war unser Code, unser Code, um zu signalisieren, dass wir wussten, was wirklich vor sich ging. Wir kannten die Wahrheit.

»Ja, Fuchsbaukinder«, gab er zurück. »Mach dir keine Sorgen.«

Vielleicht schaute Teddy ja zu, vielleicht beobachtete er mich von der Decke aus. Ich schaute zur Zimmerecke hinauf, wo sich ein Blinklicht befand. Ich versuchte das Blinken zu zählen. Das war Teddy, der mir mitteilte, dass alles in Ordnung kommen würde. Teddy beobachtete mich von der Decke aus. Er würde dafür sorgen, dass diese Simulation endete. »Führ einfach einen Neustart durch«, flüsterte ich. Ich versuchte im Rhythmus des Lichts zu blinzeln, »führ einfach einen Neustart durch.«

Ich sprach mit meinem Vater, dem Mathematiker, um ihm die Simulation zu erklären.

»Unendlichkeit plus eins«, sagte ich zu ihm. »Teddy weiß das, er ist Mathematiker, für ihn ergibt es einen Sinn. Wir brauchen es nur einmal zu tun. Weil das hier eine Simulation ist.«

Mein Vater hörte mir zu und schaute ernst drein. Er wartete, bis ich fertig war. Schließlich sagte er: »Ich kann dir nicht versprechen, dass wir uns nicht in einer Simulation befinden, doch ich kann dir versprechen, dass wir uns meines Wissens *nicht* in einer Simulation befinden. Das hier ist die Realität.«

Ich seufzte. Auf seinem Gesicht erschien ein Ausdruck des Bedauerns, und ich sah, dass ich den Schatten eines Mannes vor mir hatte, einen Umriss, eine mit Verlust gefüllte Silhouette. Einen Widerspruch. Er hielt meine Hand, und ich tanzte mit ihm zur Melodie eines französischen Liedes, das ich hörte. Auf meiner Hochzeit hatten wir gar nicht miteinander getanzt, zumindest nicht auf der Hochzeit, an die ich mich erinnerte, aber ich wusste, es musste eine Version geben, in der wir getanzt hatten.

ICH HABE DASSELBE durchgemacht wie Sie, aber allein.« Eine Krankenschwester flocht mir das Haar. Mein Haar war nass; ich konnte mich nicht daran erinnern, dass sie es gewaschen hatte. »Sie haben großes Glück. Ihr Mann hat sich so gut um Sie gekümmert. Und Ihre Eltern sind hier.« Sie sah mich an. »Mich hat mein Mann verlassen.« Sie wandte mir den Blick zu, und ihre Pupillen waren rot, Dämonenaugen.

Sie zog mir den Kamm durchs Haar, fand die Knoten und löste sie sorgfältig. Dann begann sie zu flechten, Strähne für Strähne, wie meine Mutter, als ich ein Kind war.

»Sie haben das auch durchgemacht?« Ich begann zu weinen. Wo waren wir hier? War es eine Hölle für Frauen wie mich? Waren wir alle Dämonen?

Ich versuchte mir einen Fluchtplan zu überlegen; es musste doch einen Ausweg geben. Langsam überkam mich Verzweiflung. Wie sollte ich James denn retten? Wie sollte ich diese Endlosschleife stoppen?

CATHERINE, ES IST wichtig, dass Sie jetzt keine Angst haben, okay?«, sagte ein Dämon zu mir. »Ich weiß, dass Sie Ihr Baby vermissen.«

War ich Catherine?

Ich berührte mit beiden Händen meinen Bauch. Mein Baby? Gab es ein Baby? Wo war das Baby denn dann? Vielleicht hatte ich es verloren.

Auf meinem Bauch konnte ich eine Narbe spüren, wo kam diese Narbe her? Ich fuhr mit den Fingern über die Erhebung, einen dicken Streifen, der zwischen meinen Hüftknochen verlief. Ich versuchte zu zählen, aber die Wörter fielen mir nicht ein.

Es gab einen Summton im Raum. Wieder die Kameras. Sie liefen. Ich starrte auf das rote Blinklicht. Blinken. Pause. Manchmal blinkte es, manchmal nicht. Vor der Tür hörte ich die Stimmen meiner Freunde, meiner vier engsten Freunde. Sie waren hier, als Pflegekräfte getarnt. Warum konnten sie nicht hereinkommen?

»Kommt rein«, rief ich. Ich rief ihre Namen, einen nach dem anderen. Warum konnten sie den Raum nicht betreten? Das musste an meiner »Mutter« liegen.

Ich sagte zu ihr, sie solle meine Freunde hereinlassen.

»Da ist niemand«, meinte sie. »Da steht niemand vor der Tür.« Sie log mich an. Ich konnte sehen, wie ihre Gesichter in den Raum spähten.

»Ganz ehrlich, deine Freundinnen sind nicht da«, sagte sie. Ich war zu müde, um vom Bett aufzustehen.

»Versprichst du mir, dass du sie nächstes Mal reinlässt? Kannst du mir das versprechen?«

»Ja«, sagte sie. »Ich verspreche es dir.« Etwas an ihr wirkte holprig. Ihr Gesicht war verschwommen, sie schien unsicher, wie bei einer Funktionsstörung. War es das, was hier vor sich ging? War ich in einer Welt der Roboter gefangen? Der Zylone?

Ich sah die Pflegekräfte vor mir, wie sie Schraubenzieher in der Hand hielten, während sie Metallplatten unter dem Gesicht meiner Mutter befestigten. Roboter. *Es müssen Roboter sein, als Teil der Simulation*, dachte ich. *Als Teil der Täuschung.*

»Cat?« James betrat den Raum mit roten Blumen und Essensbehältern. »Cat, du musst etwas essen, bitte.«

Ich betrachtete das Essen. Menschenfleisch.

»Das hat meine Mutter für dich gemacht«, sagte er. Armer James, er war das Opfer einer Täuschung.

Ich schüttelte den Kopf und fing an, das Essen auf den Boden zu werfen, aber James sah so traurig aus, dass ich damit aufhörte, obwohl es mich ekelte. Er deckte den Tisch, und ich tat so, als würde ich gar nicht merken, dass mir gerade Menschenfleisch serviert wurde. Ich weigerte mich, es anzurühren.

»Bitte iss«, sagte er. »Bitte, nur einen Bissen.«

Ich schüttelte den Kopf.

Er schaute mich traurig an. Er sah völlig erschöpft aus. Wie konnte ich ihm nur klarmachen, dass wir in der Hölle waren? Ich wollte hier raus, ich wollte, dass es aufhörte, aber ich konnte ihn nicht zurücklassen, er musste es unbedingt begreifen, er musste mir unbedingt glauben.

»Wir müssen schlafen«, sagte ich.

»Ja, bitte schlaf jetzt«, bestätigte er.

»Du musst unbedingt zusammen mit mir schlafen.« Ich deutete aufs Bett, schnell, schnell, bevor die Wächter den Raum betraten und ihn davon abhielten.

»Nein«, gab er zurück. »Du weißt doch, Cat, wir haben darüber gesprochen, das ist gegen die Regeln.«

»Hier gibt es keine Regeln«, sagte ich. »Das ist in Ordnung, die Regeln bestehen nur in deinem Kopf. Ich will dich nicht hier zurücklassen.« Ich sprach mit sanfter Stimme.

Er schüttelte den Kopf. Ich hatte also wieder versagt. Ich versuchte ruhig zu bleiben, ich würde es ihm begreiflich machen. Ich würde es schaffen.

Manchmal hörte ich ein Baby weinen. Ich konnte eine Frau schreien hören. Wer schrie da? War ich das? Und dann hörte ich einen Herzschlag. Der Herzschlag klang stolpernd. War es meiner? War es der von James? Starb James gerade? Ich hörte, wie sich ein Metalltor schloss, wieder öffnete, wieder schloss. Eine Leitung war mit meinem Handgelenk verbunden, ich zog daran.

Jemand türmte Laken auf das Bett, drückte von oben auf meine Beine. Ich konnte mich nicht bewegen, ich fühlte mich gelähmt und in meinem Körper eingeschlossen. Ich versuchte zu schreien, aber da kam kein Laut.

James brachte mir weitere Behälter mit Essen. Es gab meine Lieblingspfadfinderkekse, Oreos, und Cracker. Es gab Saft, Koswasser, einen Smoothie. James stellte die Getränke sorgfältig in einer Reihe auf, seine auf seiner Seite und das Spiegelbild davon auf meiner. Wir saßen einander im Schneidersitz auf dem Boden gegenüber.

»Lass uns eine Geschmacksprobe machen«, schlug James vor.

Er trank einen Schluck von dem Saft. »Jetzt du«, sagte er.

Ich imitierte ihn. Vielleicht waren wir ja wieder in einem Spiegel.

»Hmmm, gut!«, sagte er.

»Hmmm, gut!«, sagte ich.

Ich hielt inne. James sah so dünn aus.

»Warum isst du denn nichts?«, fragte ich.

James weinte. »Es sollte doch nur ein Highschool-Date mit dir werden. Du hast immer gesagt, du möchtest ein Highschool-Date in meiner Heimatstadt mit mir. Es tut mir leid, dass wir das erst jetzt gemacht haben.«

Ich schaute ihn besorgt an. »Es ist okay«, sagte ich. »Du hast mich immer so glücklich gemacht.«

Er umarmte mich, ich zog ihn fest in meine Arme und versuchte ihm die Wahrheit zuzuflüstern, aber daraufhin weinte er nur noch heftiger.

Mit der Zeit erkannte ich die Pflegekräfte wieder, es waren immer dieselben Dämonen. Sie erschienen, verschwanden wieder und erschienen dann erneut, sie trugen dieselbe Kleidung, denselben Gesichtsausdruck. Eine der Schwestern schaute mir nie in die Augen. Sie beobachtete mich voller Angst. Oft funkelte ich sie an, und manchmal knurrte ich dabei. *Schrei*, dachte ich. *Lauf, lauf.*

Manchmal sah ich, wie die Zeit zersplitterte, eine Simulation aus Augenblicken, James in mehrfacher Ausführung, der gefoltert wurde, für alle Ewigkeit mit mir zusammen in einem Krankenhauszimmer lebte, wartete.

Und dann sah ich es einmal: Als er mich anlächelte, hatte ich eine Version vor Augen, in der er mich im Krankenhaus zurückließ. Er tanzte auf einer anderen Hochzeit mit einer Braut, auf seiner eigenen Hochzeit. Es gab eine Konfettiwolke, und er sprach schluchzend sein Ehegelübde. Ich lächelte. Wenigstens würde er sein Glück finden. Ich war die erste Ehefrau. Ich erkannte das jetzt.

Ich versuchte ihm zu erklären, dass er gehen musste. »Ich bin deine erste Ehefrau«, sagte ich.

»Nein«, sagte er. »Du bist meine *Ehefrau.*« Er zeigte auf den Stammbaum.

»Ich weiß«, erwiderte ich. »Aber du wirst eine andere Frau finden, und du musst mir versprechen, dass du eine findest. Wenigstens in dieser Version.«

»In dieser Version?«

Ich nickte. Ich wollte nicht, dass er Angst bekam, darum erzählte ich ihm nicht, in wie vielen Versionen er für alle Ewigkeit leiden musste.

Ich flehte James an, mir Papier und Stift zu besorgen. Er gab mir einen Stapel Blätter, und ich fing an, hektisch alles aufzuschreiben, was wir sagten. Wenn wir hier in einer Simulation waren, wenn wir beobachtet wurden, würde Teddy diese Aufzeichnungen brauchen, um zu wissen, in welchem Augenblick wir uns befanden. Ich schrieb und schrieb wie eine Getriebene. *Fuchsbaukinder. Schlecht erzählte Geschichten, Fuchsbaukinder, Fuchsbaukinder, Cato, du bringst deinen Vater um.* Ich versuchte, die Zeit anzuhalten, die Pause-Taste des Augenblicks zu drücken, welches Datum hatten wir, wie spät war es, wie fing man einen Augenblick in einer Endlosschleife ein? Ich schrieb, bis keine Tinte mehr im Stift war. Hektische Kritzeleien.

Manchmal kam Musik aus der Decke. Dann tanzten James und ich. Wir tanzten zu unserem Hochzeitslied, ich drehte mich wild und weinte, während er lächelte, denn mit jeder Drehung wurde ich älter, ich verwandelte mich. Ich war Cato und tanzte mit meinem Vater, ich war meine Großmutter und tanzte mit meinem Enkel, ich war die erste Ehefrau und tanzte zu einem Song von Ray Charles, ich war seine zweite Ehefrau und tanzte zu einem Liebeslied. James versuchte mich in diesem Moment zu halten, aber das war unmöglich – wir waren im Endlosen gefangen. Ich hielt ihn ganz fest, denn wenn ich ihn auch nur für einen Moment hätte, für einen Moment, in dem keine Zeit existierte, wäre das genug.

Ich sah immer noch Muster, erkannte Zusammenhänge. Jeder Augenblick brachte eine neue Verbindung, ein neues Muster. Von den Mustern, von den Verbindungen, die ich sah, gab es zu viele und zu viele Parallelen. Die Geschichten und Warnungen, die mir meine Mutter erzählt hatte, nahmen Gestalt an, dachte ich. All diese Geschichten hatten mich auf mein Schicksal vorbereiten, mir Kraft für diesen Augenblick geben sollen. Das erkannte ich jetzt. Ich musste stark sein, ich durfte mich nicht beugen. Shim Chung und ihr Vater – würde ich im Ozean ertrinken? Würde ich wiedergeboren werden? Nong Gae, die vom Felsen heruntertanzte – ich war dazu bestimmt, ein Opfer zu sein, die hereinbrechenden Fluten zu stoppen.

Ich fing an, Blumen zu zeichnen, auf das Papier, auf die Wände. Ich war Ophelia, und ich tanzte mit Blumen im Haar.

Und dann war Cato da, er stand vor der Tür. Er war erwachsen, ich eine alte Frau. Wann war das geschehen? War mein Leben vielleicht vergangen, und ich hatte alles vergessen? War ich in einem Pflegeheim? Ich schaute auf meine Hände: Sie waren runzlig, trocken, die Hände meiner Großmutter. »Cato«, sagte ich. Ich wollte ihn sehen, ich wollte ihn sehen, bevor ich ihn wieder vergaß.

»Er ist nicht hier«, sagte meine »Mutter«.

»Ich muss ihn sehen, er steht draußen, bitte lass ihn rein.« Ich klammerte mich an ihre Schulter, die sich zerbrechlich anfühlte. Ich konnte sie zerquetschen, ich konnte dieses Metall zerstören, dann würde sie es schon merken, sie würde es schon sehen. »Ich muss ihn sehen, lass mich ihn sehen!« Ich schüttelte sie.

»Nein.« Sie wehrte mich ab. Ich sah Angst in ihren Augen.

»Nein, du kannst die Tür nicht aufmachen.« Und dann spürte ich es: Der Moment war vergangen, Cato war fort, tot, verschwunden. Meine Chance gab es nicht mehr.

Und zum ersten Mal weinte ich. »Das werde ich dir nie verzeihen«, sagte ich.

Ich hörte, wie die Pflegekräfte vor dem Zimmer über meinen Ehemann sprachen. »Ihr Ehemann? Ihr erster Ehemann?« Ich hörte Drews Schritte draußen im Flur. Ich sah ihn lächeln, sah ihn vor der Tür stehen. Warum war er hier? Warum hielt man mich in diesem Zimmer fest? Warum hatten sie ihn hergebracht? Er war nicht mein Mann. Draußen hörte ich Frauen schreien – wen verletzte er da gerade? Und ich begriff, wer Drew war. Er war alle Männer, die Frauen grausam behandelten. Wir waren die Frauen, die sich zur Verfügung stellen mussten, er war die japanischen Soldaten, und wir hier waren die Ehefrauen, diejenigen, die sich im Dunkeln versteckten, sich hinter Schminke und falschem Lächeln verbargen.

Ich begann zu schreien, ich musste weg von diesem Ort, vielleicht war ich Alice im Wunderland und konnte schrumpfen, wenn ich nur das Richtige aß. Ich begann, auf einem Stück Plastik herumzukauen, das ich unten an einem Stuhlbein gefunden hatte. Schrumpfte ich schon? Würde ich mich verstecken können?

Ich wusste nicht, was ich tun sollte, wenn Drew den Raum betrat. Ich überlegte mir alle möglichen Methoden, um ihn mit einem Gegenstand hier im Zimmer zu töten. Einem in sein Gesicht gerammten Stift, einem um seinen Hals geschlungenen Kabel, einer zertrümmerten Vase. Ich erinnerte mich an den Moment auf dem Balkon. Damals hatte ich keinen Kampfgeist besessen, aber nun besaß ich ihn. Jetzt wusste ich, dass ich keine Beute sein konnte.

Wieder öffnete sich ein Zeitspalt: Ich befand mich auf dem Balkon, ich überlegte, ob ich springen sollte. Ich war Leah und flehte meinen Sohn an, nicht zu springen. Ich war Cato und schaute vom Balkongeländer hinunter. Ich konnte die Ozeane unter mir sehen, zum Gebet erhobene Hände.

Ich dachte an all die Muster im Universum – warum hatte ich sie nie zuvor wahrgenommen? Ich war so blind gewesen. Ich spürte etwas, das größer war als ich selbst. Ich blickte ins Angesicht Gottes. Ich blickte in die Unendlichkeit.

ALS WIR KINDER waren, fragte mich Teddy einmal, wie es wäre, zu sterben. Daran erinnere ich mich. Er habe Angst, sagte er.

Er war ungefähr sieben und ich zehn. Ich weiß noch, dass ich mir nicht vorstellen konnte, wie ich mit mehr als zwei Händen meine Lebensjahre zählen sollte. Ich weiß noch, dass ich ihm eine kindgerechte Version des Himmels beschrieb. Und er hatte gelächelt.

Ich erinnere mich, dass wir zusahen, wie der Hibiskus im schwächer werdenden Licht flammend rot brannte. Wir schauten über die Grabsteine, die leer daliegenden Grabsteine. In der untergehenden Sonne glänzte der schwarze Marmor mitternachtsblau.

Teddy erinnerte mich vor ein paar Jahren daran, als er von seiner Weltreise zurückkehrte. Er glaube nicht mehr, sagte er. Er hatte die ganze Schönheit der Natur gesehen, war auf Berge gestiegen, hatte ganze Tage in Einsamkeit verbracht, um sich herum nur die Wildnis. Er hatte seinen Glauben verloren. Egal wie sehr er ihn wiederzufinden versucht hatte.

Aus seiner Stimme klang Bedauern. Er habe immer noch Angst, sagte er. Er habe sich so allein gefühlt.

Auf der Station erhasche ich einen Blick darauf, was er damit meinte. Tage in völliger Einsamkeit, ohne dass man mit irgendjemandem spricht, ohne dass man wirklich etwas fühlt. Aber ich warte. Ich laufe weiter, um den Morgen zu finden.

Ich denke an Westbrook, meinen Paten. Am Ende seines Lebens hatte er sich nach dem Tod gesehnt. Er hatte am Fenster gesessen mit geschlossenen Augen und auf das Hereinbrechen der Nacht gewartet. Seine geliebte Frau war zuerst gestorben, an Alzheimer. Die Krankheit hatte ihr das Gedächtnis geraubt, die eigene Identität, nur eine leere Hülle war zurückgeblieben. Der Tod war ein Freund, sagte mein Pate, und er hatte ihn oft gesehen. Einen Ort, an dem Soldaten sicher waren, an dem die jungen Männer, an deren Seite er gekämpft hatte, aufrecht standen, lachten, sich frei und ungezwungen bewegten. Einen Ort, an dem sich seine Tochter befand, ein Kind, für immer elf Jahre. Sie war an Mukoviszidose gestorben und nie imstande gewesen, richtig Atem zu schöpfen. Der Tod war das nächste Abenteuer, sagte er.

Sterben bedeutete, den Morgen zu finden.

ICH ERINNERE MICH, dass mir James sagte, man müsse mich in ein anderes Krankenhaus bringen. Ich würde diesen Ort verlassen. Ein Arzt stand neben James; er hatte die Arme vor der Brust verschränkt. Er trug eine silberne Brille. Ernst klang aus seiner Stimme. »Sie ist jetzt seit vier Tagen hier, und sie hat nicht geschlafen«, sagte er zu James, während er mich ignorierte. »Sie scheint nicht zu wissen, wer sie ist. Es geht ihr gar nicht besser. Jedes Mal, wenn ich mit ihr spreche, ist sie gleichbleibend verwirrt.« Was meinte er mit vier Tagen? Und damit, dass er mit mir gesprochen hatte? Wann hatten wir miteinander gesprochen?

»Ich habe noch nie mit Ihnen gesprochen«, sagte ich.

Der Arzt wandte den Kopf nicht, sondern tat so, als hätte er mich nicht gehört.

Aber vielleicht hatte ich doch mit ihm gesprochen. Doktor Jacobs. Ich versuchte mich zu erinnern. Ich erinnerte mich an meine Kindheit, wie ich mit Buntstiften Blumen gemalt hatte, wie mir ein Mann zugesehen hatte. Sein Name war Doktor Jacobs, aber in dieser Version war ich nicht Catherine gewesen. Oder doch?

Die Welt war ein verwischtes Farbenbild; ich konnte kaum etwas erkennen. Wo waren meine Kontaktlinsen? Wo hatte ich meine Brille? Ich hatte meine Brille nicht bei mir. Warum konnte ich nichts sehen?

»Das stimmt«, sagte James. »Weil du versucht hast, auf den Gläsern herumzukauen.«

»Aber ich sehe nichts«, sagte ich. Vielleicht lag mein Schicksal darin, geblendet zu werden. Wie mein Vater. Die Welt bestand aus Lichtern, verschwommenen Formen aus Hell und Dunkel, und die Menschen darin waren Gestalten, bewegten sich wie farbige Schatten. Hatte mein Vater so immer die Welt gesehen?

Wo war mein Verlobungsring? Mein Ehering? War ich in dieser Version nicht verheiratet? Meine Finger waren nackt.

Lane erklärte mir, ich würde jetzt Achterbahn fahren. Er schnallte mich wieder an meinem Bett fest, meine Handgelenke waren fixiert. Ich lächelte ihn an; wie lieb von ihm, mich vor der Wahrheit beschützen zu wollen. Ich kannte die Wahrheit: Man würde mich euthanasieren. Ich verließ die Hölle, aber ich hatte versagt. Man würde mich auslöschen. Ich bat ihn, die raschste Methode zu verwenden. »Ich möchte, dass es schnell geht«, sagte ich.

»Wir sollten nicht zu viel darüber nachdenken«, meinte er.

Ich bin immer auf die Güte von Fremden angewiesen, dachte ich. Das klang vertraut.

Lane betrat ein Fahrzeug. Ich erkannte, dass es sich um einen Krankenwagen handelte. Ich sah helles Tageslicht und schirmte die Augen ab, weil das Sonnenlicht so grell war. Die Luft war klar und rein, und ich sog sie tief in meine Lungen.

Ich fing so laut zu singen an, wie ich nur konnte, vielleicht würde mich Teddy hören. Vielleicht konnte er Cato von mir erzählen. Cato war zu jung, um sich zu erinnern. Ich sah, wie sich die Tür hinter mir schloss.

Die Zeit zersplitterte immer noch, immer von Neuem. Ich erhaschte einen Blick auf das Ende der Welt, wieder und wieder, wie bei der Apokalypse. Ich sah eine Version mit James als Ender, demjenigen, dem es bestimmt war, das Universum zu schließen. Ich sah Cato sterben, ich sah Cato leben, ich sah ihn ohne Mutter aufwachsen, ich sah ihn mit einer Stiefmutter aufwachsen, ich sah ihn als Heranwachsenden, ich sah James als Jüngsten von drei Söhnen. Ich sah Catos Söhne, ich sah sie sterben, sah sie dann wiedergeboren werden. Ich sah Raumschiffe, ich sah einen Zylonenkrieg, ich sah, wie James mit Cato kämpfte. Ich sah Sintfluten, ich sah Noahs Arche, ich sah den Sturz der Götter, von Odins Sohn, ich sah, wie ein Knick in der Zeit entstand.

Und dann.

Ich kann nichts sehen, ich halte mir die Hände wie ein Fernglas vors Gesicht und nenne sie Brille.

Ich weiß, dass ich etwas Französisches gesungen und an meinen Kleidungsstücken gezerrt habe.

Ich erinnere mich an eine fahrbare Trage und daran, dass Lane meine Hände hielt, während ich um mich herum wilde Tiere sah. Was ging hier vor sich? War ich in einem Gehege? In einem Zoo? Ein Affe kreischt mich an. Eine Eule schreit. Ein Panther auf seinem Felsen starrt mich an.

Ich erinnere mich an Licht, an einen weiten Raum, ganz schlicht. Ich höre ein Telefon klingeln. Es gibt keine Fenster hier, woher kommt das Licht? Würde ich für alle Ewigkeit hier sein?

Ich höre die Tiere da draußen. »Nein, nein, hier dürfen Sie nicht sein!« Ich höre Schreie. Ich spüre Arme auf mir, Hände auf mir, und man trägt mich zurück ins Weiß, zurück in den weißen Raum.

Meine Beine sind nass, ist das Urin? Da ist eine Flüssigkeit auf dem Boden. Da sind Gesichter an der Glasscheibe, besorgte Gesichter. Ich sehe Drews Gesicht, dann das meines Vaters, das eines Dämons, dann das von James, dann mein eigenes.

Ich höre Schreie, Schreie von innen heraus. Bin ich das? Ich schreie.

Ich höre James schreien, als wären wir in einem Tunnel.

Man steckt mich in eine Kiste, eine Kiste.

Und dann und dann und dann wache ich auf, mein Haar ist auf eine komische Weise zusammengebunden, meine Brüste bilden ein Netzwerk aus schmerzhaften Knoten.

Ich bin in einem Raum; die Lichter sind hell, so hell, dass ich sie hören kann als Geräusch in meinem Kopf.

Da ist ein Geruch nach Chlor und Chemikalien.

Im Raum ist eine Frau mit einem Wischmopp. »Brüste, Brüste!«, schreit sie mich an. Ich begreife, dass sie meint, ich solle Milch abpumpen. Meine Brüste sind geschwollen, ich berühre sie, überall Knoten, rot und geschwollen. Oh, ich erinnere mich. Ich habe gestillt. Ich versuche an Cato zu denken, aber der Gedanke wird weggeschoben.

Die Frau ist zierlich und hat dunkles Haar. Sie trägt einen OP-Kittel und Gummischuhe.

Sie führt mich aus meinem Zimmer in den Flur, und dort öffnet sie die Tür zu einer Dusche. Sie streift mir das Krankenhaushemd vom Körper und bedeutet mir durch Gesten, Milch abzupumpen. Ich starre verständnislos auf den Duschkopf, da gibt es keinen Hahn. »Hier, hier«, sagt sie. Sie rammt eine Zahnbürste in eine Öffnung neben der Dusche. Das Wasser ist eiskalt.

Sie drückt für mich auf meinen Brüsten herum, macht Gesten in meine Richtung. »Brüste!«, brüllt sie. Ich ahme ihre Bewegungen nach.

»Umziehen, umziehen«, sagt sie. Sie reicht mir einen BH und eine Unterhose und eine Leggings für junge Mütter. Das sind meine, denke ich. Und einen Pullover, den ich als den meines Mannes wiedererkenne. Ich frage mich, was er jetzt wohl anzieht.

Sie streift mir ein Paar große Männersocken über die Füße. Ich tapse auf einen hell erleuchteten Flur hinaus. Ich höre Telefone, tippende Finger auf Computertastaturen.

Ich höre die Stimme eines Jungen: »Hallo, Cat.« Er geht den Flur entlang, er nickt mir im Vorbeigehen zu. Ich frage mich, woher er meinen Namen kennt.

Die Frau bringt mich ins Zimmer zurück.

Bevor sie geht, gibt sie mir meine Brille, und plötzlich wird die Welt scharf.

Ich kann das Zimmer erkennen; schlicht und in weißem Beton gehalten. In der Ecke steht ein Bett, aber man hat die Laken abgezogen. Oben in der Wand gibt es ein Gitterfenster. Ein Teil des Raumes ist mit einem Vorhang abgetrennt; ich ziehe ihn auf und entdecke ein kleines Badezimmer: eine Toilette und ein Waschbecken aus Metall.

Als ich mich im Spiegel betrachte, erkenne ich mich selbst nicht wieder, ich sehe nur eine Brille.

Ich schaue mich im Zimmer um, sehe das Einzelbett, die Regale auf der Seite, da ist ein Stapel Pullover, Leggings, Unterwäsche, Socken mit Comictieren darauf. Ich berühre sie, ein Stück nach dem anderen, langsam, das sind meine.

Ich finde ein Notizbuch unter meinem Kissen, grau mit dicken, hellen Seiten. Ich erkenne es wieder, es ist eines der Lieblingsnotizbücher meines Mannes. Auf der ersten Seite sehe ich seine Handschrift. Präzise und sauber. Eine Liste mit Namen und Telefonnummern, und das Datum, der 9. Februar 2018, steht ganz oben. Das Jahr ist mit dicken Strichen markiert.

Also immer noch 2018.

Im Regal liegt ein lila Filzstift.

Ich reiße eine Seite aus dem Notizbuch und schreibe meine Wahrheiten auf.

Ich bin am Leben, schreibe ich.

IN HONGKONG GLAUBEN die Menschen, dass sich die Geisterwelt in derselben Dimension befindet wie unsere, nur durch eine dünne Grenze getrennt, und dass es an bestimmten Stellen Überschneidungen gibt. Die Geister beobachten uns aus ihrer Dimension. Wenn ihr Leben zu abrupt beendet wurde, sehnen sie sich danach, mit den Lebenden in Kontakt zu treten. In diesen Momenten ist ihre Gegenwart spürbar – sei es der Wind oder der Ruf der Nacht, die Geister sind da. Und auf diese Weise sind sie nie von uns getrennt.

Wenn jemand gestorben ist, bleibt man nachts in dem Haus. Man zündet Kerzen an und bereitet ein großes Festmahl vor, sodass die Geister zu Besuch einkehren und helfen können, die Seele des verstorbenen Menschen in die andere Dimension zu geleiten. Die Reste des Festessens werden nicht weggeräumt, sondern bleiben auf dem Tisch, und vor dem Verlassen des Zimmers streut man weißes Mehl auf den Fußboden, sodass man die Fußspuren der Verblichenen sehen kann.

Dieses Bild der Fußspuren aus dem Geisterreich fand ich wunderschön. Für mich fühlte es sich auf gewisse Weise wahr an. Wie viele Male hatte ich gespürt, dass eine Erinnerung über mir schwebte, die Sehnsucht eines Geistes, meiner Großmutter. Meine Großmutter starb allein, an einem ruhigen Sommermorgen. Gegen Ende ihres Lebens wurde sie wie Papier. Sie hatte nicht mehr die Kraft, aufrecht zu stehen, sie lag im Bett, trank Wasser in kleinen Schlucken und lauschte dem Ozean. Ich fragte mich, ob sie an ihre Heimatinsel dachte oder ob sie sich erinnerte, wie sie als junges Mädchen die Kriegsflieger hatte vorbeiziehen sehen.

Meine Großmutter vergaß immer mehr, ihre Erinnerungen an die Vergangenheit wurden stärker als die Gegenwart. Sie weinte um Brüder, von denen wir nie zuvor gehört hatten, sie weinte um ungeborene Kinder, sie weinte um ihre Mutter.

Ich hoffe, die Geister haben sie gehört.

Es ist Besuchszeit. Diesmal kommt James mit meinem Vater. James sagt, meine Mutter sei sich nicht sicher gewesen, ob sie mitsolle. Ich glaube, James will ihr auch ersparen, mich in einer geschlossenen Abteilung zu sehen.

Wieder gibt es dieselbe Anzahl von Gästen. Der größte Teil des Essraums ist leer. Da sind Emma, Mick und ich. Ich sehe, wie Emma einen älteren Mann und eine junge Frau umarmt; das müssen ihr Vater und ihre Schwester sein, denke ich. Sie weint.

Mick sieht ernst aus. Der Mann bei ihm steht ein Stück von Micks Rollstuhl entfernt, als wolle er ihm nicht zu nahe kommen. Ich gebe James den Valentinsgruß für Cato. Er muss heftig blinzeln und steckt das Papier in die Tasche.

Mein Vater trägt seinen Mantel mit dem hohen Kragen. Den, von dem ich fand, er sähe damit aus wie ein General. Sein Gesicht ist voller Falten.

Er wirkt zögernd; seine Augen wirken wie die einer Eule. Seine Brille trägt er nicht, aber er geht mit entschiedenen Schritten, und sie sind auf dem Linoleumboden deutlich zu hören.

Mir wird bewusst, dass die Schritte, die ich in meinen Albträumen hörte, nicht Drews waren, sondern seine.

Ich begegne seinem Blick, und ich frage mich, ob ich mit Furcht oder Neugierde angesehen werde, aber da sind einfach nur seine Augen – dunkle Ozeane –, und ich erkenne, dass sie dieselbe Farbe haben wie Catos.

»Hi«, sagt er.

James hält meine Hand, mit einem Finger folgt er den Knochen in meinem Handgelenk.

»Hi, Appa«, sage ich.

Er räuspert sich, wirkt verdrossen, unsicher. »Schau mal«, sagt er dann mit einem plötzlichen Lächeln. Er zieht einen Federhalter und ein Stück Papier aus der Tasche. Er zeichnet mit schnellen Strichen, mit sicherer Hand, und seine Augen berühren fast das Blatt.

Und ich muss lachen.

Ich erinnere mich, dass er dieses Motiv in meiner Kindheit immer gezeichnet hat. Ich sehe den Umriss eines Pfeife rauchenden Mannes, der ganz aus Zahlen besteht. Die Pfeife mit einem langsamen Rauchkringel ist eine Neun. Der Hut ist eine auf der Seite liegende Drei.

»Der Zahlenmann«, sage ich.

»Ja, der Zahlenmann.« Er wirkt auf scheue Weise stolz.

»Du hast deinen Vater immer wieder gebeten, ihn zu zeichnen«, sagt James. »Du dachtest, darin wäre eine Botschaft verborgen.«

»Wirklich?«, frage ich. Ich erinnere mich nicht daran. Ich starre den Zahlenmann an. Ein Rätsel.

Wir sitzen schweigend da. Ich weiß nicht, was ich sagen soll, deswegen tätschle ich mit meiner anderen Hand die meines Vaters. James lächelt mich an. Und ich betrachte die beiden Männer, die mir da gegenübersitzen: meine Vergangenheit, meine Zukunft.

Als sie aufbrechen, stehe ich auf, um sie dabei zu beobachten. James geht vorneweg, er führt meinen Vater. Mein Vater schüttelt mir die Hand, und er geht kraftvoll, seine Schritte hallen vom Boden wider. Er scheint zurückbleiben zu wollen, und er wendet sich mir mit einem Gesichtsausdruck zu, der aussieht wie Bedauern.

INZWISCHEN ZEIGE ICH den Leuten die Fotos, die mir James gegeben hat.

»Schau«, sage ich zu Nona. »Das ist mein Sohn.«

Ich übe diese Worte und zeige auf das Baby auf dem Bild.

»Ooooooh.« Sie nimmt mir das Foto aus der Hand. »Wie niedlich.«

»Wie alt ist er denn?«, fragt sie.

Wie alt ist er ... Am Telefon hat mir James erzählt, dass Cato gestern seine Hundert-Tage-Feier hatte. Es gab eine Zusammenkunft im kleinen Kreis im Haus meiner Schwiegereltern. »Hundert Tage ist er alt«, sage ich.

»Sie müssen gesund werden, damit Sie nach Hause zu Ihrem Baby dürfen!«, verkündet Nona und nickt mir dabei heftig zu. Shara ist auch da, sie klopft mir freundlich auf die Schulter und schaut mich an, als wüsste sie, dass ich das Baby auf dem Foto nicht erkenne.

»Keine Sorge, Schätzchen, Sie haben ein ganzes Leben Zeit, um ihn kennenzulernen.«

Ein ganzes Leben? Das erscheint mir nicht richtig. Ich habe bereits mehrere Leben gelebt. Ich will mehr als ein ganzes Leben. Ich will ein ganzes Leben voller Augenblicke, in denen die Zeit nicht existiert.

In mein Notizbuch zeichne ich eine Frau mit einem Baby in den Armen. Im Haar hat sie einen Regenbogen, ein Farbenprisma. Die Augen hat sie geschlossen; sie kann das Licht nicht sehen. Das Baby ist eine Wölbung in ihren Armen, mit ihr verflochten.

»WIE ES AUSSIEHT, geht es Ihnen viel besser«, sagt die Ärztin. Es ist die von neulich. Es ist zwei Tage her, dass wir miteinander gesprochen haben. Sie schaut immer noch auf die Uhr über meiner Schulter.

»Ich fühle mich viel mehr wie ich selbst«, sage ich.

»Gut, gut«, gibt sie zurück.

»Dann werden wir daran arbeiten, dass Sie nach Hause können«, verkündet sie. »Morgen ist es so weit, wir müssen nur die Unterlagen fertigstellen.«

Ich fühle mich, als würde ein Fenster geöffnet.

»Sie müssen nach Hause zu Ihrem Ehemann, er macht sich große Sorgen um Sie.« Sie lächelt mich an.

MEINE LETZTE NACHT auf der Station. Ich versuche zu schlafen, aber ich kann nicht. Ich denke an meine ganzen Leben, meine Erinnerungen, die Zeitschleifen.

Jetzt weiß ich also, dass ich im Alter, wenn ich wie Papier werde und langsam alles vergesse und meine Vergangenheit zu meiner Gegenwart wird, um Teddy weinen werde, einen Jungen in Cordhose, dessen Drachen so hoch steigen, dass sie den Mond berühren. Ich werde um meinen Vater weinen, einen blinden Mann, den Zahlenmann. Ich werde um meine Mutter weinen, so schön, dass mir allein der Gedanke an sie Schmerz bereitet. Ich werde um James weinen, meinen liebevollen Ehemann, der Überzeugung und ein Lächeln hat, mit dem er die Welt anhalten könnte, und ich werde nach Cato rufen, nach meinem Cato, meinem Sohn.

MEINE GROSSMUTTER ERZÄHLTE mir eine Geschichte über einen ihrer älteren Brüder, der auf einer Insel vor der Küste Südkoreas lebte, »Dog Island«, groß genug für ein Dorf, das war alles. Heute ist sie leer. Die jüngeren Generationen haben die Insel für das Festland verlassen, weil sie genug von den schweren Wellen hatten, die die Insel umgaben. Mein Großonkel, ein alter Mann, war vierzig Jahre verheiratet gewesen, als er sich in eine Witwe verliebte, die auf dem Markt Süßkartoffeln verkaufte.

Jede Nacht zog er los, um sie zu treffen – eine Frau, die nun in Ungnade gefallen war –, und dann verfolgte ihn sein achtzigjähriger Vater mit einem Stock, schlug ihn und überschüttete ihn auf dem ganzen Weg mit Flüchen.

Mein Großonkel ließ zu, dass er geschlagen wurde, und ich sehe es vor mir. Er bewegte dann die Schultern, sodass die Schläge gleichmäßiger auf seinem Rücken landeten. Denn auf diese Weise war seine endgültige Strafe weniger schlimm. Meine Großmutter sagte, mein Großonkel weinte dann – beide Männer weinten, der Verfluchte und derjenige, der ihn verfluchte.

Als mein Großonkel im Sterben lag, bat er darum, die Frau zu sehen. Das wurde ihm nicht gewährt; seine Ehefrau und die Kinder bewachten sein Bett – sie sahen zu, wie er seinen letzten Atemzug tat. Es gab einen langen Trauerzug, seine Angehörigen trugen die Schachtel mit der Asche, die die Abendgezeiten hinaus aufs Meer tragen sollten. Als meine Großmutter die Prozession entlangschritt, schaute sie auf und sah über sich in den Bergen eine alte Frau, die weinte und über den Felsenpfad rannte.

»Sie folgte uns wie ein Geist in den traditionellen Trauergewändern«, erzählte meine Großmutter, »in einem weißen Kleid.«

Ich konnte die Schönheit dieser Geschichte erfassen – mein weinender Onkel, die ruinierte Frau. Wie würde ihr Leben aussehen, nachdem man die Asche im Meer ausgestreut hatte? Allein würde sie sein, verlassen. Beide Liebenden wussten, dass das Ende ihrer Geschichte kein glückliches sein würde. Das bedeutet nicht, dass sich mein Großonkel auf Leiden vorbereitete und mit hängendem Kopf herumlief, während er auf das Ende wartete – aber er rechnete damit.

Ich glaube dennoch, dass mein Onkel insgeheim eine Hoffnung hatte, eine Hoffnung, die Teil jeder großen Liebesgeschichte ist: Alles würde glücklich enden. Die stille Hoffnung, es ganz nach oben zu schaffen, wenn man sich nur genug anstrengt. Und dann begreifen es die Menschen. Dass sie schon oben *sind.* Dass man sich am Gipfel keine Sorgen mehr über das Ende machen muss. Dass dem Ende keine Bedeutung zukommt. Darin liegt die Glückseligkeit des Endes: dass man an einem Punkt angelangt, an dem der Augenblick genügt, an dem es genügt, zu lieben.

Schnell fallen, schneller als die Schwerkraft, schneller, als einen der Erdboden zurückziehen kann, und den Himmel finden – auf der anderen Seite.

TAMYRA UMARMT MICH widerwillig. Ihre Unterlagen sind noch nicht fertig, und das bedeutet, sie muss noch einige weitere Tage bleiben, weil jetzt ein langes Wochenende kommt. Sie verbringt die ganze Zeit im Bett, schreit vor Schmerzen wegen ihrer Ohrentzündung. Mick sagt, sie stelle sich an, aber ich hoffe, die Ärzte geben ihr Antibiotika.

»Vielen Dank, dass du mir Halma beigebracht hast«, sagt Darren. Er wird heute auch entlassen.

»Ich kann einfach nicht glauben, dass du gehst!«, jammert Emma. Sie will, dass ich ihr verspreche, mit ihr in Kontakt zu bleiben. Sie schreibt ihre Telefonnummer in mein Notizbuch, als hätten wir gerade unseren letzten Tag an der Highschool. *Bleib cool*, denke ich.

Ali lächelt mich an und umarmt mich dann ganz fest. »Wie lange noch?«, will ich wissen; das erscheint mir wie eine ungefährliche Frage. »Noch mindestens einen Monat«, antwortet er, und dann versucht er zu lachen.

Christine sagt mir, dass ich anfangen kann zu packen. Ich suche meine Kleidung zusammen, James' Pullover, mein Notizbuch und die Schnipsel mit den bunten Zeichnungen, meine geliebten Pantoffeln mit den Schaumgummisohlen. Ich biete Tamyra meine Zahnpasta an, weil ich dachte, sie würde sich freuen, aber sie wirkt verärgert. »Was soll ich denn *damit?*«, fragt sie. »Hast du keine T-Shirts?«

Ich schüttele den Kopf, und es tut mir leid.

Während ich alles zusammensuche, denke ich an meine Großeltern und an die von James, an diejenigen, die mit ihren

Habseligkeiten auf Eselsrücken aus ihrem Zuhause geflohen sind. Die sich verabschiedet haben, ohne zu wissen, dass es das letzte Mal sein, dass es kein Wiedersehen geben würde, nur ein Mysterium und unbeantwortete Fragen. Unterbrochene Leben.

Sie lebten in einem zeitlosen Warten, einem verzweifelten Warten auf die Gelegenheit, ihre Lieben wiederzutreffen.

Ich denke, daran liegt es, dass Koreaner so besessen von der Zeit und der Vergangenheit sind. Sie sehnen sich nach etwas Reinem, nach etwas, von dem sie nie sicher sind, dass es wieder geschehen wird, und trotzdem warten sie, und sie behandeln das Warten, die Sehnsucht wie einen Schatz, weil das alles ist, was sie haben.

Und es tröstet mich, dass es, auch wenn ich vielleicht nicht Teil davon wäre, eine Version von James' Leben geben würde, in der er glücklich wäre, umgeben von so vielen Enkelkindern, dass er gar nicht wüsste, wie viele es waren. Und wir würden einander wieder begegnen, wenn er 102 wäre, und ich Cato bei mir hätte, ein neugeborenes Kind. Und dann würde er lächeln und meine Hand halten, und vielleicht würde er mich erkennen, nur einen Augenblick lang.

IHR MANN IST hier«, sagt man mir. »Er holt Sie ab.«

Ich habe eine Plastiktüte mit meinen Besitztümern in der Hand. Ich trage Stiefel. Ich hatte so lange keine Schuhe an den Füßen, dass ich sie kaum heben kann. Ich bin die Erste, die heute die Abteilung verlässt, sagen sie. Ich bin die Erste; mein Mann wartet schon seit heute früh auf mich.

Noch einmal gehe ich den ganzen Flur entlang, am Glaskasten vorbei, die Pflegekräfte und Ärzte schauen von ihren Computern und Handys auf und winken mir zu. Jeff umarmt mich. »Passen Sie auf sich auf«, sagt er.

Randy wartet in der Schlange für die Medikamente. »Tschüs«, sagt er. »Bis dann mal.«

Ich winke.

Ich gehe weiter, setze langsam einen Fuß vor den anderen, folge Christine.

Sie öffnet die Tür. Ich sehe James auf der anderen Seite; er hat Tränen in den Augen. Er streckt beide Arme nach mir aus.

Ich mache den Schritt durch die Tür. Ich sehe mich nicht mehr um. Das hier ist mein tausendster Schritt, denke ich. Ich kann endlich atmen.

Ich mache meine ersten Schritte.

NACH MEINER ENTLASSUNG brachte mich James in ein Hotel mit Aussicht auf die Skyline von Manhattan.

»Nicht weit entfernt vom Krankenhaus«, sagte er. Er sprach es nicht aus, aber die Worte hingen in der Luft. *Nur für den Fall.*

»Uns bleiben noch ein paar Tage bis zu unserem Rückflug nach London«, sagte er.

»Wirklich?«, fragte ich.

»Ja. Das ist der Flug, den wir sowieso genommen hätten«, gab er zurück. »In fünf Tagen.«

Insgesamt war ich zwölf Tage von Cato getrennt gewesen, vier Tage in der Notaufnahme und acht auf der Station.

Als wir das Labyrinth des Backsteingebäudes verließen, konnte ich spüren, wie sich etwas in der Luft veränderte, wie sie schärfer, klarer wurde. Und als wir durch die dicken Türen ins Freie traten, fühlte sich jeder Schritt magisch an – die Autos, die Straßen, die Leute, alles war vertraut und trotzdem neu.

James hielt beim Fahren meine Hand, und wir kamen in das Hotel mit einer Lobby voller Kupfer und Messing. Ich lauschte unseren Schritten, die auf den Kacheln widerhallten, den aufbrechenden Leuten, die lächelten und schwatzten. Wussten sie, dass sie frei waren? Wohin gehen wir jetzt?, fragte ich mich.

Der Aufzug hatte verspiegelte Wände, und ich schaute unsicher mein Spiegelbild an. Das Haar fiel mir auf die Schultern, wirr und wild. War ich gezeichnet? Sah ich noch aus wie vorher? Ich fühlte mich in meinem Spiegelbild gefangen. James schaute mich besorgt an. »Lass uns weiter.«

»Ich glaube, das Zimmer wird dir gefallen«, meinte er. »Ich habe versucht, alles so herzurichten, dass du es bequem hast.«

Es war eine große Suite mit hohen Fenstern. Wir konnten sehen, wie sich die Skyline über dem Fluss erhob.

James schloss die Tür, und wir setzten uns auf den Boden, hielten uns an den Händen, starrten einander an. Er sah dünn aus, und das Haar fiel ihm über die Augen.

»Was möchtest du jetzt machen?« Er klang unsicher, und ihm bebte die Stimme.

»Ich möchte einfach hier sein«, sagte ich. Ich lauschte dem Prasseln des Regens an den Fensterscheiben, den Geräuschen des stillen Hotels. »Was möchtest du machen, wenn wir wieder zu Hause sind?«, erkundigte ich mich.

James lächelte, ein zögerndes Lächeln. »Zu Hause, das klingt gut.«

Zu Hause war eine Vorstellung, die Zukunft war eine Vorstellung. Ich konnte die Vergangenheit nicht erfassen, es gab zu viele Leben, an die ich mich hätte erinnern müssen. Die Zukunft fühlte sich an wie etwas Sicheres; ich war bei James, alles würde in Ordnung sein. Wir sprachen vorsichtig über die Zukunft, über bestimmte Details; ich erzählte ihm, dass mir heiße Getränke gefehlt hatten, und er lachte, während er mir eine Tasse Tee machte. Meine Hände legten sich um die Porzellantasse. Ich hatte das Gefühl von Porzellan in meinen Händen vermisst. Wir sprachen nicht darüber, was in den vergangenen Tagen geschehen war. Schwer hing es in der Luft. Es war wie das Erwachen aus einem Traum.

Ich zeigte James stolz meine Pantoffeln mit den Schaumgummisohlen – »Die mochte ich am liebsten von allem« –, doch er sah traurig und unglücklich aus, deswegen stellte ich sie weg.

Ich lag im Hotelbett und genoss die weichen Laken, das kühle Gefühl des Kissens an meiner Wange.

Wir gönnten uns leckeres Essen, Sushi, würzigen koreanischen Eintopf, Austern, Eiscreme, Mochi-Reiskuchen. Ich hatte seit meiner Einweisung fast sieben Kilo abgenommen. James stellte das Essen in einer Reihe auf den Kaffeetisch, wie er es im Krankenhaus getan hatte. Wir saßen einander gegenüber wie Spiegelbilder.

»Wie ein Spiegel«, meinte ich. Und James warf mir einen scharfen Blick zu.

»Cato ist bei meinen Eltern«, sagte James. Ich hatte nicht nach Cato gefragt, aber James tat so, als wäre ihm das gar nicht aufgefallen.

Ich erfuhr, dass meine Eltern ebenfalls bei meinen Schwiegereltern wohnten und sich um Cato kümmerten. Die Hundert-Tage-Feier war abgesagt worden, es hatte eine stille Zusammenkunft zu Hause geben. James zeigte mir Fotos von Cato, umgeben von blassblauen Luftschlangen und einem kleinen Teller mit Reiskuchen, und ich starrte ohne jedes Wiedererkennen darauf.

Am ersten Abend fiel eine große Menge Schnee. Wir gingen in dem stillen Weiß spazieren und hielten einen roten Regenschirm hoch. Wir sahen zu, wie unsere Füße tief im Schnee versanken, und ließen weiße Fußspuren zurück. Auf den Highways herrschte Stille, und man hörte nichts als den fallenden Schnee. Ich dachte an die Station und versuchte mir vorzustellen, wie es wäre, vom Fenster im Fernsehraum aus Schnee zu sehen. Ich war jetzt frei. Ich sog die Luft tief ein, ließ die Kälte in mich eindringen, nahm die Fülle des Schnees in mich auf. Und zum ersten Mal seit langer Zeit empfand ich ein Gefühl des Friedens.

Am zweiten Tag brachten meine Eltern Cato ins Hotel. Meine Mutter wirkte dünner, verletzlicher. Ihr Blick begegnete meinem, und in ihren Augen sah ich den Bruchteil einer Verletzung, von der ich nicht wusste, ob ich sie jemals wieder würde gutmachen können. Mein Vater stand verdrossen in seinem Mantel da und nickte. Er hielt Cato in den Armen, der sich dort eingerollt hatte. Seine Augen sahen mich ohne jede Erwartung an.

Wie ich erwartet hatte, erkannte ich Cato nicht wieder. Er sah aus wie ein Fremder. Ich suchte nach irgendeiner Emotion, fand jedoch keine.

»Möchtest du ihn nicht halten?«, fragte meine Mutter.

Ich zwang mich zu einem Nicken.

Er fühlte sich schwer an, wie ein ungewohntes Gewicht. Ich versuchte mich zu erinnern, wie ich ihn halten musste, aber er war viel größer, als ich gedacht hätte. Er schien sich nicht wohlzufühlen. Er schaute mir nicht ins Gesicht; er blickte mir einfach über die Schulter und bewegte sich unruhig hin und her. Er sah nicht aus wie auf den Fotos; sein Gesicht war anders, und seine Augen, die einmal die des Teufels gewesen waren, schauten mich unschuldig an. Sein Haar war komisch. »Es fällt seit einiger Zeit aus«, sagte James.

Ich schaute Cato an. Mein Sohn, rief ich mir in Erinnerung. Und ich empfand nichts. Wir waren unabhängige Lebewesen, in jeder Weise voneinander getrennt. Als hätte man ihn noch einmal von mir abgeschnitten. Ich schaute in die Ferne, durchs Fenster, wo ich die Umrisse von New York City und den Nebel vom Fluss sah.

Mein Vater nahm mir Cato still ab, und ich bemerkte, wie meine Eltern besorgte Blicke tauschten.

Ich saß auf dem Bett und starrte aus dem Fenster, während mein Vater mit Cato in den Armen auf und ab ging. Cato begann zu weinen, und meine Mutter reichte meinem Vater eine Babyflasche.

»Ach«, erklärte James entschuldigend. »Er bekommt inzwischen das Fläschchen, aber das scheint er zu mögen.«

Ich zuckte die Schultern. *Der ganze Aufwand*, dachte ich dumpf.

»Wie geht es dir?«, fragte meine Mutter. Sie berührte behutsam meine Hand. Dabei sah sie aus, als würde sie gleich zu weinen anfangen. »Isst du denn auch genug?« Ich lächelte über die typisch koreanische Begrüßung.

Ich nickte. »Mir geht es gut«, sagte ich.

Meine Eltern verabschiedeten sich leise und versprachen, am nächsten Tag wiederzukommen. »Ruh dich aus«, sagten sie. Sie mieden meinen Blick, als sie den Raum verließen.

James und ich gingen am Hafen spazieren, die Stadt leuchtete wie Glas, hell gegen das Metall des Himmels. Wir gingen Seite an Seite, die Hände ineinander verflochten, und neben mir fühlte sich James sicher und erdverbunden an.

Es war, als existierten wir getrennt vom Rest der Welt, außer dass James manchmal telefonieren musste, um mit den Versicherungen unseren Flug und meine Arztrechnungen zu besprechen. »Ich möchte nicht, dass du dir darüber Sorgen machst«, sagte er. Und dann schloss er sorgfältig die Tür hinter sich, um das Gespräch zu führen, sodass ich nichts mitbekam.

Später erzählte er mir, dass er stundenlang mit den verschiedenen Versicherungen verhandelt hatte, weil er herausfinden wollte, ob man meinen Krankenhausaufenthalt bezahlen würde. »Wir müssen zurück nach Großbritannien«, meinte James. »Ich vermisse das dortige Gesundheitssystem.«

Ich sah immer noch alles ziemlich verschwommen und konnte nicht lesen. Ich zeigte James mein Notizbuch.

»Willst du sehen, was drinsteht?«, fragte ich.

»Später«, gab er zurück. »Ich lese es später, wenn wir wieder zu Hause sind.«

Die Tage verstrichen langsam. Wir gingen immer am Hafen spazieren, langsam durch den Schnee. Wir holten uns Frühstück und aßen es auf dem Boden des Hotelzimmers, unterhielten uns bei Bechern mit heißem Kaffee und gebutterten Bagels. Dann kamen meine Eltern mit Cato und blieben eine Weile. Manchmal hielt ich Cato im Arm; es schien nicht so, als würde er sich an mich gewöhnen, aber ich berührte sein Gesicht und sein weiches Haar.

An einem Dienstagmorgen verließen wir das Hotel; unser Flug würde am selben Abend gehen. Ich konnte nicht anders, als mich zu fragen, was das Hotelpersonal wohl dachte – darüber, dass meine Eltern ständig mit einem Baby bei uns erschienen, dass James und ich lange am Hafen spazierten –, aber die Rezeptionistin machte einen gelangweilten Eindruck. Vielleicht wirkte es gar nicht so ungewöhnlich, was wir taten. Kurz dachte ich, sie schaue mich aus Dämonenaugen an, und mir stockte der Atem.

»Wir gehen noch zu meinen Eltern«, verkündete James. »Ist das in Ordnung?«

»Ja«, antwortete ich. Ich wollte das Haus sehen, bevor ich abreiste.

Als wir davor hielten, gab es kein bedrohliches Gefühl, nur eine Vertrautheit, es war einfach ein Haus. James' Vater stand draußen und wartete auf unser Auto. Er umarmte mich und lachte, als wir im Schnee ausrutschten.

Auf dem Weg zur Haustür holte ich tief Atem. James' Mutter umarmte mich heftig, sie weinte. Sie starrte mich an und erkundigte sich, ob es mir gut gehe. Ich nickte.

»Hast du denn auch genug gegessen?«, fragte sie. Ich lächelte.

Meine Schwiegermutter hatte ganze Tische voller Speisen vorbereitet. »Ich war nicht sicher, was du haben möchtest«, erklärte sie. Sie wirkte schüchtern, und manchmal fiel es ihr schwer, mir in die Augen zu schauen.

Meine Eltern waren im oberen Stockwerk, und dann kamen sie mit Cato herunter. Meine Mutter umarmte mich, mein Vater klopfte mir unbeholfen auf die Schulter. »Wir fahren dann jetzt«, kündigte meine Mutter an. Sie bereiteten sich auf die Heimreise vor. »Pass gut auf dich auf«, sagte sie. Es war ein abrupter Abschied, und ich stand an der Glastür und winkte meinen Eltern nach, als sie davonfuhren.

Ich blieb auf der Couch sitzen, trank ruhig eine Tasse Tee, während Cato auf einer Matratze neben mir schlief. James' Eltern unterhielten sich leise in der Küche, während James oben wieder mit den Versicherungen telefonierte. Ich fühlte mich dumpf. Ich empfand weder Erleichterung noch Freude; ich war draußen, ich war frei, ich hätte mich leicht fühlen sollen, doch stattdessen spürte ich ein Gewicht auf mir, eine Benommenheit, als wäre ich in einem Aquarium.

James' Eltern fuhren uns zum Flughafen, und als wir die Abflughalle erreichten, wandte ich mich um, um sie anzuschauen, wie sie dort standen und uns langsam und bedächtig zuwinkten, die Sorge in ihre Gesichter eingegraben.

Auf dem Flug zurück nach London schaute ich aus dem Fenster, zu den Wolken, der Rundung des Mondes. Der Beginn unserer Reise schien so lange zurückzuliegen. Die Zeit fühlte sich für mich nicht länger linear an, für mich gab es zu viele sich wiederholende Augenblicke, zu viele Lücken.

Zurück in London überließ ich Cato James, während ich im Bett lag und in meinem Notizbuch las, die Papierschnipsel durchsah, die hektischen Aufzeichnungen, die Seiten mit den Löwen, Einhörnern und Bären, die ich ausgemalt hatte. Meine Erinnerungen fühlten sich scharf an, erhaben wie eine Narbe. Ich musste immer noch meine Medikamente nehmen, drei Tabletten, die auf meiner Handfläche klein aussahen. Ein Antipsychotikum, das mein Hirn stumpf machte und meine Hände zittern ließ, eine Pille gegen die Nebenwirkungen des Antipsychotikums und ein Beruhigungsmittel, das mir dabei half, nachts zu schlafen.

Irgendwann sprachen James und ich über die vergangene Zeit. James erzählte mir, er habe begriffen, dass etwas nicht in Ordnung war, als ich das Haus seiner Eltern verlassen wollte, aber er habe nicht gewusst, was los war. Er erzählte mir, dass auch Teddy während unseres Telefongesprächs erfasst habe, dass etwas nicht stimmte. Ich erfuhr von ihrem Vorhaben, mich zu beruhigen und zum Schlafen zu bewegen. Aber als mich James ins Krankenhaus brachte, war ich außer mir, ich riss mir die Kleider vom Leib und brüllte im Warteraum der Notaufnahme herum. James meinte, der schlimmste Moment sei für ihn gewesen, als er zusehen musste, wie ich mit dem Pflegepersonal kämpfte und man mich fixierte.

In James' Erinnerung an diese Tage im Krankenhaus war ich wild, ständig in Bewegung, ich sprach in einem Moment über griechische und nordische Gottheiten und schrie im nächsten laut. Manchmal gelang es ihm, mich abzulenken, indem er mich Dinge aus der Vergangenheit fragte oder Fragespiele spielte, aber manchmal klappte das auch nicht, und dann redete ich mit der Zimmerdecke und sprach dabei so schnell, dass ich mir auf die Zunge biss. Er konnte mich nur dazu bekommen, etwas zu essen, indem er sich vor mich setzte und mich ihn imitieren ließ. Er sagte, ich hätte eine Besessenheit für das Datum entwickelt, das auf der Tafel über meinem Bett stand. Irgendwann, so berichtete er, hätte das Personal es weggewischt.

Manchmal bezeichnete ich mich selbst als Beatrice, als James, als Cato. Manchmal hielt ich mich für ein Kind und malte Bilder wie jemand in der Vorschule, und manchmal glaubte ich, ich wäre eine alte Frau. Er sagte, dass es Phasen gab, in denen ich klar schien, und dass die am schlimmsten waren: Dann konnte er das Grauen und die Verwirrung in meinem Blick erkennen. Er sagte, manchmal sei es ihm gelungen, mich mit Tanzen oder mit Erinnerungen aus der Vergangenheit zum Lächeln zu bringen. Aber was er auch tat, zum Schlafen brachte er mich nicht.

Am dritten Tag rief James meine Eltern an und bat sie, aus Virginia zu kommen.

Ein Gespräch voller Verwirrungen, berichtete James. »Ihr müsst sofort herkommen«, hatte er gesagt. Hatte es einen Unfall gegeben? Nein. Ging es mir schlecht? Ja und nein, nicht körperlich.

»Das verstehe ich nicht«, hatte meine Mutter gesagt.

»Es ist ein Notfall«, hatte James erwidert. »Es ist ein Notfall. Cat ist sehr krank. Ihr Geist ist krank.«

Sie waren nach New Jersey gefahren und sofort ins Krankenhaus gekommen. Als sie das Zimmer betraten, erkannte ich sie nicht. Ich blieb im Bett liegen und redete auf die Zimmerdecke ein, mit den Händen machte ich Schattenspiele. Sie blieben bei mir, während James nach Hause fuhr, um zu schlafen.

Teddy hatte erklärt, er könne nicht kommen, er habe in Seattle zu viel zu tun. James' Augen verengten sich, als er es mir erzählte. Ich erfuhr, dass es deswegen Streit zwischen ihnen gegeben hatte.

»Wenn ich jetzt komme, ändert das auch nichts«, hatte Teddy gesagt. Er war ruhig, unaufgeregt. »Es ist nur eine Frage der Zeit, bis es ihr wieder besser geht.«

James begriff nicht, wie Teddy so distanziert, so wenig betroffen sein konnte.

»Er kennt mich«, sagte ich. Ich verstand seine Entscheidung; es hätte nichts genutzt, wenn Teddy gekommen wäre, und ich wusste nicht, wie ich James erklären sollte, dass Teddy die ganze Zeit da gewesen war, als Stimme am Telefon, wie er mich ruhig mit seinen Worten durch jeden Albtraum begleitet hatte.

James erzählte mir, dass ich mich geweigert hatte, mit meiner Mutter zu sprechen, dass wir immer gestritten hatten. Sie musste die meiste Zeit im Flur verbringen; ihre Gegenwart wühlte mich auf. Mein Vater hingegen hörte meinem Toben schweigend zu. Er saß an meinem Bett und hielt meine Hand, nickte und sagte, er verstehe mich. Er stellte mir Fragen über Dantes *Inferno* und die griechische Mythologie.

James erzählte, das Krankenhausteam habe entschieden, mich zwangseinweisen zu lassen. Er berichtete, ich hätte während der Verlegung laut ein französisches Lied gesungen: *Non, je ne regrette rien* von Édith Piaf, »Nein, ich bereue nichts«. Am selben Abend hatte er es meinen Eltern vorgespielt, und mein Vater hatte geweint.

Von James erfuhr ich, dass das Tiergehege, in dem ich mich geglaubt hatte, als ich meine manischste Phase erreichte, der Hochsicherheitsbereich der geschlossenen Abteilung war, mit den Angehörigen des Wachpersonals als Tiere. James hatte mitangesehen, wie ich schrie und kämpfte und von Security-Leuten fixiert wurde. Er schrie auch, aber sie hatten ihn aus dem Zimmer geworfen.

Er erzählte, während er im Warteraum gesessen und meinen Schreien gelauscht hatte, habe ihn ein Mann gefragt, ob er an Gott glaube.

»Nein«, hatte James erwidert.

Der Mann hatte gesagt: »Nun, jetzt ist ein guter Moment, damit anzufangen. Ich werde für Ihre Frau ein Gebet sprechen.«

Mir gefällt der Gedanke, dass dieser Mann ein Beschützer war.

James erzählte, dass ich mir in diesem Zimmer die Kleidungsstücke vom Leib riss und auf den Boden urinierte. Irgendwann verabreichte man mir Beruhigungsmittel, und zum ersten Mal seit Tagen konnte ich schlafen.

James erzählte, sein glücklichster Augenblick sei der gewesen, als Teddy anrief, um ihm von unserem Telefongespräch zu erzählen. Davon, dass ich wie ich selbst geklungen hatte. Er erzählte mir, dass er mich noch zwei weitere Male besucht hatte; daran kann ich mich nicht erinnern. Er sagte, ich hätte aufgewühlt gewirkt, nervös, und die meiste Zeit damit verbracht, Bilder auf Papierstücke zu zeichnen. Er sagte, jemand vom Personal habe meine Haare geflochten, und das habe ihm die Gewissheit verschafft, dass man sich um mich kümmerte.

Wir sprachen über diese Zeit, bis sie uns keine Angst mehr machte. Mein Gespür dafür, was Wirklichkeit war und was nicht, war verschwommen, aber langsam war ich in der Lage, zu rekonstruieren, was in die Realität gehörte und was in meine Psychose.

Als ich wieder besser sehen konnte, begann ich wie besessen alles zum Thema »postnatale Psychose« zu lesen. Ich meldete mich in einem Forum für Frauen an, die dasselbe durchgemacht hatten. Ich las Berichte über die Angst, die Isolation.

Ich fand heraus, dass eine postnatale Psychose bei den meisten Frauen ein oder zwei Tage nach der Geburt eintritt. Dass man sie bekam, wenn das Baby bereits einige Monate alt war, war ungewöhnlich. Meine offizielle Diagnose lautete »durch Stress ausgelöste postnatale Psychose«. Die Ursachen der postnatalen Psychose sind noch nicht genau erforscht, aber die Symptome ähneln sich normalerweise – Paranoia, rasende Gedanken, Verwirrtheit, die Unfähigkeit zu schlafen. Ich las von Frauen, die überzeugt gewesen waren, ihr Baby wäre ein Dämon oder würde in Flammen aufgehen. Eine der Frauen hatte vergessen, dass sie ein Baby geboren hatte, und jedes Mal, wenn sie ihre Kaiserschnittnarbe entdeckte, begann sie zu weinen. Eine andere war überzeugt, ihr Baby wäre nicht ihr eigenes. Eines teilten all diese Frauen: das Gefühl, keine Verbindung zu ihrem Kind zu haben, und ich spürte beim Lesen, dass die Frauen, die krank gewesen waren, unter einem tiefen Gefühl der Scham litten.

Ich las Medienberichte, sensationslüsterne, und mir stockte der Atem, als ich von einer Frau erfuhr, die mit ihrem Neugeborenen von einer Brücke gesprungen war.

Wie ich herausfand, hätte man mich im Vereinigten Königreich auf eine Mutter-Kind-Station eingewiesen, nicht einfach auf eine für psychisch kranke Patienten wie in den USA. Ich erfuhr, dass das Medikament, das man mir verschrieben hatte, Haloperidol, im Vereinigten Königreich wegen der extremen Wirkung kein Mittel der Wahl darstellt. Im Vereinigten Königreich konzentriert sich die Behandlung darauf, dass Mutter und Kind so viel Zeit wie möglich miteinander verbringen, um die emotionale Trennung zu minimieren; hier hätte man mich nicht von Cato getrennt. Als ich das las, verspürte ich Wut. Die Trennung war unnötig gewesen. Die Regeln schienen so trivial und willkürlich, und sie hatten eine so starke Auswirkung auf unser Leben. Ich war als Fremde zurückgekehrt, und die Distanz, die ich Cato gegenüber empfand, konnte ich noch nicht einmal betrauern; sie ging über einen Verlust hinaus. Er war wie abgeschnitten, vollkommen weggeholt.

Ich fand heraus, dass wir Glück gehabt hatten, dass es nicht zu einer weiteren Trennung gekommen war. Der Staat hatte gedroht, die Fürsorge einzuschalten, weil ich möglicherweise nicht in der Lage gewesen wäre, mich um Cato zu kümmern. James hatte sich Sorgen gemacht, wir könnten vielleicht nicht nach Hause zurückkehren, sondern würden von einem bürokratischen Albtraum verschlungen werden.

Ein Teil von mir empfand auch Wut, als ich erfuhr, dass der angebliche Grund für die Absage der Hundert-Tage-Feier meine »Erschöpfung« gewesen war. Hatten unsere Angehörigen das wirklich geglaubt? Das fragte ich mich. Aber ich war nicht in der Position, es infrage zu stellen.

»Die Leute würden das nicht verstehen«, sagten sowohl meine Mutter als auch meine Schwiegermutter bei unterschiedlichen Gelegenheiten zu mir. Ich verstand das. Und so sprach ich nicht darüber, sondern versuchte zu lächeln, wenn sich die Leute nach meiner Erschöpfung erkundigten und fragten, ob ich mich inzwischen gut erholt hatte.

In London stellte man mir ein Team zur Seite, das meinen Genesungsprozess begleiten sollte: das *Mental Health Crisis Team.* Ich hatte ein Gespräch mit einer Psychiaterin, die auf Schwangerschaften und Mutterschaft spezialisiert war und sich alles ruhig anhörte. Ich erinnere mich daran, dass ich ihr die Geschichte in der Vergangenheitsform erzählte, als läge alles schon hinter uns. Wir waren optimistisch, sogar enthusiastisch. Ich fragte sie, wann ich aufhören könnte, die Medikamente zu nehmen, aber sie erklärte mir, das werde noch dauern. Ich denke, sie wusste, dass da noch mehr kommen würde.

Einige Wochen nach unserem Gespräch fiel ich in eine tiefe Depression. Das kommt nach einer postnatalen Psychose und der Einnahme des Antipsychotikums Haloperidol häufig vor. Sie schien ganz plötzlich zu kommen wie die Dunkelheit tief unten im Ozean, unmittelbar und vollkommen, ohne jede Erinnerung an das Licht von vorher. Ich fühlte mich jeder Lebenskraft beraubt. Ich hatte nicht einmal genug Kraft, um einen Löffel zu heben; wenn ich mich aufsetzte, schmerzte mein ganzer Körper. So hatte ich mich noch nie im Leben gefühlt; ich konnte nicht einmal die Lippen zu einem Lächeln bewegen, denn dann schmerzte mein Gesicht zu sehr.

Ich verbrachte Tage im Bett. Jeder von ihnen erstreckte sich in Augenblicken, während ich die leere Decke anstarrte. Ich verbrachte meine Stunden damit, mich selbst zum Atmen zu bewegen, zum Aufstehen, aber ich war nicht dazu in der Lage.

Ich fühlte mich, als wäre ich am Rand von etwas, von etwas, das mich ganz und gar verschlucken konnte. Ich spürte eine Weite, die ich nicht zu erfassen vermochte. Manchmal konnte ich spüren, wie sie sich stumm näherte, und dann glaubte ich, ich würde verloren gehen. Ich wusste nicht, was ich tun sollte. In solchen Momenten schloss ich die Augen, zählte und versuchte zu bleiben.

Das Krisenteam besuchte mich jeden Morgen in unserer Wohnung, um zu sehen, wie es mir ging. Ich zwang mich zum Aufstehen, wenn ich die Türklingel hörte. Manchmal war ich in der Lage, mir das Haar zu bürsten, meine Kleidung zu glätten, aber an den meisten Tagen nicht. Ganz still saß ich da, eine Präsenz auf einem Stuhl. Mir war bewusst, dass ich einen Körper besaß, aber ich konnte nicht sicher sein, dass ich existierte. »Wie geht es Ihnen heute?«, fragte mich das Team.

Ich versuchte Worte zu bilden, den Atem hinter meiner Stimme zu finden, aber meistens war ich zu keiner Antwort fähig. Die Teammitglieder schauten mir ins Gesicht und sagten: »Es wird Ihnen besser gehen«, und dann lächelten sie. »Das geht vorbei.« Und ich versuchte, ihnen zu glauben, dem Versprechen in ihren lächelnden Gesichtern.

Sie sagten mir, ich solle Listen schreiben, Tagesziele formulieren, Vorhaben. Ganze Seiten von Listen in meiner zittrigen Handschrift. Jede Aufgabe erschien mir zu riesig, um sie in Angriff zu nehmen. »Aufstehen. Eine Tasse Tee machen. Klavier spielen. Einen Telefonanruf erledigen. Cato umarmen.«

Ihre morgendlichen Besuche dauerten nur ein paar Minuten, aber diese Minuten waren wertvoll, ein Versprechen auf Licht an einem Ort, der sich anfühlte wie ein Abgrund. Ich verspürte Dankbarkeit für jede Aufgabe, die sie mir stellten, ich strich sie von meiner Liste, und meine Hände zitterten, während ich einen Stift zu halten versuchte. An manchen Tagen spürte ich das Versprechen des Lichts ein wenig länger, aber dann verschwand es, und ich kehrte wieder zum Anblick der Leere zurück. Ich fühlte mich, als würde ich langsam ertrinken. Ich griff nach Emotionen, doch da war nur eine stumme Verzweiflung, und die fühlte sich absolut und endlos an.

Während ich im Bett lag, fragte ich mich oft, wie es den anderen Bewohnern der Station wohl ging. Dann dachte ich an Tamyra –

ob sie inzwischen ihr Baby bekommen hatte? Und Emma, wie war es ihr wohl ergangen, nachdem wir sie alle zurückgelassen hatten? War Ali endlich entlassen worden? Und Will, war er jetzt obdachlos? Lebte er auf der Straße? Und Darren mit der sanften Stimme, würde er zurechtkommen? Ich dachte an all ihre Geschichten, die unterbrochen worden waren. Ich hatte nur einen kurzen Blick auf ihre Leben erhascht.

Alle paar Monate kam meine Mutter zu Besuch nach London. Während ich im Bett lag, streichelte sie mir das Haar, das inzwischen lang und brüchig geworden war, und sie sorgte sich wegen der Male auf meiner Haut. Sie massierte mir Arme und Beine, wie es koreanische Mütter machen, versuchte die Blutzirkulation anzuregen – »Das wird dir guttun«, sagte sie. Sie erzählte mir Geschichten und schimpfte mich wie früher, schwatzte vor sich hin, während sie meine Lieblingsgerichte kochte und mich zum Essen zu bewegen versuchte. Ich wusste, dass ich ihr Schmerz bereitet hatte, aber ich hatte jetzt auch ein tieferes Verständnis für ihre Liebe.

Irgendwie spürte ich, dass sie mich nach meiner Psychose losgelassen hatte. »Verbringe Zeit mit James«, sagte sie, und dann lächelte sie, wenn ich mich endlich im Bett aufsetzte und mit James in den Park ging.

»Es ist schwer«, sagte sie, wenn ich nicht in der Lage war, einen Löffel der Suppe zu schlucken, die sie für mich zubereitet hatte. »Es ist schwer, wenn man nicht in der Lage ist, sein Kind glücklich zu machen.« Und dann sah sie mich mit einem Ausdruck an, den ich nicht ganz begriff. »Als du ein Baby warst, ein Kind, hast du nur mich gebraucht, um glücklich zu sein.« *Du wirst das noch verstehen* – die Worte blieben unausgesprochen, aber sie waren da. Liebe fließt immer nach unten.

Mein Vater kam nicht zu Besuch; er wurde wieder zu einem Abwesenden. Allerdings erzählte mir James, dass mein Vater ihn zu jedem Termin auf der Station begleitet hatte; dann spielte er Satie auf dem Klavier in der Lobby, und die Leute hörten zu, wie die Töne auf dem Flur widerhallten. James erzählte mir, sie hätten über Mathematik gesprochen, während sie auf die Ärzte warteten, über Kentucky, über meine Kindheit. »Ich war nicht gut zu ihr«, hatte mein Vater gesagt.

James sagte, mein Vater habe beim letzten Besuch auf der Station gewusst, dass ich wieder normal war, weil ich nicht mit ihm sprach. Damals, als er den Zahlenmann für mich gezeichnet hatte. Vielleicht war ihm klar, dass wir wieder beim früheren Zustand angelangt waren.

Als ich das hörte, wusste ich nicht, was ich deswegen empfinden sollte. Ich wusste, dass ich einen Teil des Bedauerns spürte, das ich in seinem Gesicht gesehen hatte, als er an diesem Tag die Abteilung verließ. Ich erwog, mit ihm darüber zu sprechen, aber ich wusste nicht, was ich dann sagen würde. Worte erschienen unzureichend, und vielleicht wusste er es auch schon.

Teddy rief mich jeden Tag an, weil er wissen wollte, wie es mir ging. Er sprach sanft mit mir. Manchmal fragte er nach Cato, aber vor allem erkundigte er sich nach mir. Ich hatte ihm erzählt, was mein Vater zu James gesagt hatte, und Teddy hatte kurz und ungläubig aufgelacht. »Ich weiß«, hatte ich gesagt.

Der Gedanke an Teddy erfüllte mich mit Sehnsucht; als wüsste ich nicht genau, ob ich vielleicht an die Version eines Jungen dachte, die es nicht mehr gab. Aber ich glaube nicht, dass das stimmt; er wird immer mein Fuchsbaubruder sein.

Was James betrifft, so war er geduldig mit mir, während ich darauf wartete, zu mir selbst zurückzukehren. Er ging langsam, Hand in Hand, im Park unter der verblassenden Sonne mit mir spazieren. Und ich versuchte mich zu erinnern, wie es sich anfühlte, etwas zu empfinden, irgendetwas.

Ich weiß nicht, ob uns die Psychose einander näherbrachte, ich hoffe es zumindest. Was ich weiß: Sie hat etwas in James grundlegend verändert. Der unerschütterliche Optimist, den ich kannte und liebte, trägt nun eine Dunkelheit in sich, etwas, das einen tiefen Schatten wirft. Es machte mich traurig, als er eine Notfallkrankenhaustasche packte für den Fall, dass ich einen weiteren »Schub« hätte.

Ich sah zu, wie er den Inhalt auf dem Bett ausbreitete: ein Ladegerät fürs Handy, Ersatzfläschchen für Cato. Das macht mich nervös, erklärte ich. Es war unnötig. Doch er schüttelte den Kopf: Er würde nicht noch einmal unvorbereitet in eine solche Situation geraten. Er war erschüttert, hatte seine Sicherheit verloren, sein Gefühl, die Kontrolle zu haben.

James sagte, in einem bestimmten Moment im Krankenhaus habe er geglaubt, es würde mir vielleicht nie wieder besser gehen und dass so unsere künftige Realität aussehen würde. Und er hatte nicht gewusst, was er tun sollte, außer abzuwarten.

Er hatte auf dem Flur vor meinem Krankenhauszimmer gesessen und versucht, eine Pause zu machen, zu begreifen, was da vor sich ging. Da hatte ihm Lane eine Hand auf die Schulter gelegt. Er erzählte, dass er uns beim Tanzen zugesehen hatte. Er selbst erhole sich gerade von einer Trennung, berichtete er in vertraulichem Ton, und James musste trotz allem lachen. Liebeskummer.

»Es ist schön, dass Sie hier sind«, hatte Lane gesagt. »Die meisten Leute bleiben weg. Sie kommen nicht damit klar.«

Manchmal musste ich an diesen Drang denken, den ich verspürt hatte: an den Gedanken, ich müsse einen Neustart durchführen, einen »Ausgang« finden. Das jagte mir Angst ein und löste ein hohles Gefühl in mir aus, als stünde ich an einem Abgrund oder blickte auf die Weite des Ozeans. Es war die Liebe, die mich rettete. Dessen war ich mir sicher. Meine Liebe zu James, meine Weigerung, ihn zurückzulassen. Ich hatte geglaubt, sie wäre mein Opfer, doch in Wirklichkeit hatte sie mich vor mir selbst gerettet.

Meine Depression hielt mehrere Monate an, und jeden Tag musste ich darum kämpfen, zurückzukehren, an die Oberfläche zu kommen, zu mir selbst. Mit Cato beschäftigte ich mich höchstens einige Minuten am Tag. Am Morgen hielt ich ihn im Arm, während sich James für den Aufbruch zur Arbeit bereit machte. Cato so zu halten fühlte sich falsch an, unnatürlich, sogar schmerzlich. Ich zählte die Sekunden, bis ich ihn würde ablegen dürfen.

Erst im Mai war ich in der Lage, meinen Körper ohne Anstrengung zu bewegen. Ich fühlte mich nicht länger wie unter Wasser. Ich wurde langsam wieder ich selbst.

Ich erinnerte mich an kurz aufleuchtende Gefühle, an Freude oder Hoffnung, aber ich konnte mich nicht daran erinnern, wie es sich angefühlt hatte, Cato zu lieben. Er war immer noch von mir entfernt. Ich hatte geglaubt, wenn ich wieder ich selbst würde, würde ich auch meinen Sohn wiederfinden. Ich dachte an meine Liebe zu Cato wie an etwas, das in mir begraben lag; das Muttersein war doch bestimmt etwas, das sich mir eingeprägt hatte, und es würde auf mich warten. Aber wenn ich Cato ansah, hätte er das Kind einer beliebigen Person sein können. Die Form seiner Hände, seine Gesichtszüge, nichts davon war mir vertraut. Er gehörte nicht länger zu mir.

Ich begriff einfach nicht, wie unsere Beziehung so zerbrechlich sein konnte. All die Monate, die ich ihn in mir getragen, die Stunden, die er schlafend in meinen Armen verbracht hatte, das starke Gefühl, er sei *mein* Kind – wie ließ sich das nur auslöschen? Ich konnte es nur verstehen, indem ich es für eine Absicht hielt. Vielleicht hatte ich ihn von mir weggeschickt, aus einem Instinkt heraus, ihn vor einer Mutter zu beschützen, der nicht zu vertrauen war. Vielleicht, so dachte ich, war es eine Liebestat.

Dieser Gedanke bedeutete keinen Trost für mich. Wenn ich Cato ansah, wurde ich daran erinnert, was ich verloren hatte. Daran, dass jede Verbindung, die es einmal zwischen uns gegeben hatte, verschwunden war und dass es so aussah, als würde sie nie zurückkehren. Ich dachte, ich sollte mir Trauer wünschen, aber ich verspürte auch keine Sehnsucht nach ihm.

Dadurch fühlte ich mich wie eine leere Hülle. Ich starrte Cato an, er starrte mich an, seine Mutter, eine Mutter, die ihn nicht anlächeln, ihn nicht umarmen oder mit ihm schmusen konnte. Ich fragte mich, ob er wohl spürte, dass eine Fremde die Stelle seiner Mutter eingenommen hatte.

Also behandelte ich das Ganze wie einen festgelegten Ablauf. Ich erinnerte mich daran, nach ihm zu greifen, ihm die Haare glatt zu streichen, wenn sie ihm ins Gesicht fielen, ihm über die Wange zu streicheln. Ich übte es, ihn anzulächeln, dabei zu denken, dass eine Mutter das tun würde. Ich fragte mich, ob es eine Möglichkeit gab, Liebe aufzubauen, und wenn dem so war, ob das dann bedeutete, dass diese Liebe künstlich war, weniger real.

Ich nahm meine Medikamente sehr sorgfältig. Ich zählte jede Woche die bunten Tabletten auf meiner Handfläche, ordnete sie in die Tablettenbox ein, die mir James bestellt hatte. Ein Jahr lang nahm ich das Antidepressivum. Ich beobachtete, wie sich mein Körper dadurch veränderte, bis er sich nicht mehr wie mein eigener anfühlte. Die Ärzte passten die Dosierung an, und ich verspürte Erleichterung, als wir den Prozess der kompletten Entwöhnung eingeleitet hatten.

Was Cato angeht, so bat ich ihn zu warten. Auf meine Rückkehr zu warten. Und während ich wartete, suchte ich in einzelnen Augenblicken mit ihm nach Freude. Ich lauschte seinem

Lachen, ich klatschte in die Hände, als er seine ersten Schritte machte, und ich hielt seine Hand, wenn er sie nach mir ausstreckte. Ich suchte nach den Augenblicken, in denen die Zeit nicht existierte, nach denen, die ich einfangen musste.

Und dann, eines Tages, an einem ganz gewöhnlichen Tag, als ich ihn in den Armen hielt, erinnerte ich mich an ihn. An sein Lächeln, an das Gefühl seiner Atemzüge an meinem Arm, die Wärme der Sonne auf unseren Wangen, das Gewicht eines Körpers an meinem eigenen. Und ich war wieder eine Mutter.

Dank

Ich möchte meiner Agentin Sophie Lambert für ihre Weisheit und ihre treue Begleitung danken. Danke, dass Sie das Risiko mit mir eingegangen sind und sich auf unglaubliche Weise für mich eingesetzt haben. Danke, dass dieser Traum durch Sie Wirklichkeit geworden ist.

Mein Dank gilt außerdem Molly Atlas; für ihre Brillanz und für ihr Engagement für dieses Buch in den USA. Danke, Katie Greenstreet, für die wunderbare Begleitung. Dank an Kate Burton, Alexander Cochran, Matilda Ayris und alle bei C&W. Dank an Kelly Oden und das ICM-Team.

Ich verdanke meinen großartigen Lektorinnen, Angelique Tran Van Sang und Caroline Zancan, unendlich viel. Danke für die Unterstützung und die Anleitung in diesem Entstehungsprozess. Ihre Intelligenz und Ihre Leidenschaft sind mir eine Inspiration, und ich kann mich nur glücklich schätzen. Dank an Alexa von Hirschberg, die an dieses Buch geglaubt hat. Vielen Dank, Kerry Cullen und die Teams von Holt and Bloomsbury, für ihr Engagement.

Mein Dank gilt allen, die frühe Versionen meines Textes gelesen haben: Emma Bailey, eine Frau voller Inspiration und Menschlichkeit, die andere großzügig an ihrer Genialität teilhaben lässt. Betty Ho, die unzählige Fassungen gelesen und mir wertvolle Ratschläge gegeben hat. Emma Claire Sweeney, die mich wie immer geführt hat. Danke auch an Ileen Park, Arzu Tahsin, Jonathan Ruppin, Georgina Simmonds.

Ich stehe in der Schuld unserer Freunde, die uns während meiner Genesung unterstützt haben – Marta Vergnano, Regina

Aberin Tran, Susan Zheng, Ariane Ling, Aileen Sun, Janet Lau, Anita Lin, Irwin Tran, Enrico Berardo. Ihr alle bedeutet mir sehr viel. Danke, Jane della Pena, für die Hilfe für unsere Familie. Ganz besonderer Dank geht an Tom Ward und sein Boeuf bourguignon (irgendwie hat es das ins Buch geschafft!).

Jonny Geller bin ich für seine Hilfe als Mentor und für seinen Rat sehr dankbar. Danke an meine Gruppe: Lucy Morris, Lucia Walker, Abbie Greaves, Jess Whitlum-Cooper und natürlich an EB2 für die Sorge und für ein Licht, als ich es am nötigsten brauchte.

Ich möchte den vielen medizinischen Fachleuten danken, die sich um uns gekümmert haben – dafür, dass sie das für alle tun, die bei ihnen Hilfe suchen, gebührt ihnen Ehrfurcht.

Mein Dank gilt den Teams im Krankenhaus und im Medizinischen Zentrum: Jedes freundliche Wort und jede fürsorgliche Geste bleibt unvergessen. Besonders möchte ich Nmandi dafür danken, dass er mir ein solches Licht war, und Lane für seine Güte.

Dr. Sarah Taha und dem Mental Health Crisis Team bin ich für ihre rettende Begleitung sehr dankbar. Außerdem gilt mein Dank Dr. Anthony Jolley, Dr. Anna Solly und Sharon Judd und dem FIRST Mental Health Team für ihre Professionalität und ihre Unterstützung.

Ich danke den Lehrenden, die mir im Laufe der Jahre das Schreiben beigebracht, ihre Erfahrung und ihre Liebe zu dieser Tätigkeit mit mir geteilt haben. Ihren Unterricht und ihre Ermutigung habe ich nie vergessen: Judy Turner, Melanie Cameron, Olivia Birdsall, Pat Hoy, Bonnie Friedman.

Mein Dank gilt der Familie Choi: Paul, Sara, Bill, Lori und besonders Abonim und Omonim für eure Liebe und eure Unterstützung. Danke an meine Familie, an Omma, Appa und Teddy. Ihr wart der Grund unter mir und habt mir geholfen, zu mir selbst zurückzukehren. Danke, Omma, dass du mir gezeigt hast, wie man eine Geschichte erzählt.

Und zum Schluss: James, du warst und bist mein Anker. Danke, dass du bei mir warst und sogar im Krankenhaus mit mir getanzt hast. Danke, dass ich mich in deiner Liebe immer geborgen fühlen konnte. Ich danke dir und Cato für eure Geduld und eure Liebe. Das hier war unsere Reise.